Der Change Manager

W0077113

Klaus Doppler (München) ist selbstständiger Organisations- und Managementberater. Er ist ein viel gefragter Experte im Bereich des Change Management und Mitherausgeber der Zeitschrift *Organisationsentwicklung*. Bei Campus erschienen von ihm die Bücher *Change Management* (mit Christoph Lauterburg) und *Unternehmenswandel gegen Widerstände* (mit Hellmuth Fuhrmann, Birgitt Lebbe-Waschke und Bert Voigt).

Klaus Doppler

Der Change Manager

Sich selbst und andere verändern –
und trotzdem bleiben, wer man ist

Campus Verlag
Frankfurt/New York

Bibliografische Information der Deutschen Bibliothek

Die Deutsche Bibliothek verzeichnet diese Publikation in der Deutschen Nationalbibliografie.
Detaillierte bibliografische Daten sind im Internet über http://dnb.ddb.de abrufbar.

ISBN 3-593-37328-9

Copyright © 2003 Campus Verlag GmbH, Frankfurt/Main
Umschlaggestaltung: Guido Klütsch, Köln
Satz: Publikations Atelier, Dreieich
Druck und Bindung: Druckhaus »Thomas Müntzer«, Bad Langensalza
Gedruckt auf säurefreiem und chlorfrei gebleichtem Papier.
Printed in Germany

Besuchen Sie uns im Internet: www.campus.de

Inhalt

Veränderungen und kein Ende?

»It is not the strongest of the species that survive,
nor the most intelligent.
It is the one most adaptable to change.«
CHARLES DARWIN

Es hat sich allgemein herumgesprochen. Es ist ein Thema, das weder verdrängt, noch verleugnet, auch nicht mehr heruntergespielt werden kann: Alles
ist und alle sind in Veränderung begriffen und von Veränderung betroffen.
Zwar hat schon der Philosoph Heraklit vor über zweitausend Jahren den
Grundsatz formuliert: Alles fließt. Und es gab im Lauf der Jahrhunderte immer
wieder sehr unruhige und unberechenbare Zeiten, die dieses Prinzip bestätigt
haben. Was allerdings jetzt geschieht, hat es in dieser Komplexität sicher noch
nicht gegeben: Alles verändert sich gleichzeitig. Wir erleben einen Technologie-
schub nach dem anderen. Informationstechnologie, Biotechnologie, Nano-
technologie, Produktionstechnologien – um nur einige Sparten zu benennen –
wetteifern um die schnellsten Entwicklungen. Die Wirtschaft erfindet sich neu
und agiert global. Dadurch müssen alle bisherigen Strategien infrage gestellt
und neu definiert werden. Viele Unternehmen und Organisationen geraten ins
Trudeln, gehen unter – neue entstehen. Neue Strategien verlangen nicht selten
nach neuen Strukturen und neuen Geschäftsprozessen. Die Dreh- und Angel-
punkte lauten: Schneller am Markt sein, dazu kostengünstig und mit der vom
Kunden geforderten Qualität. Um dies zu gewährleisten, wird vieles Herkömmliche über den Haufen geworfen. Völlig neuartige Formen der Zusammenarbeit entstehen – bereichs- und unternehmensübergreifend. Das Fazit der
Entwicklung: Allumfassender Wandel, so radikal, so schnell und so häufig wie
wahrscheinlich nie zuvor. Und hinzu kommt: Alles ist mit allem vernetzt.

Wie reagiert der Mensch auf diese Situation? Wie müsste er sich verhalten, und was tut er tatsächlich? Hier wäre ein Mensch passend, der sich
durch folgende Merkmale auszeichnet: aufgeschlossen allem Neuen gegen-

über, lernfreudig – und hoch flexibel. Was aber finden wir vor? Fast das genaue Gegenteil! Menschen wollen in erster Linie bewahren. Je älter sie werden, desto häufiger blicken sie zurück, wenn sie nach vorne fahren sollten. Sie sind stolz auf ihre Erfahrungen, die allesamt aus der Vergangenheit herrühren. Sie schätzen weder Unklarheit, noch mögen sie Unsicherheiten. Sie wollen Klarheit, Ordnung und Sicherheit. In dieser Verfassung ist der Mensch als von Veränderungen Betroffener nicht nur Teil der Situation, sondern Teil des Problems und nicht selten *das* Problem selbst. Was tun mit einem solchen Menschen, der jeglicher Veränderung zunächst einmal widerstrebt, ja der im Allgemeinen als veränderungsresistent bezeichnet werden kann? Was tun mit dem Anspruch des radikalen, allumfassenden Wandels, wenn diejenigen, die allein diesen Wandel in die Wege zu leiten vermögen, nicht wollen oder nicht können – es auf jeden Fall nicht so ohne weiteres tun? Wir wissen heute, was zu beachten und was zu vermeiden ist, wenn wir erfolgreich sein wollen. Im Grunde sind es drei Dimensionen, die in ihrer gegenseitigen Abhängigkeit voneinander und Vernetzung miteinander ins Kalkül gezogen werden müssen:

Erstens die allgemeinen Rahmenbedingungen, innerhalb derer sich Unternehmen und Organisationen zu bewegen und zu bewähren haben, ihre generelle strategische Ausrichtung und die Professionalität des Konzeptes, das sie ihrem Vorgehen bei Veränderungen zugrunde legen.

Zweitens Prozesse, Hintergründe und Zusammenhänge, die im Rahmen des Veränderungsgeschehens in und zwischen einzelnen Menschen und Gruppen ablaufen (müssen), wie sie diese Aspekte berücksichtigen, sogar gezielt einsetzen, um die notwendige Veränderungsenergie zu erzeugen beziehungsweise Blockaden zu verhindern.

Und schließlich drittens das Individuum, der einzelne Mensch, mit seiner inneren Programmierung, die zumindest anfangs schnellen und tiefgreifenden Veränderungen im Weg steht. Mit diesem Thema werden wir uns im vorliegenden Buch eingehend beschäftigen. Der Adressat von Selbstmanagement und Verhaltensänderung ist das Individuum – sozusagen als Change Manager in eigener Sache.

Bevor wir tiefer in diese neue Materie eintauchen, sollten Sie sich mit den wesentlichen Erkenntnissen vertraut machen, die in den beiden Publikationen *Change Management* und *Unternehmenswandel gegen Widerstände* beschrieben sind. *Change Management* habe ich zusammen mit Christoph Lauterburg, einem Pionier der deutschsprachigen Organisationsentwicklung geschrieben, mit dem mich viele Jahre gemeinsamer Projektarbeit verbinden: Warum ist Veränderung überhaupt angesagt? Wo sind Veränderungen erforderlich? Warum geht so vieles schief? Welche Prinzipien liegen einem erfolgversprechenden Vorgehen zugrunde? Welche Werkzeuge passen zu diesen Prinzipien? *Unternehmenswandel gegen Widerstände* ist die Fortsetzung und Vertiefung dieses Buches. Dieses Mal habe ich mich mit Kollegen zusammengetan, die zwei Arbeitsansätze miteinander verbinden: Organisationsentwicklung und Gruppendynamik. Schwerpunkt: Der Mensch im Veränderungsgeschehen als Antreiber und Adressat von Veränderung zugleich. Veränderungen, die von den Betroffenen auf Dauer mit getragen werden sollen, können nicht gegen, sondern nur mit den Menschen gestaltet werden. Widerstände sind hier an der Tagesordnung wie der Ausbruch von Fieber bei einem Patienten nach einer Operation. Handelt es sich doch in beiden Fällen um einen Eingriff in ein hoch komplexes, ansonsten wohl ausbalanciertes System. Um professionell agieren zu können, müssen eine Reihe von Fragen beantwortet werden: Welche gruppendynamischen Prozesse bestimmen die Situation? Weshalb verlaufen Veränderungen so zähflüssig? Und wie können wir lernen, diese Dynamik von, in und zwischen Gruppen so gut zu verstehen, dass wir in der Lage sind, sie erfolgreich für den Veränderungsprozess zu nutzen? Wie schon das erste Buch ist auch das zweite auf dem Hintergrund vielfältiger Erfahrungen aus der eigenen Praxis geschrieben und in erster Linie für Menschen bestimmt, die es als Berater, Mitarbeiter oder Manager anwenden wollen. Für diejenigen, die beide Bücher nicht kennen, gibt es im Folgenden eine sehr komprimierte Zusammenfassung der wichtigsten Aspekte und Einsichten.

Was ist Change Management?

Change Management bedeutet ganz generell und zunächst ohne weitere Spezifikation: das Management von Veränderung beziehungsweise den Wandel gestalten. Wer diesen Begriff nutzt, muss konkret werden und die Definition mit Leben füllen.

Rahmenbedingungen, Organisation und Führung – ein Zukunfts-Szenarium

Keiner kennt die Zukunft, und keiner kann sie vorhersagen. Aber wir sind sehr wohl in der Lage, das vorhandene Wissen auszuwerten und auf dieser Basis bestimmte Grundannahmen zu treffen. Und das müssen wir tun, wenn wir den Anspruch verfolgen, der Zukunft nicht blind oder vom Zufall gesteuert ausgeliefert zu sein, sondern sie so weit wie möglich auf der Basis von bewussten Optionen mitzugestalten und dadurch beeinflussen zu können.

Rahmenbedingungen

Es gibt einige nur kaum beeinflussbare Rahmenbedingungen, innerhalb derer wir uns zu bewegen und zu behaupten haben:

Innovationssprünge in der Informatik und Telekommunikation

Entwicklungen in der Informatik und in der Telekommunikation werden auch weiterhin die Art, wie wir arbeiten und uns organisieren, dramatisch verändern. Alles wird computerisiert. Wir können gleichzeitig an vielen Orten präsent sein. E-Commerce und Internet ermöglichen völlig neue Wertschöpfungsketten. Praktisch zum Nulltarif können wir globale und funktionsübergreifende Netzwerke knüpfen. Die Abgrenzungen zwischen Verkäufer und Käufer, zwischen Produzent beziehungsweise Dienstleister und Kunde verwischen immer mehr. Wir sind in der Lage, virtuelle Organisationen zu schaffen, in der alle Partner miteinander verbunden sind. Das ist einer der Gründe, weshalb der allgemeine Verdrängungswettbewerb weiter zunimmt.

Verknappung der Ressource Zeit

Schnelligkeit ist auf diesem Hintergrund ein strategischer Erfolgsfaktor. Wer mit seinen Produkten und Dienstleistungen mit der richtigen Qualität und dem passenden Preis nicht schnell genug am Markt ist, braucht es schon gar nicht mehr zu versuchen. In einem besetzten Käufermarkt, der nach dem Prinzip der Verdrängung arbeitet, wird kein Anbieter vermisst. Es gibt immer einen Wettbewerber, der ihn schnell und nahtlos ersetzt.

Interkulturelle Zusammenarbeit in einer globalen Ökonomie

Informationen und die neuartigen Formen von Kooperation kennen keine Grenzen von Nationen oder Kulturen. Das bedeutet eine Reihe von Herausforderungen. Es sind weniger die Sprachen, die uns trennen. Das viel Schwierigere sind die unterschiedlichen Denkmuster, Wahrnehmungsfilter, Erlebens- und Handlungsgewohnheiten – und vor allem das Ausmaß, wie stark Menschen innerlich davon überzeugt sind, dass ihre eigene Einstellung die einzig richtige und wahre ist.

Verknappung der Ressource Geld

Die Kluft zwischen Arm und Reich wird immer tiefer. Die Reichen werden reicher, die Armen ärmer. Das Nord-Süd- und das West-Ost-Gefälle bleibt ein Dauerthema, trotz – oder auch wegen? – aller Globalisierung. Die Staaten sind immer weniger in der Lage, ihren Gemeinschaftsaufgaben nachzukommen. Sozial-, Gesundheits- und Bildungssysteme können kaum noch angemessen alimentiert werden. Die Bürokratie schafft zwar Arbeitsplätze, ist aber kaum noch bezahlbar und hindert gleichzeitig die Volkswirtschaft an der freien Entfaltung.

Dramatische Steigerung der Komplexität

Insgesamt gehen wir von einer Zukunft aus, die turbulent, in sich nicht stimmig, sondern sehr widersprüchlich ist. Alles ist mit allem vernetzt – und trotzdem müssen Entscheidungen getroffen werden, die zumindest in ihrer groben Zielausrichtung nicht nur kurz-, sondern möglichst auch noch mittelfristig Bestand haben sollen. Jede Entscheidung bedeutet die Begrenzung bislang vorhandener anderer Optionen. Und die Realisierung bestimmter Optionen bedeutet gleichzeitig, einen Teil der immer nur beschränkt vorhandenen Ressourcen einzusetzen. Andererseits gilt: Man kann nicht nicht entscheiden, obwohl man das in unsicheren Zeiten manchmal allzu gerne machen würde. Wer eine Entscheidung vertagt, hat entschieden, nicht zu entscheiden. Auch dafür trägt er die Verantwortung. Die Zahl derer, die in der Lage sind, Mehrdeutigkeiten zu ertragen und dabei doch einigermaßen den Überblick haben und handlungsfähig bleiben, ist nicht sehr groß. Noch kleiner wird die Zahl bei der nächsten Anforderung, nämlich so uneitel und flexibel zu sein, bei neuen Erkenntnissen nicht zurück zu schauen und kostbare Zeit für Rechtfertigungen des Handelns in der Vergangenheit zu verlieren, sondern sich blitzschnell auf die neue Situation einzustellen.

Neue Formen der Organisation

Herkömmliche Organisation:
Ausrichtung nach Funktionen und Teilung der Verantwortung

Wenn Menschen von Organisation sprechen, dann kommen ihnen in aller Regel folgende Aspekte in den Sinn: Trennung von Funktionen, eindeutige Zuständigkeit, strikte Ordnung. Jeder handelt und optimiert nur im Interesse seines Teilbereichs. Wissen und Information sind Herrschaftsgüter der einzelnen Funktionsträger oder Abteilungen. Alles ist durch Kontrolle abgesichert und scheinbar im Griff. Die Beziehungen zu anderen Bereichen sind nicht selten von Vorsicht, Misstrauen und Abwehr geprägt. Mehr noch: Funktionsbereiche werden zu Machtzentren ausgebaut, häufig mit Burgmauern und Wassergräben umgeben. Das Ganze ist zähflüssig und starr. Schlimmer noch als die Funktionsteilung ist die dadurch bedingte Teilung der Verantwortung. Die Gesamtverantwortung liegt ausschließlich bei der Vorstandsetage, wo garantiert nicht mehr das zum Handeln notwendige Wissen verfügbar ist. Dazu kommt: Die meisten Organisationen sind innengeleitet, das heißt, im Vordergrund stehen die Bedürfnisse der Mitarbeiter und der einzelnen Funktionsgruppen, nicht die des Kunden.

Zeitgemäße Strukturprinzipien: Prozessketten und Netzwerke

Viele Themen und Herausforderungen lassen sich innerhalb der herkömmlichen funktionsteiligen Linienorganisation kaum noch lösen. Sie gehen in den Routinen des operativen Alltagsgeschäftes unter und verelenden im Niemandsland zwischen den einzelnen Zuständigkeitsbereichen. In Zeiten des häufigen, schnellen und radikalen Wandels sind andere Aspekte entscheidend: Statt in starren Verfahren und eindeutigen Zuständigkeiten zu denken, müssen alle in erster Linie nach schnellen Lösungen suchen – über die Grenzen von Bereichen, Funktionen, selbst über die Grenzen des Unternehmens hinweg. Die Prinzipien: Nicht in Strukturen, schon gar nicht in vertikal abgeteilten, an der Hierarchie orientierten Teilbereichen denken, sondern in horizontalen Prozessketten, die sich am Markt und an Kundenbedürfnissen ausrichten. Lockere Spielregeln und Ad-hoc-Regelungen statt starre Vorschriften. Information für jeden in der Prozesskette offen zugänglich machen – unabhängig vom Status, statt funktions- und hierarchiebedingtes Herrschaftswissen zu gestatten. Fazit: Die eindeutig schnellere und damit zeitgemäßere Form der Organisation sind durchgängige Prozessketten mit ungeteilter Verantwortung, maßgeschneiderte Projekte, virtuelle Organisationen, Allianzen mit loser Koppelung. Dafür gilt es allerdings, eine grundsätzliche Voraussetzung zu schaffen: eine Unternehmensführung, die solche Formen nicht nur als Bypass-Organisation neben der eigentlich mächtigen Linie zulässt, sondern mit eigenen Ressourcen und damit Macht ausstattet.

Selbst gesteuerte interdisziplinäre Netzwerke

Unternehmerisch klug handelt, wer die Mitarbeiter ermutigt, Probleme eigenständig aufzugreifen und die Lösung selbst in die Hand zu nehmen. Entscheidend ist, dass Mitarbeiter selbst initiativ werden und sich die notwendigen Ressourcen und Unterstützung oder auch, falls nötig, Erlaubnis zur Lösung von denen verschaffen, die dazu befugt, beziehungsweise in der Lage sind. Dies ist eine Kultur gelebten Unternehmertums im Unternehmen. Wer eine solche Kultur aufbauen und fördern will, ermutigt seine Mitarbeiter, über den eigenen Bereich von Zuständigkeit und Kompetenz hinauszuschauen, bei Problemen nach übergreifenden Lösungen zu suchen und deshalb immer wieder interdisziplinäre Kontakte zu knüpfen. Er tut alles, damit die Menschen Möglichkeiten haben, sich gegenseitig kennen zu lernen und informelle Beziehungen aufzubauen und zu pflegen. Je besser sich Menschen kennen, um so schneller werden sie sich bei Bedarf wechselseitig die Bälle zuspielen und Probleme unbürokratisch und vor allem schnell lösen, bevor sie sich zu einer ernsthaften Bedrohung auswachsen.

Die lernende Organisation

Diese neue Form von Organisation steht an allen relevanten Berührungspunkten mit ihrer Umwelt – Kunden, Markt, Konkurrenz, shareholder und stakeholder – durch Feedbacksysteme in Verbindung. Dadurch sichert sie sich aktuelle Informationen und schafft sich die Möglichkeit, sich schnell neuen Erfordernissen anzupassen. Sie wird zu einer Organisation, die jederzeit auf Überraschungen gefasst und gleichzeitig in der Lage ist, anderen Überraschungen zu bereiten (RUDI WIMMER). Sie gleicht mehr einem Zelt, das schnell auf- und abzubauen und leicht zu transportieren ist, das genaue Gegenteil von ehrfurchtgebietenden Kathedralen oder befestigten Burgen – gebaut für Jahrhunderte.

Führung wird neu definiert

Manager aus altem Schrot und Korn

Das Leitbild des herkömmlichen Managers war klar: Der Manager ist oben, die anderen sind unten. Ein Manager befiehlt nicht nur, sondern er ist in allem so gut, dass er es bei Bedarf vormachen kann. Er treibt an, zieht und motiviert. Einer muss schließlich wissen, wo's lang geht, und hat deshalb das Sagen. Ein Manager hat alle und alles im Griff. Es gilt: viel Leut, viel Ehr. Dafür wird er auch mit allen Privilegien und Insignien der Macht ausgestattet. Das Führungsprinzip lautet: »Führen durch An- und Zurechtweisung«.

Rollenwandel des Managers: Vom Würdenträger zum Spielertrainer

Heute muss der Manager runter vom Podest des allein verantwortlichen großen Machers. Die Hauptaufgabe heißt: Die Mitarbeiter erfolgreich machen. Entscheidungen müssen möglichst schnell direkt an der Basis, dort wo die Wertschöpfung passiert, also an der Nahtstelle zwischen Unternehmen und Kunden getroffen werden. Dazu müssen Mitarbeiter das notwendige Wissen und die erforderlichen Fähigkeiten haben. Wer dazu nicht in der Lage ist, muss dafür fit gemacht oder ausgewechselt werden. Die Aufgabe des Trainers besteht darin, dafür zu sorgen, dass der richtige Mann zur richtigen Zeit am richtigen Platz ist. Nicht mehr und nicht weniger. Er kann nicht die Fehler oder Defizite der Mannschaft durch eigenes besseres Tun kompensieren. Es muss ihm gelingen, als Trainer oder als Coach sein Wissen und seine Fertigkeiten an die Spieler der Mannschaft weiter zu vermitteln, ihnen helfen, Fehler auszumerzen, Defizite abzubauen, Spielfreude und Spielwitz zu entwickeln. Wenn eine Mannschaft zu viele Spiele hintereinander verliert und die in sie gesetzten Ansprüche auf Dauer nicht erfüllt, und wenn der Trainer es nicht schafft, den Trend umzudrehen, steht er selbst zur Disposition. Und das ist auch richtig so!

Rollenwandel des Mitarbeiters:
Vom Untergebenen zum Unternehmer im Unternehmen

Dieser neuen Art von Führung liegt allerdings auch ein neues Bild des so genannten Mitarbeiters zugrunde: Gefragt ist nicht mehr der Untergebene, der beim Betreten der Firma das eigenständige Denken beim Pförtner abgibt und sich damit selbst entmündigt, sondern der normale mündige Mensch, der das, was er weiß und kann, auch in die Waagschale wirft. Jemand, der im Rahmen seiner Möglichkeiten für das, was er tut, auch die Verantwortung übernimmt. Das oberste Prinzip ist: so viel Selbstführung, Selbststeuerung und Selbstverantwortung wie möglich, so wenig Führungseingriffe von oben oder außen wie nötig. Das alles bleiben aber fromme Worte, wenn das Unternehmen dafür nicht die notwendigen Rahmenbedingungen schafft. Zuallererst müssen die vielen Beschränkungen und Begrenzungen abgeschafft werden, die einst dazu gedient haben, den Untergebenen in die vorgeschriebenen Bahnen zu lenken und exakt drinnen zu halten. Es wird notwendig sein, das gesamte Regelwerk und alle Vorschriften daraufhin zu überprüfen, inwieweit sie die geforderte Selbstständigkeit ermöglichen, erzwingen oder behindern. Das betrifft Arbeitszeiten genauso wie Vorschriften zur Arbeitserledigung, Beurteilungssysteme ebenso wie Bezahlungs- und Anreizsysteme.

Führen durch Ziele

Führen durch An- und Zurechtweisung wird ersetzt durch das Prinzip »Führen durch Zielvereinbarung«. Das scheint auf den ersten Blick nicht unbedingt revolutionär. Die theoretischen Konzepte dafür gab es schon lange. Aber sie wurden in den seltensten Fällen konsequent ein- und umgesetzt. Sobald die Lage sich etwas dramatischer zu entwickeln drohte, wird blitzschnell die bewährte Notregierung mit den alten Führungsprinzipien wieder eingeführt: Anordnungen von oben ersetzen die ausgehandelten Ziele. Konsequente und durchgehende Führung im Rahmen vereinbarter Ziele, wo auch alle erforderlichen und fördernden organisatorischen Rahmenbedingungen gegeben sind, hat nach wie vor absoluten Seltenheitswert.

Schlüsselfaktor: Sozialkompetenz

Zeitgemäße Selbstorganisation und Selbstführung wird nicht auf der Basis rein betriebswirtschaftlichen Denkens und einer ingenieursgeprägten Erwartung, über klare Anordnungen die geforderten Leistungen erwarten zu können, hergestellt werden können. Das kreative Zusammenspiel von Menschen funktioniert nicht wie eine triviale Maschine. Menschen haben Gefühle und Erwartungen, sind persönlich anfällig für Enttäuschungen und Kränkungen – und nicht selten auch nachtragend. Menschen wollen umworben und gewonnen, nicht einfach nur wie Schachfiguren hin und her geschoben werden. Gefragt ist Sozialkompetenz: die Kunst, Menschen in ihrem Inneren zu verstehen und im Umgang mit ihnen diese inneren Zustände zu berücksichtigen – eine Kunst, der in der herkömmlichen Managerausbildung kaum ein offizieller Platz eingeräumt wird. Sozialkompetenz ist in der Managerausbildung nicht alles, aber ohne sie ist alles andere nichts.

Hindernis N°1: das hierarchische Syndrom

Neben den einzelnen konkreten Aspekten gibt es eine ganz generelle Grundhaltung, die die bisherigen Muster von Organisation und Führung stabilisiert und radikaleren Veränderungen im Weg steht. Wir bezeichnen dies als das »hierarchische Syndrom«. Es handelt sich um das in Jahrtausenden eingespielte Miteinander von Oben und Unten.

Oben sind diejenigen, die die Macht haben über diejenigen, die unten sind. Diese Macht ist praktisch nicht einholbar und kaum umkehrbar. Hierarchie heißt ja schon von der Wortbedeutung her: heilige Herrschaft oder Herrschaft der Heiligen. Wer heilig ist, ist unangreifbar, ist tabu. Mächtige demonstrieren ihre Macht durch entsprechende Insignien und schüchtern damit ein. Sie gewähren sich Privilegien und führen diese dermaßen demonstrativ, manchmal geradezu obszön vor, dass die unten gar nicht auf die Idee kommen, dass eventuell nicht alles seine Ordnung haben könnte. Und wer oben ist, tut alles, um oben zu bleiben. Kampf um Prestige, Anerkennung und Machtspiele sind an der Tagesordnung. Jeder, der zu nahe kommt, wird gebissen. Und nicht zu vergessen: Mächtige unterstützen sich gegenseitig in ihrem Machtanspruch, um nach außen und unten eine natürliche Selbstverständlichkeit dieses Anspruches zu suggerieren – und um sich selbst in diesem Anspruch innerlich zu stabilisieren.

Die unten sind aber keineswegs nur als Opfer derer, die oben sind, anzusehen. Nein, sie haben sich mit dieser Situation durchaus abgefunden. Anpassung und Opportunismus sind die Tugenden, die das Überleben in diesen hierarchischen Denkstrukturen sichern. Und das ist das eigentliche Problem: Die unten vergessen, dass Macht immer nur geliehene Macht ist. Sie könnte zurückgefordert und umgewandelt werden in Selbstverantwortung. Dies allerdings würde ein zweifaches Risiko nach sich ziehen: Erstens, man müsste damit rechnen, dass Machthaber mit allen erlaubten und unerlaubten Mitteln um den Erhalt ihrer Macht kämpfen würden. Ein Sieg derer unten wäre keineswegs selbstverständlich. Zweitens, Selbstverantwortung übernehmen in unsicheren Zeiten des Wandels ist auch nicht jedermanns Sache. Man könnte ja als Letztverantwortlicher zur Rechenschaft gezogen werden. Im hierarchischen Abhängigkeitsverhältnis mag zwar vieles beklagenswert sein, aber eines ist auf jeden Fall klar geregelt: Die letzte Verantwortung liegt immer oben – und damit ist auch die mögliche Suche nach Schuldigen für irgendwelche Missstände von vornherein immer schon geklärt. Hierarchische Unterordnung bedeutet zwar einerseits Entmündigung, andererseits garantiert sie aber gleichzeitig die generelle Freiheit von Verantwortung. In diesem Sinn lässt es sich als Entmündigter in voller Verantwortungslosigkeit ganz genüsslich leben.

Deshalb hat Mikropolitik Hochkonjunktur: Die oben tun alles, um dranzubleiben – koste es, was es wolle. Die unten tun zwar alles, um gegebenenfalls die Situation gekonnt zu beklagen, aber sie unterlassen gezielt auch nur die geringste Spur eines ernsthaften Ansatzes, sich die ausgeliehene Macht zurückzuholen. Beide Seiten bekunden nach außen immer wieder ihren angeblichen Willen zur Veränderung, sind aber eigentlich hoch zufrieden mit der bestehenden Situation – und tun gleichzeitig alles, um diese Zufriedenheit nach außen nicht deutlich werden zu lassen.

Veränderungsprojekte und die Psycho-Logik des Misslingens: Fehler im Konzept

In den vergangenen Jahren sind unter dem Etikett *Change Management* viele große und kleine Veränderungsprojekte durchgeführt worden. Nachweislich sind zahlreiche gescheitert oder haben nicht halbwegs das erbracht, was angestrebt war. Analysiert man die Ergebnisse genauer, so kommt man zu einer besonderen, eigentlich überraschenden Erkenntnis: Die meisten »Fehler« passieren nicht zufällig. Sie sind vielmehr bereits im Konzept angelegt. Hart formuliert: »Sie sind so gewollt.« Sie ergeben sich psycho-logisch, also folgerichtig, aus klar identifizierbaren Denk- und Handlungsmustern der handelnden Personen. Und daran hat sich bis heute nicht allzu viel geändert.

Kaltstart

Es soll alles ganz schnell gehen. Deshalb werden die Veränderungen nur in einem kleinen Kreis von Eingeweihten vorüberlegt und durchgeplant. Die Betroffenen werden ohne jede Vorbereitung in einem Kaltstart mit Dingen konfrontiert, deren Sinn sie nicht einsehen. War man doch zufrieden mit der bestehenden Situation oder hatte sich zumindest mit ihr arrangiert. Man sieht keinen Anlass und noch viel weniger eine echte Chance, das Bestehende wirklich zu verändern. Angst und Abwehr sind die ganz natürliche Reaktion. Die Gründe für dieses Vorgehen liegen auf der Hand: der Zeitdruck, den man durch mangelnde Planung selbst geschaffen hat; die Orientierung am kurzfristigen Ergebnis statt am langfristigen Erfolg; das Bedürfnis nach Selbstdarstellung; die Unfähigkeit, auf andere einzugehen; die Befürchtung, eigene Vorstellungen korrigieren zu müssen, wenn man sich auf eine Diskussion einlassen würde; aber auch die Urangst vieler Manager, das Gesetz des Handelns könnte einem aus der Hand gleiten, wenn man nicht ununterbrochen Druck machen würde.

Die Betroffenen werden nicht beteiligt

Wer von einer Veränderung betroffen ist, will rechtzeitig beteiligt werden – vorausgesetzt, man legt Wert darauf, sich im Rahmen der neu geschaffenen Situation auch weiterhin zu engagieren. Die Minimalform von Beteiligung ist echte Kommunikation. Das beinhaltet für die Betroffenen eine doppelte Möglichkeit: Sie können sich einerseits die notwendigen Informationen beschaffen, um Anlass, Zielsetzung, Hintergründe und Zusammenhänge der Neuordnung zu verstehen. Andererseits können sie ihre eigenen, von der Veränderung tangierten Interessen an die richtige Stelle weiterleiten, in der Hoffnung, dass diese gebührend Berücksichtigung finden. Dieses an sich völlig normale Bedürfnis der Betroffenen, beteiligt zu werden, beißt sich allerdings ganz gehörig mit dem Selbstverständnis vieler Manager, den großen Helden zu spielen und als Einziger zu wissen, wo es lang geht – und dieses auch entsprechend zu demonstrieren. Würde man die Betroffenen sehr früh beteiligen, könnten zwei Dinge passieren, die dieses Bild des Helden beeinträchtigen könnten: Erstens, die Menschen könnten merken, dass der Manager in seinem Vorgehen gar nicht so sicher ist, im Prinzip eine reine Ermessensentscheidung trifft, es durchaus Alternativen gäbe, und es deshalb nicht möglich ist, unwiderlegbare Argumente vorzubringen. Zweitens, die Beteiligung der Betroffenen würde in den Augen des Managements zunächst einmal puren Zeitverlust bedeuten, der mit dem klaren, entschlossenen Handeln eines zupackenden Helden nicht vereinbar wäre. Und so passiert, was passieren muss: Dadurch, dass die Betroffenen nicht beteiligt werden, zwingt man sie geradezu, die vorgegebene Lösung auf ihre Weise nachzubearbeiten. Das so genannte »Not-invented-here-Syndrom« schlägt zu: Was von uns hier nicht erfunden wurde, kann schon im Prinzip nicht gut sein. Im ungünstigsten Falle werden die Betroffenen beweisen, dass es so nicht funktioniert, weil nicht sein kann, was nicht sein darf. Im günstigsten Fall kommt man damit davon, dass die Betroffenen die vorgeschlagene Lösung nachträglich kunstvoll mit ihren eigenen Duftmarken versehen. Beides kostet Zeit, die man durch das gewählte Vorgehen eigentlich einsparen wollte – ganz abgesehen vom Ärger, der Enttäuschung und dem Energieverschleiß.

Zu viel auf einmal

Veränderungsprojekte bieten immer auch bestimmten Personen oder Bereichen eines Unternehmens die Chance, sich besonders zu profilieren. So jagt ein, in sich gesehen durchaus erfolgversprechender, Handlungsansatz den nächsten: *Projektorganisation, Teamführung, Gruppenarbeit, Lean Organization, Best Practice, Learning Organisation, Reengineering, Total-Quality-Management, Time-based-Management, Kontinuierlicher Verbesserungsprozess (Kaizen), Fraktale Organisation, Wissenbasiertes Management, Balanced Scorecard* oder andere momentan gerade aktuelle Wunderkonzepte. Mitarbeiter gehen mit ihrer Energie ökonomisch um: Man muss schriftlich auch für den nächsten Ansatz und Profilierer noch etwas parat halten.

Die Lösung ist Teil des Problems

Menschen beklagen Verkehrsengpässe. Um sie zu beheben, bauen sie mehr Straßen – und ziehen dadurch neuen Verkehr an. Mitarbeiter fordern mehr Anerkennung durch Titel. Man erweitert die Anzahl der Titel – und entwertet sie genau dadurch immer stärker. In beiden Fällen ist die Lösung Teil des Problems. Sie bleibt innerhalb eines Grundmusters, das mit »mehr desselben« (WATZLAWICK) das Problem verstärkt, das eigentlich gelöst werden sollte.

Abwiegeln – oder die Wahrheit auf Raten

Gerade am Anfang ist man versucht, aus taktischen Gründen zunächst den Weg des geringsten Widerstandes zu gehen. Man versucht, mit Beschwichtigungen und Halbwahrheiten über die Runden zu kommen. Wo liegt der Sinn dieser Strategie? Es ist im Prinzip mangelndes Vertrauen – sprich fehlende Erfahrung –, dass »schlechte Nachrichten«, Not und drohende Gefahr Selbstheilungskräfte ungeahnten Ausmaßes freisetzen können.

Insellösungen

Ein Veränderungsvorhaben hat umso geringere Aussicht auf Erfolg, je stärker es im Kontrast zur vorherrschenden Situation steht. Mit anderen Worten: Wer in eine nicht vorbereitete Umgebung etwas Fremdes einpflanzt, verhält sich wie einer, der seinen Palast in eine Wüste baut, wo es keinerlei Infrastruktur gibt. Ein enormer, auf Dauer nicht leistbarer Betreuungsaufwand ist vorprogrammiert. Oder es geht ihm wie einem Frühgeborenen, den man mit einer aufwändigen besonderen Umwelt in Form eines Sauerstoffzeltes und Ähnlichem umgeben muss, um ihm überhaupt eine Überlebenschance zu geben.

Etikettenschwindel und Glaubwürdigkeitslücke

Jede Veränderung geschieht im Spannungsfeld unterschiedlicher Interessen. Der Vorteil der einen Partei ist wahrscheinlich der Nachteil der anderen. Es entspricht zwar dem Zeitgeist, immer und überall von »Gewinner-Gewinner-Modellen« zu sprechen. Mit solchen Floskeln wird versucht, alles Mögliche mitarbeiterorientiert zu verkaufen, selbst Programme zur Kostensenkung, Produktivitätssteigerung, Auslagerung und Leistungsverdichtung mit einer unverkennbaren Schlagseite zu den Interessen der Kapitaleigner – bis hin zur Forderung an die Mitarbeiter, sich selbst wegzurationalisieren. Massen von

Mitarbeitern investieren eine Menge Energie, um gegen solche verdeckten Strategien anzugehen. Es gibt so etwas wie eine heimliche Eintracht im Widerstand: Im Untergrund werden mit geradezu bewundernswerter Kreativität Modelle entwickelt, wie man die offiziell verordneten Prozeduren unterlaufen kann. Diese ganze Energie, mit der man Berge versetzen könnte, geht dem Unternehmen verloren. Sie wird als Brems- und Widerstandsenergie verschleudert. Auf diese Weise wird Vertrauen in die Führung verspielt. Und gerade in Krisensituationen entscheidet das Vertrauen in die Führung über Erfolg oder Misserfolg – und dieses Vertrauen lässt sich nicht dann kurzfristig erzeugen, wenn man es gerade braucht.

Erfolgsfaktoren des Change Management

Die Analyse des Misslingens führt zur Erkenntnis solcher Faktoren, die Projekte und Vorhaben zum Erfolg führen:

Orientierung an beweglichen Zielen

Sich bei Projekten vorher zu überlegen, was man denn im Endeffekt erreichen will – und an welchen Indikatoren man messen will, ob und wie weit das Erreichte auch das ist, wohin man eigentlich wollte, gehört schon länger zur Basisausstattung kluger Change Manager. Das Salz in der Suppe allerdings ist die Erkenntnis, dass in Zeiten des Wandels auch die Ziele nicht mehr das sind, was sie einmal waren. Es ist häufiger der Fall, ja fast schon der Normalfall, dass während der Entwicklung oder Durchführung einer beschlossenen Aktion sich das Ziel selbst verändert, das mit dieser Handlung angestrebt wurde. Und da hilft nur eins: Sich generell dieser Möglichkeit bewusst sein und dafür sorgen, dass auch Anlässe und Ziele einer laufenden Überprüfung unterzogen werden.

Ehrliche Klärung der Ressourcen

Zeiten des Wandels sind häufig auch Zeiten knapper Ressourcen. Dazu gehören auch die Menschen, vor allem solche, auf deren Schultern man gerne die entscheidenden Themen legt, damit sie diese vorantreiben. Es handelt sich um die so genannten Leistungsträger. Weil diese Leistungsträger sowieso immer schon mit Aufträgen und Aufgaben überlastet sind, behelfen sich einfallslose Manager mit der scheinbar tollen Erkenntnis: Wo Platz ist für vieles, ist auch Platz für mehr. Folge: Die Diskussion um Ressourcen wird schlichtweg umgangen, stattdessen wird wie selbstverständlich vorausgesetzt, dass alles Hinzukommende »on top« gemacht wird. Wer dieses seinen Leistungsträgern zumutet, muss mit heimlicher Prioritätenverlagerung rechnen. Das Dilemma besteht nun darin, dass der Auftraggeber offiziell nicht weiß, weil er es ja nicht wissen wollte, wie der ausgewählte Matador seine Kräfte, die ja nun einmal begrenzt sind, wirklich einteilt. Und was er hinten runterfallen lässt, um dem neuen Auftrag den gewünschten Rang zu geben. Es wäre allemal geschickter, diese Diskussion um den Einsatz der vorhandenen Ressourcen offen statt verdeckt zu führen.

Kräftefeld und Macht – oder die Kunst der Politik

Welche Interessen von welchen Gruppen beziehungsweise Personen sind von dem Vorhaben berührt – und wie werden diese reagieren? Unter welchen Bedingungen und in welcher Form werden sie das Projekt insgesamt unterstützen. Wann und wie werden sie es gegebenenfalls behindern? Wer wird sich vermutlich zunächst einmal heraushalten – und wann wird er seine Neutralität aufgeben und Partei ergreifen? Welche Chancen ergeben sich daraus alles in allem für das Vorhaben und vor allem für die Phase, wenn es in die echte Umsetzung von Maßnahmen geht, wo man eventuell einigen auf die Füße treten muss? Dieses Kräftefeld frühzeitig zu erkennen und sich die Konsequenzen, die sich daraus für den Start und spätere Phasen ergeben, bewusst zu machen, ist für uns das A und O politischen Handelns. Und Projekte setzt nur der erfolgreich um, der politisch denkt und handelt.

Gefragt ist die hohe Kunst der Mikropolitik. Wer die politische Dimension einfach ausblendet, entweder weil er diese nicht ins Kalkül zieht oder weil er bewusst keine Politik machen will, mag sich zwar für ehrenhaft halten, aber im Grunde handelt er fahrlässig. Eine Redensart besagt: Ohne Macht kann man nichts machen. Das heißt beileibe nicht, sich nur opportunistisch zu verhalten, sein Fähnchen nur nach dem Wind zu hängen. Es bedeutet aber sehr wohl, sich rechtzeitig der Machtkonstellationen bewusst zu werden, innerhalb derer sich ein Projektvorhaben bewegt, das Thema Macht zu einem wichtigen Faktor des Projektes zu machen – und sich dabei klar zu sein, dass es nicht nur die hierarchische Amts- und Positionsmacht gibt. Macht kann in vielfältiger Weise auftreten oder ausgeübt werden, etwa als Expertenwissen, Solidarisierungsphänomen, Blockademacht vonseiten der Betroffenen oder in anderen Formen. Es geht einfach darum, für das, was man will, genügend Schubkraft aufzubringen, so viel, um die immer auch vorhandenen Gegenkräfte neutralisieren und überwinden zu können.

Den Auftraggeber nicht außen vor lassen

In vielen Projekten ist eines völlig klar: Selbst wenn das ganze Unternehmen auf den Kopf gestellt und durcheinander gewirbelt wird – der Auftraggeber selbst bleibt außen vor. Wenn überhaupt, dann werden er und sein engerer Bereich oft nur pro forma untersucht. In Umkehrung eines Spruches könnte man sagen: »Wer bezahlt, der darf auch bestellen.« Wenn die Spitze auf diese Weise ausgenommen, nie ernsthaft als Teil der Situation und damit auch als möglicher Teil des Problems analysiert sondern stattdessen geschont wird, darf man sich nicht wundern, wenn die anderen Bereiche sich folgerichtig nach dem Motto verhalten *Rette sich, wer kann.* Zumal der Volksmund auch in Unternehmen der Überzeugung ist: *Die Treppe muss man oben kehren* oder *Der Fisch stinkt vom Kopf her.*

Betroffene zu Beteiligten machen

Wer Menschen für ein Veränderungsvorhaben gewinnen will, von dem sie selbst betroffen sind, der wird sich die Mühe machen müssen, sie für das aufzuschließen, was er mit ihnen vorhat. Wer sich gegen dieses Prinzip versündigt, programmiert geradezu Abwehr und Widerstand. Wer dagegen klug ist, wird sie an der Gestaltung der Zukunft beteiligen, die doch ihre eigene sein soll und dadurch Vertrauen und Glaubwürdigkeit aufbauen. Diese Vertrauensbasis wird er umso mehr benötigen, je mehr er bei der Umsetzung seiner Ideen auf sie angewiesen ist. Dazu muss er sich intensiv mit ihrer Ausgangssituation befassen, sie bei ihren zentralen Fragestellungen abholen, zum Beispiel: »Warum überhaupt etwas ändern? Warum so und nicht anders? Mit welchen Konsequenzen müssen wir rechnen? Welche Rollen sollen wir bei dem Ganzen spielen? Was gibt es zu gewinnen, was möglicherweise zu verlieren?« Entscheidend für den Erfolg dieses Vorgehens ist Offenheit und Ehrlichkeit, auch wenn es hart ist – statt Taktieren und Wahrheit auf Raten.

Zwei Schlüsselworte: Energie und Ownership

Wer betrachtet dieses Projekt wirklich als »seine Sache« – und wird sich entsprechend dafür engagieren? Viele Vorhaben misslingen oder erreichen nicht den erwünschten Erfolg, wenn die Trägerschaft nicht klar ist, oder wenn sie zwar formell zugeordnet, aber emotional nicht akzeptiert wird. Trägerschaft und damit Verantwortung wird allerdings nur übernehmen, wer einen eigenen Nutzen in welcher Form auch immer aus dem Gelingen eines Vorhabens ziehen kann und sich maßgeblich beteiligt fühlt. Und wer sich nicht innerlich verantwortlich fühlt, wird auch kein größeres Maß an Energie entwickeln können.

Auftauen oder Aufwecken – Entscheidende Vorphase

Nicht immer, sogar eher selten, ist von vornherein ein grundsätzliches Problembewusstsein vorhanden, und damit fehlt auch die prinzipielle Bereitschaft, sich mit den anstehenden Veränderungen vernünftig auseinander zu setzen. Je stärker vielmehr die Betroffenheit, um so größer ist eventuell die Angst der Betroffenen, sich mit ihrer Situation zu befassen – und deshalb ihr Versuch, Dinge nicht wahrzunehmen, stattdessen zu verdrängen. Um diese Eisdecke zu durchbrechen reicht es häufig überhaupt nicht aus, die oben erwähnten Fragen in Ruhe zu bereden. Im Gegenteil, wo Betroffenheit ist, sind Emotionen im Spiel und diese verhindern eine erfolgreiche Verständigung. Wer Veränderungen angehen will, muss zuerst den Boden dafür bereiten und das notwendige Problembewusstsein hierfür erzeugen. Vom Ausmaß des Problembewusstseins hängt auch das Maß der Motivation ab, mit der die Beteiligten bereit sind, sich zu engagieren. Und dies ist eine der Hauptschwächen der landläufigen Vorgehensweisen: Man glaubt alles versachlichen zu können oder/und geht dieser emotionalen Herausforderung solange, wie es irgend geht, aus dem Weg. Worin besteht denn nun die Kunst des *Auftauens*, wie der Altvater der Sozialwissenschaften KURT LEWIN diese Phase genannt hat, oder die Kunst des Aufweckens, wie einer der späteren Epigonen, der amerikanische Berater NOEL M. TICHY, diesen Schritt bezeichnet? Zwei Dinge müssen angegangen werden: Zum einen geht es darum, gekonnt Irritationen zu schaffen, dass ein System aus seinem inneren Gleichgewicht gerät. Solange nämlich die Betroffenen rundum zufrieden sind, ihre Situation für selbstverständlich oder für unveränderbar halten, fehlt grundsätzlich die Voraussetzung für eine Veränderung. Diese Ruhe gilt es zu destabilisieren, zum Beispiel mithilfe von Szenarien über die zukünftige Entwicklung, die echte Überlebensängste aufkommen lassen. Zum anderen geht es darum, die Betroffenen dort abzuholen, wo sie sind. Um für den Prozess der Sensibilisierung das richtige Vorgehen wählen und die Betroffenen dort abholen zu können, wo sie sich befinden, muss man sich ein Bild über ihre Ausgangssituation machen. Dazu muss man mit einzelnen Personen und mit Gruppen Kontakte aufnehmen, Gespräche führen – und vor allem gut hinhören. Je sensibler die Themen und je stärker eigene Interessen berührt sind, desto mehr Zeit muss den Menschen eingeräumt werden, sich vorsichtig an die heißen Fragen heranzutasten und sich mit dem geplanten Vorhaben zu identifizieren. Erst wenn man spürt, dass die Betroffenen wach sind, genügend beunruhigt die Probleme wirklich zur

Kenntnis nehmen, und ein genügend hoher Energiepegel vorhanden ist, der ausreichend Antriebskraft liefert, um die anstehende Veränderung zu starten, macht es Sinn, in die Phase der konkreten Planung und Bearbeitung des Vorhabens einzusteigen. Wer den Fehler des schnellen Anfangs macht, um wie bei einem Blitzkrieg den großen Überraschungscoup zu landen, zahlt unter Umständen einen hohen Preis. Die Zeit, die er am Anfang zu gewinnen glaubte, wird er in späteren Projektphasen – schlimmstenfalls in der Phase der eigentlichen Umsetzung – doppelt und dreifach verlieren.

Widerstand – der siamesische Zwilling von Veränderung

Genau hier liegt der Kernbereich der Kunst des Change Management. Widerstand ist im Arbeitsbereich ein ganz alltägliches Phänomen und in jedem Entwicklungsprozess eine ganz normale Begleiterscheinung. Es gibt in der Praxis kein Lernen und keine Veränderung ohne Widerstand. Widerstand zwingt jedoch, wann und wo immer er auftritt, zu Denkpausen, zu klärenden Gesprächen, möglicherweise auch zu einer Kurskorrektur. Wenn Zeitdruck herrscht – und er herrscht praktisch immer –, erscheint Widerstand außerordentlich lästig, eventuell sogar unerträglich und inakzeptabel. Man ist geneigt, ihn zu missachten – und exakt dies ist ein Fehler, den man später bitter zu bereuen hat. Für den Fortgang eines Veränderungsprojektes ist es von entscheidender Bedeutung, dass Widerstand – in welcher Form auch immer – rechtzeitig erkannt und richtig beantwortet wird. Wenn dies nicht der Fall ist, kommt es zu ernsthaften Verzögerungen, schwerwiegenden Blockaden und kostspieligen Fehlschlägen. Konstruktiver Umgang mit Widerstand ist deshalb einer der zentralen Erfolgsfaktoren beim Management von Veränderungen. Drei Fragen müssen wir beantworten können, wenn wir mit Widerstand professionell umgehen wollen:

Erstens: Was ist Widerstand? Von Widerstand kann immer dann gesprochen werden, wenn vorgesehene Entscheidungen oder getroffene Maßnahmen, die auch bei sorgfältiger Prüfung als sinnvoll, logisch oder sogar dringend notwendig erscheinen, aus zunächst nicht ersichtlichen Gründen auf diffuse Ablehnung stoßen, nicht unmittelbar nachvollziehbare Bedenken erzeugen oder durch passives Verhalten unterlaufen werden.

Zweitens: Wie drückt sich Widerstand aus? Weil Widerstand nicht ohne weiteres als Tugend gilt, sondern meist negativ apostrophiert wird, wird er in aller Regel verdeckt ausgeübt; er läuft sozusagen unter falscher Flagge. Die Formen, in denen sich Widerstand äußert, können vielfältig sein: Unaufmerksamkeit, Zähflüssigkeit, Unpünktlichkeit, Fernbleiben, Verzögern von Entscheidungen, Lustlosigkeit, Schweigen oder Grundsatzdiskussionen.

Drittens: Wie entsteht Widerstand? Die Ursachen für Widerstand sind im Grunde – wenn man sich ernsthaft bemüht, sich in die Lage der Betroffenen zu versetzen – durchaus nahe liegend, eben psycho-logisch: Die Betroffenen

- wissen nicht, worum es eigentlich geht.
- verstehen die Ziele, Hintergründe, oder Motive einer Maßnahme nicht.
- wissen und verstehen zwar, worum es geht, aber sie glauben nicht, was man ihnen sagt.
- wissen zwar Bescheid, haben verstanden, und glauben auch, was gesagt wird, aber sie wollen oder können nicht mitgehen, weil sie zum Beispiel befürchten, den neuen Anforderungen nicht gewachsen zu sein.

Im Endeffekt ist Widerstand eine mehr oder weniger stark verschlüsselte Botschaft: Wenn normal intelligente und nicht verhaltensgestörte Menschen sich gegen sinnvoll erscheinende Maßnahmen sträuben, dann haben sie irgendwelche Bedenken, Befürchtungen oder Angst. Mit anderen Worten: Man hat es nicht mit sachlichen Überlegungen und logischen Argumenten, sondern mit Emotionen, also mit Gefühlen zu tun. Emotionen werden aber in unserem Kulturkreis in aller Regel nicht direkt geäußert, sondern hinter sachlichen Gesichtspunkten versteckt.

Widerstand ist somit als wichtiges Signal zu verstehen. Es zeigt an, wo Energie blockiert ist, wo demnach Energien freigesetzt werden können. So gesehen ist Widerstand im Grunde kein Störfaktor, sondern eine Chance – vorausgesetzt, sie wird als solche erkannt und genutzt. Widerstand zu unterdrücken oder zu verteufeln ist zwar verständlich, weil es zumindest kurzfristig gesehen eine unangenehme Sache werden kann. Aber eigentlich ist es das Dümmste, was man machen kann. Widerstand zur Seite schieben heißt, ein wichtiges Signal einfach auszuschalten.

Und damit liegt auf der Hand, wie ein konstruktiver Umgang mit Widerstand aussehen kann: In Ruhe mit den Betroffenen sprechen – einzeln oder in kleinen Gruppen, ohne Zeit- und Ergebnisdruck. Nur das aufrichtige Interesse für ihre Situation und ihre persönlichen Meinungen kann die Vertrauensbasis schaffen, die notwendig ist, damit auch heiklere Gedanken und Empfindungen geäußert werden. Es gilt, mit gezielten Fragen zu sondieren, was das eigentliche Widerstandsthema sein könnte – Einkommen, Sicherheit des Arbeitsplatzes, Zuordnung zu bestimmten Gruppen oder Vorgesetzten, zukünftig erforderliche Qualifikation, Handlungsspielraum, persönliche Karriere – und dann gut zuzuhören. Nur wenn klar ist, wo die Hauptursachen des Widerstandes liegen, ist der Weg frei für Vorgehensweisen, die nicht nur die Ziele des Projektes, sondern auch die egoistischen Interessen der Betroffenen berücksichtigen.

Dreh- und Angelpunkt: offensive Kommunikation

Und damit sind wir bei einem weitern Kernaspekt des Themas *Change Management*: Nur eine offensive Kommunikation kann die Dinge in die notwendige Bewegung bringen. Kommunikation ist Vehikel und Treibsatz für Veränderung zugleich. Zumal mit der Kommunikation noch eine andere Botschaft parallel mitvermittelt wird, nämlich die Selbstverpflichtung zur partnerschaftlichen Führung. Wer sein kommunikatives Handeln kreativ und kompetent gestalten will, tut gut daran, einige grundsätzliche Aspekte – gewissermaßen Gesetzmäßigkeiten – der Kommunikation zu beachten:

- Je einschneidender eine Botschaft in ihrer Wirkung sein soll, je größer darüber hinaus die Wahrscheinlichkeit ist, dass wesentliche Interessen der Empfänger berührt sind, je emotional aufgeladener also die Situation ist, desto mehr empfiehlt es sich, ein Verfahren zu wählen, das den lebendigen Dialog ermöglicht. Im Klartext: Je mehr wir uns in der Praxis vor einer direkten Begegnung und Auseinandersetzung fürchten, desto eher ist sie angesagt.
- »Man kann nicht nicht kommunizieren.« Der Kommunikationswissenschaftler PAUL WATZLAWICK hat dieses Axiom für die persönliche Interaktion zwischen einzelnen Menschen formuliert. Es ist aber durchaus übertragbar auf größere organisatorische oder gesellschaftliche Gebilde. Lücken in der erwarteten Kommunikation, Schweigen, einseitige Stellungnahmen, für die kein Platz zur Auseinandersetzung eingeräumt wird, werden mit eigenen Fantasien und Interpretationen aufgefüllt. Was nicht gesagt wird, wird tendenziös – das heißt entsprechend den eigenen Vorurteilen – hineininterpretiert.
- Jeder hört nur, was er hören will. Je emotional aufgeladener die Situation, desto größer ist das Risiko der so genannten »selektiven Wahrnehmung«: Die Botschaft wird vom Empfänger nicht so aufgenommen, wie sie vom Sender gemeint war. Es wird nahezu immer weniger oder mehr, auf jeden Fall aber etwas anderes verstanden als das, was der Sender eigentlich auf die Reise geschickt hat. Zwei Faktoren bestimmen hauptsächlich die selektive Aufnahme von Informationen: die Glaubwürdigkeit des Senders und die Vorerfahrungen des Empfängers. Je nach Kontext, Perspektive, Vorerfahrung und Einschätzung der Glaubwürdigkeit können jeweils völlig unterschiedliche Wahrheiten empfangen beziehungsweise dem Sender unterstellt werden.
- Richtig kommunizieren kann nur, wer vorher sondiert, wie seine Adressaten innerlich eingestellt sind. Nur auf der Basis dieser Kenntnisse kann er seine Kommunikation präzis auf den Empfänger ausrichten und entscheiden, mit welcher Methode, welchen Instrumenten, welcher Verpackung

und mit wem als Übermittler der Botschaft die höchsten Chancen bestehen, wirklich anzukommen.

- Schnelle Kommunikation erfordert direkte Wege. Hängt die Wirksamkeit einer Botschaft davon ab, dass sie schnell und möglichst unverfälscht ihren Adressaten erreicht, muss sie auf möglichst kurzem Weg, direkt und ohne Zwischenstationen und mit der Möglichkeit von unmittelbarem Feedback (zum Beispiel Rückfragen) an den Empfänger transportiert werden. Und hierfür ist die Kaskade des hierarchischen Dienstweges in der Regel höchst ungeeignet. Wer über Zwischenvermittler zentrale Botschaften versendet, kann mit an Sicherheit grenzender Wahrscheinlichkeit davon ausgehen, dass etwas anderes ankommt: Niemand wird nämlich etwas weiterleiten, was ihn selbst in ein ungünstiges Licht stellen könnte; er wird alles für ihn Schädliche herausnehmen oder zumindest durch Relativierungen entschärfen. Jeder, der etwas weiterleiten soll, wird dagegen darauf achten, dass es ihm von Nutzen ist; also wird er es mit eigenen Duftmarken versehen. Ebenso muss, wer hierarchisch oben steht, prinzipiell davon ausgehen, dass alles, was ihm von weiter unten über hierarchische Zwischenträger übermittelt wird, in der Regel so nicht auf die Reise geschickt wurde.
- Offene Kommunikation macht Angst. Viele Vorgesetzte gehen der offenen Kommunikation nicht zuletzt deshalb aus dem Weg, weil sie befürchten, dass dieses bedeuten könnte, »alle reden bei allem mit«. Sie haben Angst davor, die Mitarbeiter könnten ihre grundlegenden Absichten von vornherein so prinzipiell infrage stellen, dass alles zerredet wird. Diese Angst beruht auf Unsicherheit. Wenn ein Konzept Hand und Fuß hat – was leider in der Praxis nicht immer der Fall ist – sind Mitarbeiter gar nicht so schwer zu gewinnen. Sie schätzen in aller Regel durchaus eine Führung, die Ideen hat und Impulse setzt. Aber sie wollen Ziele, Hintergründe und Konsequenzen auch selbst verstehen – dort, wo sie unmittelbar betroffen sind und auf die Vorgehensweisen bei der Realisierung Einfluss nehmen können.

Entscheidend: Beharrlichkeit und letzte Konsequenz

Von ANDY GROVE, dem ehemaligen Chef von Intel, stammt der Buchtitel *Nur die Paranoiden überleben*. Man muss zwar nicht von krankhaftem Verfolgungswahn befallen sein, um im Wettbewerb bestehen zu können. Aber ohne ein gehöriges Maß an Zähigkeit und Besessenheit gibt es nach unserer Erfahrung kaum Erfolg. Zu groß sind die Verlockungen, bei den vielen Schwierigkeiten klein beizugeben. Das Problem liegt nicht darin, ein neues Thema zu beginnen, sondern die begonnenen Dinge wirklich zu Ende zu führen. Wenn der Besessenheit, das Ziel zu erreichen, auch noch ein Schuss Heiterkeit beigemischt wird aus dem tieferen Verstehen der von der Psycho-Logik bestimmten menschlichen Natur heraus, dann wird Leidenschaft nicht zur verkniffenen Verbissenheit, sondern zum unerschöpflichen Antrieb.

Der Handwerkskasten

Das eine sind die Fehler im Konzept, die es zu vermeiden gilt, und die Erfolgsfaktoren, an denen sich ein Change Manager gleichsam wie an Positionslichtern orientieren sollte. Darüber hinaus gibt es eine Vielzahl ganz konkreter Werkzeuge, die man kennen und deren Gebrauch man beherrschen muss, um gute Konzepte in die Praxis umsetzen zu können. Diese sind in *Change Management* ausführlich beschrieben.

Strategieentwicklung

In Zeiten des dauernden Wandels ist auch der Markt unstetig, bisweilen sehr turbulent: Kunden ändern ihre Bedürfnisse, sind in sich selbst widersprüchlich, der Wettbewerb ist kreativ und startet Überraschungsaktionen, neue Technologien ergeben bislang nicht denkbare Chancen der Kommunikation oder Zusammenarbeit. Um diesen Entwicklungen zu entsprechen, reicht die herkömmliche Planungsroutine absolut nicht aus. Stand früher die strategische Mittel- und Langfristplanung alle drei oder fünf Jahre auf der Tagesordnung, so steht diese heute jedes Jahr, manchmal sogar mehrmals im Jahr an. Dazu haben wir ein handliches Werkzeug für den Alltagsgebrauch geschaffen. Wir haben einerseits versucht, Ordnung in das Durcheinander von Zielen, Visionen, Strategien und Maßnahmenplänen hineinzubringen. Andererseits schien es uns vor allem wichtig aufzuzeigen, welche Schritte jeweils zu unternehmen sind, wer in welcher Weise einzubeziehen ist – und vor allem, was die richtigen Fragen sind, die beantwortet werden müssen.

Prozessorientiertes Projektmanagement

Nach wie vor werden bereichsübergreifende interdisziplinäre Problemstellungen in Form von Projekten angegangen. Das ist im Prinzip auch richtig so, aber in der Projektarbeit ist eine deutliche Schlagseite unverkennbar: Das ingenieurmäßige Denken überwiegt. Die Fragestellungen werden versachlicht. Projekte werden geplant, wie man eine Maschine plant. Es wird systematisch vergessen, dass davon Menschen betroffen sind, die eben keine Maschinen sind. Sie sind vielmehr voller Erwartungen, eventuell auch voller Enttäuschung, Ärger oder

Angst – und warten darauf, einbezogen zu werden. Und so kommt, was kommen muss. Die Planung am grünen Tisch verläuft hervorragend, weil ungestört von allen menschlichen, allzu menschlichen Belangen. Das Problem wird dann in der Umsetzung sichtbar: Die Dinge laufen keineswegs so wie geplant, sie verzögern sich – oder scheitern vollständig. Um diesen Ablauf zu vermeiden, haben wir im Einzelnen dargelegt, welche konkreten Schritte bereits von Beginn an zu tun sind, welche Fragen mit welcher Zielgruppe zu bearbeiten sind, damit am Ende die Umsetzung nicht zum Problem, sondern zum Erfolg wird. Das herkömmliche technisch orientierte Projektmanagement wird zu einem Vorgehen ergänzt, das sich auch an den Prozessen ausrichtet, die in und zwischen den betroffenen Menschen ablaufen.

Führen durch Zielvereinbarung

Wenn im Umfeld laufender Veränderungen die Ziele selbst zur Disposition stehen, wenn bei den Mitarbeitern das so genannte Unternehmertum im Unternehmen gefragt ist – und das nicht nur auf der Basis der einzelnen Individuen, sondern auch im Rahmen teilautonomer Gruppenarbeit, dann ist der Prozess der Zielvereinbarung keineswegs mehr trivial. Nicht, dass er überflüssig wäre. Nein, er ist nötiger denn je. Aber er muss den neuen Gegebenheiten Rechnung tragen. Tatsache allerdings ist, in vielen Unternehmen sind Zielvereinbarungen nach wie vor kein Thema – und wo sie praktiziert werden, sind sie häufig zum Ritual erstarrt: Es werden mehr oder weniger rechtzeitig zwar Ziele vereinbart, um der Form Genüge zu tun. Gleichzeitig wissen aber alle Beteiligten, dass sich die Dinge so schnell ändern, dass das, was sie heute vereinbaren, morgen bereits Makulatur sein kann. Und so ist es nicht verwunderlich, dass spätestens im zweiten Halbjahr kein Mensch mehr auf das Bezug nimmt, was zu Jahresbeginn ausgemacht war. Was aber im Endeffekt niemanden daran hindert, im nächsten Jahr die gleiche folgenlose Prozedur zu starten. Auch hier gilt: Die Professionalität ist nicht nur der Start, sondern die konsequente Steuerung bis zur Zielerreichung, oder eben die rechtzeitige Neuformulierung der Ziele.

Moderation und Konfliktmanagement

Wenn Manager ihre Rolle wechseln und vom Würdenträger zum Trainer ihrer Spieler werden, dann bedarf das neuer Fertigkeiten. Eine dieser neuen Fertigkeiten ist die Kunst der Moderation. An- und Zurechtweisen waren wesentliche Bestandteile der alten Rolle. Menschen innerlich aufschließen, ihre Diskussions- und Meinungsbildungsprozesse gekonnt steuern, Unterschiede und

Gemeinsamkeiten herausarbeiten und deutlich machen, Entscheidungsprozesse herbeiführen und so steuern, dass auch vermeintliche Verlierer sich mit der neuen Lage abfinden und in der Umsetzung engagieren – das ist die zeitgemäße Alternative. Dafür gibt es gleich zwei Instrumente: Das Werkzeug *Moderation* für die normale Situation, wo keine besonderen Streitpunkte den Weg versperren. Das Werkzeug *Konfliktmanagement* für die immer häufiger werdende Ausnahmesituation, dass massive Spannungen zwischen den Beteiligten den normalen Umgang drastisch erschweren. In diesem Sonderfall geht es darum, die Dramaturgie zu verstehen, wie Sachfragen nach und nach von persönlichen Aspekten und verdeckten Interessen überlagert werden, wie solche Spannungen eskalieren und sich in der Folge verhärten – und mit welchen Methoden Konflikte schließlich wieder verhandelbar gemacht werden können. Beide Hilfsmittel gehören inzwischen zum unentbehrlichen Rüstzeug jedes Managers. Ansonsten würde er sich in Situationen, die doch sehr eng mit seiner Führungsaufgabe verbunden sind, von externen Beratern abhängig machen.

Die Kunst der Gestaltung von Workshops

Es ist hoffentlich klar geworden, warum und wozu es so wichtig ist, die Betroffenen rechtzeitig am geplanten Geschehen zu beteiligen. Ein Königsweg ist die Möglichkeit einer direkten Aussprache und Auseinandersetzung, die dann zu einer gemeinsamen Bildgestaltung übergeleitet werden kann, was die Zukunft betrifft, und zur Planung von entsprechenden Aktionen, diese Zukunft gemeinsam herbeizuführen und mitzugestalten. Dabei entsteht Vertrauen zueinander, dass bei allen Unterschieden ausreichend Wertschätzung füreinander vorhanden ist, um die jeweils anderen Lebens- und Erlebensperspektiven zu verstehen und zu akzeptieren – und dadurch trotzdem eine gemeinsame tragfähige Aktionsbasis zu schaffen. Solche intimen Prozesse der vertrauensbildenden Kommunikation können nicht in Routinebesprechungen hergestellt werden. Dazu bedarf es der Ruhe und Konzentration, die nur in einer Klausur gewährleistet werden können. Welche Schritte und Methoden dabei – weit über die Moderation hinaus – im Einzelnen hilfreich sein können, um auch die nicht selten notwendige mentale Veränderung zu erzeugen, wie zum Beispiel projektive Verfahren der Beurteilung der Situation, wird am konkreten Beispiel und in den zugrunde liegenden Prinzipien so anschaulich beschrieben, dass diese Methode jederzeit an die eigene Situation angepasst werden kann. Auch hier gilt: Klausuren gehören mehr und mehr zum normalen Instrument des Managements von Veränderung. Für alles, was mittlerweile Routine ist, sollten Manager nur noch dann externe Fachleute heranziehen, wenn sie selbst so stark parteiisch sind oder einer Partei zugeordnet werden, dass es von vornherein besser ist, einem Neutralen die Steuerung dieses Prozesses anzuvertrauen.

Feedback

Entwicklungs- und Lernprozesse sind ohne Feedback grundsätzlich nicht möglich. Nachdem Wandel immer auch bedeutet, dass die Betroffenen sich in irgendeiner Weise entwickeln oder sich mit für sie ungewohnten Dingen befassen müssen, gehört Feedback an eine ganz zentrale Stelle des Handwerkskastens, wie Hammer und Zange im Haushalt. Dabei geht es um eine doppelte Kunst: Selbst fähig zu sein, sich Feedback zu holen und Feedback, das man erhält, so zu verarbeiten, dass diejenigen, die es gesendet haben, das sichere Empfinden haben können, dass ihre Botschaft gelandet ist. Andererseits geht es um die Kunst, anderen Feedback so geben zu können, dass zwar die Botschaft ankommt, aber gleichzeitig das Interesse des anderen geweckt wird, mit dieser Botschaft tatsächlich etwas anzufangen. Viele kennen zwar mittlerweile die Grundregeln, wie nicht bewerten, sondern beschreiben; nicht verallgemeinern, sondern nur im eigenen Namen und bezogen auf eine konkrete Situation sprechen. Insgesamt ist das trotzdem kein einfaches Brot. Handelt es sich bei Feedback doch in keiner Weise um eine objektive Beurteilung, sondern um rein subjektives Empfinden. Und so können Gefühle rückgemeldet werden, die unter dem Licht einer objektiven Betrachtung überhaupt keinen Bestand hätten. Aber das Problem ist, der andere empfindet die Dinge so – und noch schlimmer, er richtet sein Handeln an seinen Empfindungen aus. Es führt also kein Weg daran vorbei, sich mit solchen – auch scheinbar völlig aus der Luft gegriffenen – »Vorwürfen« auseinander zu setzen, wenn Kooperation gelingen soll. Weil dieses Thema von so zentraler Bedeutung ist, ist ihm sowohl im Buch *Change Management* als auch in *Unternehmenswandel gegen Widerstände* ein eigenes Kapitel gewidmet.

Unternehmenskommunikation

Unter den Erfolgsfaktoren von Change Management spielt die Kommunikation eine maßgebliche Rolle: Je häufiger und radikaler die Veränderung, umso wichtiger ist die Kommunikation. Wenn wir von Kommunikation sprechen, dann meinen wir zwar auch das zwischenmenschliche Geschehen, das dabei zu beachten und nach allen Regeln der Kunst zu gestalten ist. Der Wandel betrifft aber häufig ganze Unternehmen oder wesentliche Teile davon. Und da reicht diese Betrachtungsweise in keiner Weise aus. Es gibt eine Fülle von Methoden und Instrumenten, wie auch größere Mengen von Menschen in der richtigen Weise erreicht und in Prozesse der Meinungsbildung und Entscheidungsfindung einbezogen werden können. Das fängt an bei herkömmlichen Befragungen, geht über Abteilungs- oder Betriebsversammlungen, über intranetbasierte Kommunikationsformen bis zu Veranstaltungen nach dem Modell von »open space«. Bei der Auswahl der jeweiligen Methode muss allerdings in Betracht gezogen werden, dass je nach Gegenstand und Zielvorstellung die jeweils optimale Form gewählt wird, die den Dialog ermöglicht und ein hohes Maß an Erlebnis- und Begegnungsqualität gewährleistet. Andererseits wissen alle, die sich mit Fragen der Kommunikation befassen, dass Botschaften häufig in unterschiedlichen Formen und über verschiedene Kanäle gleichzeitig gesendet werden müssen, damit sie im Endeffekt ihren Adressaten wirklich erreichen – und in seiner Einstellung und in seinem Verhalten die Wirkungen entfalten, die beabsichtigt sind.

Fusionen und Übernahmen

Unternehmen und Organisationen werden immer häufiger in irgendwelchen Formen miteinander vernetzt oder auch verschmolzen. Es kann nicht allein der Unternehmensspitze überlassen bleiben, solche Prozesse zu steuern. Zahlreiche Berichte sprechen davon, dass viele – angeblich sogar die meisten – solcher Prozesse der »Vereinigung« misslingen. Das muss nicht so sein. Wer sich intensiver mit dieser Materie befasst, weiß inzwischen, worauf es wirklich ankommt. Auch hier geht es um zwei Seiten: Zum einen sollen die Täter befähigt werden, besser zu verstehen, welche Prozesse – sowohl offiziell als auch »unter dem Teppich« – ablaufen, in welchem Ausmaß sie die Situation bestimmen – und wie sie professionell berücksichtigt werden können, damit die Operation tatsächlich gelingt. Zum anderen sollen die Betroffenen, die sich häufig nur in der Rolle der Opfer wiederfinden, sich intensiver mit dieser einschlägigen Fragestellung befassen, um besser zu verstehen, wie die herkömmlichen Drehbücher geschrieben werden – und welche Interessen dabei im Vordergrund stehen, damit sie durch mehr Wissen sich selbst befähigen, sich gegebenenfalls rechtzeitiger einzumischen, um auch die eigenen Interessen angemessen ins Spiel zu bringen. Auch dazu haben wir in beiden Büchern aus jeweils unterschiedlichen Perspektiven konkrete instrumentelle Hinweise gegeben.

Coaching

In der neuen Definition von Führung spielt Coaching eine wesentliche Rolle. Das eine ist der Anspruch und vielleicht auch die gute Absicht, etwas zu tun; etwas anderes ist die Kunst, zu wissen, wie man es konkret macht und es auch wirklich zu beherrschen. Über Coaching wird viel gesprochen. In vielen Unternehmen sind die Führungskräfte der mittleren Ebene oft schlichtweg umetikettiert worden, ohne dass sich in ihrer Aufgabenstellung selbst und in der Art und Weise, wie sie diese erfüllen, Wesentliches geändert hätte. So gibt es nicht selten zwar neue Schläuche, aber nach wie vor den alten Wein. Um hier zur Abhilfe beizutragen, haben wir nicht nur versucht, Klarheit zu schaffen, sondern wir haben noch eine zusätzliche Spezialität entwickelt: Wie es möglich ist, dass Führungskräfte gemeinsam in einem Modell des kollegialen Coachings sich ihre Erfahrungen mit Veränderungsprozessen gegenseitig zugänglich machen, sich wechselseitig beraten, auf diese Weise voneinander lernen, und in dieser Form ein sehr praxisnahes angewandtes Wissensmanagement betreiben können.

Change Management und die Gruppendynamik

Wenn festgestellt wird, dass viele Veränderungsvorhaben nicht das bringen, was man eigentlich erwartet oder überhaupt nicht gelingen, dann muss es dafür gute Gründe geben. Im Buch *Change Management* werden die wesentlichen Aspekte aufgezeigt, die bereits im Konzept falsch angelegt wurden und es werden bessere Alternativen beschrieben. In der weiteren Beschäftigung mit diesem Thema haben wir herausgefunden, dass hinter oder unter dem Konzept noch tiefere Ursachen liegen, die das Thema *Veränderung* so heikel machen: Es sind die innerpsychischen und gruppendynamischen Prozesse – und ihre wechselseitige Beeinflussung, die bei Veränderungen eine maßgebliche Rolle spielen. Und um genau diese Aspekte geht es im Buch *Unternehmenswandel gegen Widerstände*. Je besser wir solche psychischen und gruppendynamischen Prozesse verstehen, umso leichter können wir nachvollziehen, warum bestimmte Veränderungsprozesse so laufen, wie sie es tun – und umso höher sind die Chancen für wirksame Eingriffe. Es geht um die Gruppe als Kraftwerk für Veränderung.

Welche Rollen spielen Gruppen und Gruppendynamik bei Veränderungen?

Überall, wo Menschen zusammen arbeiten, besteht ein gruppendynamisches Kräftefeld. Dabei geht es um Kräfte der gegenseitigen Anziehung einerseits und der Rivalität und Ablehnung andererseits. Wünsche nach gegenseitiger

Beherrschung und Unterwerfung, aber auch Bestreben zur Solidarisierung miteinander, Bedürfnisse nach Nähe, Distanz und Abgrenzung, Gefühle des Vertrauens zueinander und des Misstrauens gegeneinander. Diese Kräfte sind ein großes Reservoir an Energie, das genutzt werden kann. Vorhanden sind sie allemal, wirksam auch: Entweder als Brems- und Blockadeenergie oder als eine Trieb- und Treibkraft der Gestaltung und Selbstorganisation. Change Management ohne Gruppendynamik ist per se nicht denkbar.

Das Innenleben von Gruppen und die Auswirkungen

Schön wäre es, frei nach dem Text aus der Operette »Land des Lächelns« handeln zu können: »Und wie's da drinnen aussieht, geht niemand was an!« So einfach ist es leider nicht, auch wenn uns dies viele, rein an der Sache orientierte Manager immer wieder glauben machen wollen. Die Prozesse zu verstehen, die in einer Gruppe ablaufen, die Themen kennen, die das Innenleben von Menschen in Gruppen bestimmen, ist die halbe Miete, sie nicht zu berücksichtigen, ist wie eine Schussfahrt im dichten Nebel.

Der Zusammenhang zwischen Sachthemen und Emotionen

Ein grundlegender Zusammenhang wird hier deutlich – und es wird nicht gelingen, ihn durch Nichtbeachtung unwirksam zu machen: Der Zusammenhang zwischen der Ebene von Emotionen und der Ebene, auf der Manager sich mit Vorliebe nahezu ausschließlich bewegen, weil sie sich dort zu Hause fühlen, nämlich der Ebene sachlicher Themen und inhaltlicher Argumente.

Wenn wir von einem Thema emotional betroffen sind, weil es negative Gefühle auslöst, wie Druck, Empörung, Verunsicherung, Angst, oder wenn wir in einer Beziehung oder in einer Gruppe nicht das Ausmaß an Wertschätzung erfahren, von dem wir überzeugt sind, dass es uns zusteht, dann werden wir entsprechend widerspenstig reagieren. Diese emotionale Reaktion kann man nicht einfach wegstecken. Aber wohin damit, wenn man nicht gelernt hat, offen damit umzugehen, wenn es in bestimmten Kreisen sogar verpönt ist, über solche Gefühle zu sprechen?

Der Weg, der uns bleibt: Die aus diesen Empfindungen resultierenden emotionalen Spannungen werden sozusagen unter falscher Flagge auf der sachlichen Ebene unverfänglicher Themen ausgetragen. Wir wundern uns manchmal, weshalb wir mit bestimmten Themen nicht vorankommen, weshalb der Ton auf einmal schärfer wird, weshalb sich bestimmte Personen weniger oder viel stärker an Diskussionen beteiligen als sonst. Manchmal ahnen wir, dass etwas anderes im Spiel ist, verständigen uns darüber im vertrauten Kreis von Gleichgesinnten außerhalb der formalen Begegnung, trauen uns aber nicht, in der formalen Begegnung selbst unserer Vermutung nachzugehen, weil auf der offiziellen Tagesordnung davon schließlich nichts vermerkt ist. Wer Veränderungen professionell managen will, muss lernen, die Bühne zu drehen und Unterschwelliges zum Thema zu machen. Denn solange die emotionalen Themen unter falscher Flagge segeln, sind sie einerseits nicht bearbeitbar und beeinflussen gleichzeitig auf eine nicht kalkulierbare Weise die sachliche Arbeit.

Akzeptanz und Anerkennung

Veränderungen angehen, heißt unter anderem, Aufgaben und Projekte definieren und entsprechende Aufträge an ausgewählte Personen zu vergeben. Der nächste Schritt ist dann vorprogrammiert: Wer einen Auftrag erhalten hat, schafft sich die zum Abarbeiten notwendige Infrastruktur. Und so werden eine Menge von Gruppen gebildet, die sich in die Arbeit stürzen. Und genau hier liegt ein Dilemma: Man beginnt ganz schnell mit der Arbeit – und den meisten ist gar nicht bewusst, dass zunächst einmal unter der Flagge »Arbeit« etwas ganz anderes ausgehandelt, beziehungsweise ausgelotet wird. Es geht um Fragen der zwischenmenschlichen Beziehungen und Wertschätzung. Die Gretchenfrage lautet zunächst nicht: »Was kann ich hier fachlich am besten beitragen?« Andere, persönliche Fragen stehen – wenn auch manchmal völlig unbewusst, aber trotzdem gnadenlos wirksam – im Vorgrund: »Was gelte ich hier? Was kann ich mir hier erlauben – und was besser nicht? Werde ich hier den Raum haben, den ich benötige, um mich persönlich entfalten zu können? Werde ich hier das Maß an Wertschätzung erhalten, das ich brauche, damit es mir gut geht?«

Vertrauen

Der Prozess des gegenseitigen Beschnupperns, um den persönlichen Raum auszutesten, dient gleichzeitig einem zweiten Anliegen: Es geht darum, herauszufinden, wie weit und wem ich hier vertrauen kann. Nach wie vor gilt die Aussage von Niklas Luhmann: »Vertrauen ist ein Mechanismus der Reduktion sozialer Komplexität.« Und so werden Schleifen gedreht, immer gut codiert, bei denen die sachlich-inhaltliche Dimension nur als Tarnung dient, um zu erforschen, wie weit man den anderen Mitgliedern über den Weg trauen kann. Dazu dienen eigene, bis an die Grenzen der vermuteten Norm gehende Formulierungen – und vor allem die diesbezüglichen Reaktionen der anderen, Interpretationen von Mimik und Gestik, Ausloten der eigenen spontanen

Empfindungen im Hinblick auf Sympathie oder Antipathie und hieraus vermutbarer positiver oder negativer Beziehungen und Ähnliches mehr. Die eigentliche inhaltliche Arbeit wird erst dann wirklich angegangen und vorangetrieben, wenn klar ist: Hier kann ich mich entfalten, hier muss ich mich nicht verstellen, hier kann ich darauf bauen, dass mir das Wort nicht im Munde herumgedreht wird – kurz: hier kann ich vertrauen. Das Maß des Vertrauens ist gleichsam das Maß des eigenen inhaltlichen kreativen Engagements. Vom Grad des Vertrauens hängt ab, ob ich mich bedroht fühle und mich wappnen muss oder ob ich locker und kreativ an die Sache herangehen kann.

Macht und Konkurrenz

Damit die Mitglieder einer Gruppe sich wohl fühlen und arbeitsfähig sind, muss klar sein, wer das Sagen hat. Dabei geht es nicht nur um die formelle Regelung von Führung. Die Führungsrolle und tatsächliche Akzeptanz einer Führung müssen nicht übereinstimmen. Es ist nicht selten der Fall, dass der offizielle Leiter einer Gruppe über die Funktion eines Grüßonkels und Garanten der Versorgung mit den notwendigen Arbeitsutensilien und leiblichen Bedürfnissen nicht hinaus kommt – und andere normale Gruppenmitglieder zum Teil einander abwechselnd die inhaltliche Führung übernehmen. Und im Falle einer Gruppe, der es selbst überlassen wird, wie sie sich im Hinblick auf Führung organisiert, ist quasi vorprogrammiert, was zunächst abläuft: Die Vorwitzigen versuchen gleich am Anfang, die Leitung an sich zu reißen, übernehmen sich selbst dabei im wahrsten Sinn des Wortes, werden schneller demontiert, als sie sich in Szene gesetzt haben, bis dann im späteren Verlauf die eigentlichen Platzhirsche aus dem Gebüsch kommen, um den Kuchen, der hier aus Macht und Einfluss besteht, unter sich aufzuteilen. Die Kunst wird sein, den eigenen Führungsanspruch so auszubalancieren, dass darin viele der Gruppenmitglieder ihren Platz zur eigenen Profilierung finden. Flexible Bündnisse sind häufig die beste Methode der Wahl.

Arbeitsorganisation

Ist die emotionale Akzeptanz vorhanden und die Machtfrage halbwegs geklärt, bleibt noch ein letztes Thema zu regeln, bevor sich eine Gruppe in die inhaltliche Arbeit stürzen kann: Was ist eigentlich das gemeinsame Ziel der Arbeit – und woran kann gemessen werden, wann oder inwieweit das Ziel erreicht ist? Wie wollen wir vorgehen, und wie werden wir uns dazu organisieren? Auch die Klärung dieser Fragen ist überlagert mit den unterschwelligen Bedenken: Was gelte ich hier – im Vergleich zu den anderen in der

Gruppe? Welche Rolle werde ich hier spielen? Erinnerungen an weit zurück-
liegende Geschwisterrivalitäten werden wach – und sorgen zum Teil für bri-
sante emotionale Spannungen. Wer Arbeitsgruppen zur Hochleistung führen
will, tut gut daran, diese im Vorfeld jeder Gruppe relevanten Fragen in geeigneter Form gezielt anzugehen, zum Beispiel in Form einer genau diesen Themen gewidmeten Startklausur, statt sich emotional unsortiert direkt in die
inhaltliche Sacharbeit zu stürzen und dadurch das Risiko einzugehen, dass
die ungelösten emotionalen Fragen die inhaltliche Arbeit massiv beeinträchtigen.

Teamstrukturen statt Hierarchie

Zunehmend wächst die Erkenntnis, wie sich Teams in einer dynamischen
Form von Selbstorganisation weitgehend selbst führen können, und wie sich
Menschen gegenseitig, ohne laufende hierarchische Eingriffe, mehr und mehr
selbst in die Pflicht nehmen und steuern können. Neben fest in die Linie einge-
bundenen Arbeitsgruppen, die auf Dauer eingerichtet sind, gibt es zunehmend
interdisziplinäre Projektteams, Qualitätszirkel oder auch andere Ad-hoc-
Gruppen, deren Zielsetzung es ist, zeitlich begrenzt mit Teilautonomie ausgestattet zum Unternehmenserfolg beizutragen.

Wartungssysteme und Teamentwicklung

Jede Art von Gruppenorganisation kann ihre im Prinzip mögliche Kraft allerdings nur dann voll entfalten – und das übersehen viele, die gegenwärtig auf
der Gruppenwelle schwimmen – wenn ausreichend in die Entwicklung, Pflege
und Wartung sowohl der Organisation als auch der menschlichen Beziehungen investiert wird. Darüber hinaus können sich Teammitglieder – selbst bei
bestem Verständnis füreinander – in Konflikte verstricken. Gruppen können
aber auch die Energie, die sie einmal hatten, verlieren. Sie können erstarren
und zum Selbstzweck degenerieren. So gibt es in manchen Unternehmen eine
Fülle von obsolet gewordenen Projektgruppen oder Arbeitskreisen, die ohne
klare Zielsetzung, ohne Führung und ohne besonderes Engagement ihrer Mitglieder vor sich hin dümpeln. Der soziale Kontakt im Team sowie gegebenenfalls der Status der Teamzugehörigkeit reichen oft genug als Motivatoren für
den Bestand – und wenn niemand die Gruppe auflöst, kann sie auch ohne
echte Funktion Monate oder gar Jahre überdauern. Wer aus Ansammlungen
von Menschen Teams bilden will, und wer derartige Degenerationserschei-
nungen verhindern will, muss in Prozesse der Teambildung und Teamwartung

Zeit und Mühe investieren. Durch teamorientierte Struktur- und Ablauforganisation, durch dynamische Systeme der Selbstorganisation spart man also keinen Aufwand, man verlagert ihn nur.

Unverzichtbare Werkzeuge

Für die unterschiedlichen gruppendynamischen Aspekte gibt es in *Unternehmenswandel gegen Widerstände* eine Fülle einschlägiger Werkzeuge. Es ist zwar unverzichtbar, sich mit bestimmten Dimensionen auch theoretisch zu befassen, um gewisse Zusammenhänge überhaupt verstehen und in ihrer Bedeutung einschätzen zu können. Die Theorie allein macht aber noch keinen Meister für die Praxis. Dazu gehören konkrete Arbeitshilfen, die unmittelbar in der eigenen Praxis der Führung und des Change Management angewandt werden können (zum Beispiel: Methoden, wie man die Unterwelt von Gruppen erkunden kann; unterschiedliche Modelle und Konzepte der Teambildung; praktische Übungen zur Selbst- und Fremdeinschätzung; exemplarischer Ablauf eines an der eigenen Führungspraxis orientierten Verhaltenstrainings; Anleitung zur Bildung von Netzwerken; Konzept einer Koppelung von Change Management und Verhaltensänderung). Zwar stimmen wir voll mit der Aussage von KURT LEWIN überein: »Es ist nichts so praktisch wie eine gute Theorie«. Aber andererseits geben wir auch dem Volksmund Recht: »Übung macht den Meister« – und das geht nicht ohne gute Werkzeuge.

Change Management und das Individuum, oder: Change Manager in eigener Sache

Ob es nun um eine neue strategische Ausrichtung geht oder um die gruppendynamischen Prozesse, die bei Veränderungen zu beachten sind: Dreh- und Angelpunkt ist immer das Individuum als Adressat aller Maßnahmen und zugleich als Träger des Geschehens. Und so schließt sich der Kreis mit dem vorliegenden dritten Buch *Der Change Manager*: Wie reagieren wir, jeder Einzelne von uns, auf all das, was uns zurzeit zugemutet wird? Und was sollten und was könnten wir selbst tun, um diesen Herausforderungen gerecht zu werden? Wie sind wir programmiert – und welche Chancen haben wir, unsere Programmierung gegebenenfalls zu verändern?

Aller Anfang ist Erziehung, oder: die vorprogrammierte Fremdbestimmung

Elternhaus, Kindergarten, Kirche, Schule, Vereine, Freunde, Verwandte, Cliquen und eine bunte Menge sonstiger Institutionen, Interessenten, Einflüsterer und Verführer: Alle sorgen sich um den jungen Menschen. Die einen wollen ihn auf die Anforderungen der jeweiligen Gesellschaft hin ausrichten, der sie selbst angehören, zum Beispiel der Familie. Die anderen wollen ihn abrichten, das heißt, sich gefügig machen, ihn ausnutzen für die eigenen wirtschaftlichen, politischen oder auch weltanschaulichen Interessen. Und das geschieht nach allen Regeln der Kunst in allen Teilen dieser Welt. Ziel und Wunschtraum aller, die an diesem Prozess beteiligt sind: eine möglichst uneingeschränkte Einflussnahme erreichen, mindestens aber ein möglichst großes Stück von diesem ganz besonderen Kuchen ergattern. Allerdings: Die Macht der modernen Kommunikationsmedien ist allgegenwärtig: Fernsehen, Internet, Computerspiele überschreiten alle regionalen Grenzen, durchbrechen alle gesellschaftlichen Barrieren. Sie durchlöchern und zerstören von außen, was früher mit Erfolg abgegrenzt oder gar abgeschottet werden konnte. Was bleibt, ist ein Haufen mehr oder weniger großer Bruchstücke, nicht unbedingt zusammenhängend – und die große Unsicherheit, wie groß bei aller erzieherischen Einflussnahme im Endeffekt doch der Einfluss der Gene ist. Das Produkt dieses Prozesses, den die einen Erziehung, andere einfach Heranwachsen nennen, ist der so genannte Erwachsene. Wie unterschiedlich das inhaltliche Ergebnis dieser Entwicklung ist, wie verschieden die Menschen sind, die dabei erwachsen und dann als solche, nämlich als Erwachsene deklariert werden – verschieden im Hinblick auf ihre Haltungen, Neigungen, Fertigkeiten und sozialen Fähigkeiten – eines ist allen gemeinsam: Was Menschen als Erstes erlebt und gelernt haben, halten sie für natürlich und selbstverständlich. Der Soziologe KARL MANNHEIM hat das auf die Formel gebracht: »Das früheste Erinnerbare wird als das natürliche Fundament genommen, auf dem alles Weitere aufgebaut wird.« So weit, so gut – vorausgesetzt, wir lebten in einer stabilen Welt, vorausgesetzt, man müsste lediglich die nachwachsende Generation im festen Rahmen einer stabilen Gesellschaft gesellschafts- und handlungsfähig machen.

Der flexible Mensch – das Ideal für turbulente Zeiten?

Was aber, wenn eben Veränderung angesagt ist? Was, wenn Veränderung nicht wie früher in überschaubaren Zyklen, sondern als andauernder Prozess ins Haus steht? Was, wenn als Konsequenz aus dieser permanenten und allumfassenden Herausforderung zur Veränderung als conditio sine qua non der grundsätzlich flexible Mensch beschworen wird? Was, wenn permanente Situationsveränderung und ständige Verhaltensänderung wie siamesische Zwillinge gesehen werden? Und wenn dies so wäre, was tun, damit Menschen sich überhaupt verändern wollten und selbst, wenn sie dies wollten, was tun, damit sie dazu nicht nur prinzipiell in der Lage wären, sondern ihr Wollen und Können auch in konkretes Handeln umsetzen würden?

Individuum, Gruppe, Institution – eine spezielle Art von Dreifaltigkeit

Change Management muss ganzheitlich angelegt sein, um eine Chance auf Erfolg zu haben. Strategische, strukturelle, personelle und kulturelle Aspekte müssen in der Konzeption simultan berücksichtigt und zudem miteinander vernetzt werden. Zur Professionalität gehört, gruppendynamische Prozesse nicht nur als mögliche Störgrößen im Auge zu behalten, sondern sie als Energie- und Antriebsquelle für Veränderungen gezielt einzusetzen. Vor allem aber: Wer ein Konzept für den Wandel entwirft und neben Strategien, Prozessen und Strukturen nicht in gleicher Weise berücksichtigt, ob und unter welchen Bedingungen die betroffenen Menschen sich entsprechend verändern wollen, können und dies schließlich auch wirklich tun, ist zum Scheitern verurteilt. Es wäre pure Naivität anzunehmen, der Mensch würde sich von ganz alleine immer wieder neuen Herausforderungen stellen – entweder aus spontaner Einsicht, dass ihm nichts anderes übrig bleibt, oder in kindlich-jugendlichem Eifer bestrebt, das Beste aus sich und der Welt zu machen. Noch naiver ist derjenige, der davon ausgeht, man könne den Menschen schlichtweg zwingen, sich einer neuen Situation anzupassen. Was immer zu derartigem Vorgehen führt – Naivität, Brutalität, Unvermögen oder Ratlosigkeit –, wenn der Faktor Mensch nicht mit in die Überlegungen einbezogen wird, sind Veränderungskonzepte zum Scheitern verurteilt.

Zunächst gilt es zu begreifen, warum Verhaltensänderung überhaupt ein zentrales Thema ist: Was gibt uns die Rechtfertigung und die Energie, uns selbst und andere aus der Ruhe zu bringen oder bringen zu lassen – und uns dauerhaft auf Trapp zu halten? Warum folgen wir nicht besser STAN NADOLNY, erkennen die Langsamkeit als wahre Tugend und erweisen unsere Reverenz dem »Verein für Entschleunigung der Zeit«? Gehen wir nicht verdeckten Abzockern auf den Leim, die die Schnelligkeit des Wandels zu einer

Tugend hochstilisieren, um ungeniert im Hintergrund davon zu profitieren? Ist, in Anlehnung an RICHARD SENNETT, Flexibilität nicht doch eher Charakterlosigkeit als Stärke? Um solche grundsätzlichen Fragen geht es in den Kapiteln 1–4.

Um tiefer in die Materie einzudringen, befassen sich die Kapitel 5–9 damit, wie menschliches Verhalten zustande kommt. Und überhaupt: Wer verändern will, muss zuerst verstanden haben, warum die Dinge so sind, wie sie sind. Er muss den Ursprung und die Funktion ihrer Stabilität und Beharrungskräfte begreifen. Wer destabilisiert, sollte sich im Klaren darüber sein, was er damit auslöst. Wenn Kinder lernen, so kommt das einer Erstbebauung gleich. Wenn Erwachsene lernen, bedeutet das in aller Regel umlernen. Das heißt, wo Neues gelernt werden soll, muss Altes erst *verlernt* werden. Wo sind Gemeinsamkeiten und wo sind eventuell gravierende Unterschiede, wenn Kinder und wenn Erwachsene lernen? Gesetzmäßigkeiten, Hintergründe und Zusammenhänge müssen aufgedeckt und verstanden werden. Last but not least: Wer bestimmt, ob Verhaltensänderung angesagt ist oder nicht, wer entscheidet über richtig oder falsch, wer gibt die Orientierung, wie Verhaltensänderung aussehen und funktionieren könnte in einer Welt flacher Hierarchien und zunehmender Selbstverantwortung und Selbststeuerung?

Im zweiten Teil dieses Buches wird es darum gehen, den Leser mit konkreten Werkzeugen auszustatten. Ziel ist es, die Medizin an sich selbst auszuprobieren, aber auch zu erfassen, wie man andere Menschen beeinflussen kann.

Standen bislang eher die Gesellschaft und Institutionen als Ganzes und die gruppendynamischen Prozesse im Blickpunkt, so rücken nun das Individuum und sein Verhalten in den Mittelpunkt der Betrachtung. Sicher: Individuelles Verhalten und Verhaltensänderung sind keineswegs alles, um in turbulenten Zeiten zu überleben, aber sie sind ein ausschlaggebender Faktor. Strategien und Strukturen können noch so durchdacht sein, man mag die gruppendynamischen Prozesse noch so im Blick haben, von Nutzen ist das alles nur, wenn Menschen sich in ihrem Verhalten konsequent danach ausrichten. Was immer zum Überleben von Gesellschaften, Unternehmen und Organisationen notwendig scheint, was immer sich an Dynamik in Situationen zwischen Menschen und Gruppen aufbaut und abspielt – bei allem ist der Einzelne mit seinem Verhalten entweder Ziel- oder Ausgangspunkt des Geschehens – oder beides zugleich. So schließt sich der Kreis: Nur eine ganzheitliche Betrachtungsweise, die gesellschaftliche, institutionelle, gruppendynamische und persönlich-individuelle Aspekte miteinander vernetzt und in ihrer Vernetzung ernst nimmt, macht handlungs- und gestaltungsfähig.

Hier wird eine intensive Auseinandersetzung mit dem Thema Veränderungsnotwendigkeit und den Möglichkeiten von Verhaltensänderung stattfinden. Aber Ziel ist es nicht, den Menschen um jeden Preis stromlinienförmig auszurichten. Wer dies erwartet, wird sicher enttäuscht werden. Andererseits halte ich es mit CHARLES DARWIN: »Die größten Chancen zum Überleben hat, wer anpassungsfähig und veränderungsbereit ist.« Mein Anliegen: Anpassung und Veränderung sind zwar notwendig – davon bin ich zutiefst überzeugt; dies aber eben nicht um jeden Preis – und schon gar nicht blind, gesteuert von verdeckten Drahtziehern. Ich möchte mit diesem Buch einerseits dazu beitragen, die Prozesse deutlich zu machen, die im Rahmen von Veränderungen ablaufen, und andererseits möchte ich gleichzeitig die Fertigkeiten auf- und ausbauen helfen, die zum Verändern, aber auch zum Beibehalten notwendig sind. Ich lade Sie ein, sich über all das Gedanken zu machen, vor allem darüber, welche Rolle Sie dabei zu spielen gedenken und welche Sie de facto spielen. Denn eines gleich vorab: Man kann sich nicht nicht-verhalten. Man kann sozusagen keine Verhaltenspausen einlegen. Es gibt keine Pausen im Stück, das *Leben* heißt. Und falls jemand sich doch an der Überzeugung festklammern sollte, er könne sich heraushalten – zumindest eine Zeit lang, bis er mehr Klarheit hat, so sei er schon hier erinnert an ein Zitat von PETER SLOTERDIJK: »Unschuld ist eine überschätzte Tugend.« Ähnlich hieß es in einem Editorial einer schon älteren Ausgabe des *Stern*: »Manche Menschen leben ihr Leben so, als sei es die Probe – sie vergessen, dass es die Aufführung ist.«

TEIL I

Grundlagen
Sich selbst und andere verändern!

KAPITEL 1

Nur Wandlungsfähige kommen weiter!

Die Fragestellungen:
- Warum hat der Mensch bisher überlebt?
- Wie sind wir programmiert?
- Wie lernen Erwachsene?
- Welchen Einfluss haben die Gene?
- Wie groß ist der Freiraum, wie viel ist vorbestimmt?
- Welche Rolle spielen Leitbilder und Motivation?

Dieses Kapitel beschreibt:
- woher es kommt, dass der Mensch auf Anpassung programmiert ist und dass auch höhere Werte den eigenen Nutzen als Fundament haben, wenn auch die Währungen sehr unterschiedlich sein können;
- dass dies kein Grund ist zu verzagen
- warum Erwachsene völlig anders lernen als Kinder;
- die fünf Schritte zur Verhaltensänderung von Erwachsenen;
- was ansonsten dem tatsächlichen Tun im Weg steht – und wie diese Hemmnisse überwunden werden können;
- das Verhältnis von vorbestimmten Rahmen und eigenverantwortlichem Handeln;
- Möglichkeiten und Grenzen der Motivation;

Wichtiges in Kürze
- Leitbilder befreien nicht von Selbstverantwortung.
- Das Überleben des Menschen hängt schon immer davon ab, dass er sich clever an das für ihn relevante Umfeld anpasst.
- Angemessene Sorge um andere und um das Gemeinwohl ist ein Zeichen von hoher Vernunft, weil keiner für sich allein überleben kann.
- Bei Veränderungskonzepten immer (auch) am Eigennutz der Betroffenen ansetzen und diesen deutlich machen.
- Gewusst wie, heißt noch lange nicht getan. Dazwischen liegen Wollen und Können.
- Bevor Erwachsene etwas Neues lernen können, müssen sie häufig erst etwas Altes verlernen, was dem Neuen im Weg steht.
- Lernen durch Nachahmung von Vorbildern ist für Erwachsene nur bedingt empfehlenswert.

Der Mensch – ein Herdentier

Biologen und Völkerkundler lehren uns: Der Mensch hat in seiner Frühzeit in der Horde gelebt. Er war auf diese Weise maßgeblich als soziales Wesen angelegt. Die Zugehörigkeit zur Gruppe war allerdings an eine elementare Bedingung geknüpft: Jeder musste sich in seinem Verhalten an den geltenden Regeln ausrichten – und an denen, die sie aufstellten. Und das in jeder Situation, ohne lange nachzudenken, quasi automatisch. Dazu gehörte aber auch, innerhalb der Horde weitgehend für sich selbst zu sorgen, sich selbst den dafür notwendigen Spielraum zu schaffen und die dazu erforderlichen Ressourcen zu ergattern – nicht selten im Kampf mit den anderen Mitgliedern. Dafür gab es zweierlei zu gewinnen: erstens, die höhere Wahrscheinlichkeit, in einer sehr gefährlichen Umwelt zu überleben, zweitens, emotionale Geborgenheit – und damit die Minimierung von Existenzangst. Darum ging es in früher Urzeit und darum geht es heute: das eigene körperliche und emotionale Überleben sichern um den Preis der Anpassung. Bis zu welchen Exzessen das führen kann – und wie es möglich ist, diese menschliche Grundverfassung auszunutzen zeigen Extremfälle, wie die Anpassung von Geiseln im Zusammensein mit ihren Entführern oder Berichte darüber, wie sich Insassen von Konzentrationslagern bis zur Selbstverleugnung an ihre Peiniger anpassen – das Spiel mitspielen, als ob es sich um eine völlig normale Situation handeln würde, indem sie ein Lagerorchester bilden, Grünanlagen pflegen und Ähnliches mehr. Der Mensch scheint in seiner Leidensfähigkeit und Anpassungsfähigkeit unerschöpflich, wenn es darum geht zu überleben.

Neue Werte – alte Grundmuster

Diese Herkunft passt manchen Menschen überhaupt nicht ins Konzept. Kulturen haben sich oder wurden entwickelt, kamen in Mode, verschwanden wieder von der Bildfläche – und hinterließen mehr oder weniger bleibende Spuren. Sprachen und Schriften haben sich herausgebildet, Religionen wurden erfunden und überliefert, um der menschlichen Existenz einen besonderen, einen tieferen Sinn zu verleihen, und es wurde die politische Kunst ausgebildet, um auch größere Gesellschaften überlebensfähig zu machen. So kamen auch die so genannten höheren Werte ins Spiel, individualistische oder kollektivistische – auch wenn damit das Töten von anderen Menschen, die schlichtweg zu viel oder zu bedrohlich schienen, lediglich so umetikettiert wurde, dass der Mensch sich von den Gesetzen des Tierreiches glaubte substanziell unterscheiden zu können: Dass es nämlich nicht darum gehen sollte, lediglich zu fressen, um nicht gefressen zu werden, sondern darum, wer die höheren Werte und deshalb auch die gültigeren Ansprüche hat zu überleben. Morde wurden hochstilisiert zu Ruhmestaten von Helden, das Abschlachten und Ausrauben von anderen Völkern zu heiligen Kriegen – geführt im Namen der höheren Kultur und im Namen von Religionen beziehungsweise ihrer Gottheiten. Wo immer die Aufklärung noch nicht entsprechend weit gediehen ist, wird dafür auch heute noch ein höheres Wesen mit Namen Gott ins Spiel gebracht, um durch eine letzte Instanz jede Infragestellung und Unterstellung von niedrigen Motiven von vornherein zu verhindern.

Was auch immer auf dem Programm der Weltbühnen inszeniert wird, und unter welchen edlen Titeln auch immer diese Stücke aufgeführt werden, die menschlichen Grundmuster sind die gleichen geblieben wie eh und je. Es geht noch immer um folgende Kernfragen:

- Wie schaffe ich es zu überleben?
- Wie erkenne ich rechtzeitig, das heißt möglichst schnell und vor allem schneller als andere, was zielführend ist, um mein Überleben zu sichern?
- Wer hat das Vorrecht, wenn der Lebensraum für alle nicht ausreicht?
- Wer hat die Verfügungsgewalt, wenn Ressourcen begrenzt sind?
- Wer gilt als stark – und in welcher Währung ist Stärke von Bedeutung: körperliche Kraft, Schläue oder Cleverness, Klugheit oder Anerkennung durch andere?
- Wie kann es gelingen, selbst stark zu werden und sich andere so vom Leib zu halten oder sie so zu unterwerfen, dass sie es akzeptieren?
- Oder, was muss ich tun, um mich bei anderen so einzugliedern, dass ich an ihrer Stärke teilhabe?

Quintessenz: Es geht immer (auch) um den eigenen Nutzen; es geht immer um den Vergleich mit anderen; es geht immer darum, einen Entsorgungsplatz für die Angst um die eigene Existenz zu finden; es geht immer darum, kein Außenseiter zu sein, sondern dazu zu gehören; es geht immer darum, sich schnell an die Rudelführer anzupassen oder sich selbst die Macht zu nehmen oder diese zu erhalten, um andere zu beeinflussen. Noch profaner formuliert sind es eigentlich drei Grundsätze, die menschliches Verhalten weitgehend bestimmen:

Erstens, der Mensch folgt einem Urtrieb, wenn er versucht, sich an etwas dranzuhängen, was Erfolg verspricht, wenn er sich bemüht, es nachzumachen, um Unterschlupf zu finden – nur manchmal gebremst durch fehlenden Mut.

Zweitens, gut ist nur, was (auch) gut ist für mich.

Drittens, jede persönliche Handlung, jede Investition, auch im zwischenmenschlichen Bereich, wird spontan einer internen Rechnungslegung der besonderen Art unterzogen, um zu prüfen, wie weit sie sich lohnt.

Liebe deinen Nächsten – wie dich selbst!

Selbstverständlich gibt es viele Menschen, denen unverkennbar das Wohl anderer Menschen und auch das Allgemeinwohl sehr am Herzen liegen. Aber lassen wir uns nicht täuschen: Hinter der Sorge um andere darf ruhig die Sorge um das eigene Wohlbefinden vermutet werden – körperlich und geistig. Schon der gesunde Menschenverstand sagt, dass der Einzelne kaum eine Chance hat, nur auf sich allein gestellt zu überleben. Bereits in der Bibel heißt es: Liebe deinen Nächsten wie dich selbst. Maßstab der Nächstenliebe ist die Eigenliebe. Und wer als frommer Christ partout darauf besteht, ganz um der anderen und um Jesu willen für andere da zu sein, weiß ganz genau, dass er dies nur deshalb tut, weil er sich etwas für sich selbst davon verspricht: die Anerkennung seiner Leistung durch eine höhere Instanz. Der einzige Unterschied zum profanen Nützlichkeitsdenken: Die Entlohnung erfolgt erst später und in einer speziellen Währung, dafür aber umso reichhaltiger. Wer innerhalb einer Geschwisterreihe aufgewachsen ist, hat in aller Regel am eigenen Leib verspürt, wie es um die Geschwisterrivalität bestellt ist. Dort, wo es grundsätzlich um den Kampf um die emotionale Zuwendung geht, Grundnahrung für seelisches Wohlbefinden, gilt es immer darauf zu schauen, selbst nicht zu kurz zu kommen. Nicht, dass man den anderen nichts gönnen würde, aber man will im Verhältnis zu ihnen selbst nicht zu schlecht abschneiden. Ohne Frage geht es nicht nur darum, sich anzupassen, sondern natürlich auch darum, sich durch ein eigenes Profil, eine eigene Identität unverwechselbar zu machen. Jeder weiß, wie vorsichtig er wird, wenn er dabei in Grenzbereiche kommt, wo er Gefahr läuft, sich nicht nur ab- sondern völlig auszusondern. Nicht von ungefähr ist die absolute Isolation eines der schlimmsten Folterinstrumente. Und mit Sicherheit geht der Mensch nicht immer den Weg des geringsten Widerstandes. Es gibt genügend Beispiele für Spitzenleistungen und Spitzenleister. Aber wir alle wissen, welchen persönlichen Aufwandes es bedarf, die Ausnahmeleistung nicht nur zu wollen, sogar einmal zu schaffen, sondern das Ausnahmeniveau auf Dauer aufrechtzuerhalten. Eigentlich würde jeder am liebsten den Weg des geringsten Widerstandes gehen, wenn er denn könnte oder man ihn lassen würde. Ausgenommen, es handelt sich um einen so genannten Leistungsneurotiker, dessen eigentliche Lust genau darin besteht, sich selbst zu quälen.Beweise dafür, dass dieses so ist? Man muss sich nur um- und genau hinschauen – und vor allem den eigenen Empfindungen exakt nachspüren.

Was bedeutet dies alles für das Thema Verhaltensänderung? In erster Linie geht es darum, die Rechnung nicht ohne den Wirt zu machen und nüchtern zu kalkulieren, welche Kräfte menschliches Verhalten steuern und beeinflussen.

Ausdrücke wie zum Beispiel *passion for excellence* klingen zwar gut und lassen sich entsprechend vermarkten, entbehren aber jeglicher realistischen Grundlage – nimmt man die Menschen so, wie sie nun einmal normalerweise sind. Es könnte zu einem gewaltigen Problem werden, wenn wir den »normalen Durchschnittsmenschen« nicht als die Ausgangsposition akzeptieren und in unsere Überlegungen miteinbeziehen. Das heißt aber keineswegs, allen Mut zu verlieren und die Hoffnung aufzugeben, tiefgreifende Veränderungen bewirken und auf Dauer drastische Verhaltensänderungen und auch Spitzenleistungen erzielen zu können. Wer hätte schon vor einigen Jahren geglaubt, man könnte aus einem »gelernten« Eisenbahnschaffner, einer richtigen Amtsperson, einen serviceorientierten Zugbegleiter machen, wie wir ihn heute in allen ICEs antreffen? Wir sollten also keineswegs unsere Ansprüche zurückschrauben, uns aber keiner Täuschung hingeben über den hohen Aufwand und die immerwährende Unterstützung, die notwendig sind, um solche dauerhaften Metamorphosen zu erzielen. Wasser sucht sich nun einmal seinen Weg abwärts und nicht aufwärts. Wer es anders haben will, muss je nach Schwierigkeitsgrad entsprechend investieren – und dies auf Dauer. Das Perpetuum mobile ist noch immer nicht erfunden. Und die Argumentation »wenn alle es tun, dann werde ich mich auch anschließen« hat mit Ethik relativ wenig zu tun. Im Gegenteil: Weil alle es nie tun werden, heißt das ganz konkret übersetzt: »Ich denke überhaupt nicht daran, dies zu tun.« Letzteres zu sagen, wäre wenigstens insofern moralisch, als die Aussage klar und eindeutig ist.

Das einzig Beständige ist der Wandel

Nein, es ist keineswegs alles anders als früher. Die Behauptung, Veränderung sei das ganz spezielle Kennzeichen unserer Zeit, ist schlichtweg falsch – als ob früher alles ruhig und konstant gewesen wäre. Veränderungen gab es immer, zu jeder Zeit und an jedem Ort. Aber klar ist auch: Veränderungen passieren immer häufiger, verlaufen immer schneller und sind immer radikaler – und das in allen Bereichen unserer Gesellschaft. Das ist schon anders als früher, wo es natürlich auch tiefgreifende Veränderungen gab, aber darauf folgten in aller Regel längere Phasen der Konsolidierung. Man hatte oder man nahm sich mehr Zeit, sich auf neue Situationen einzustellen, sich damit vertraut zu machen, und zu lernen, sich darin erfolgreich zu bewegen – was immer das im Einzelnen und für den Einzelnen bedeuten mochte. Heute ist es so: Man kommt nicht mehr zu Ruhe. Kaum ist die eine Veränderung richtig angelaufen, von abgeschlossen kann gar keine Rede sein, steht bereits die nächste ins Haus. Immer seltener sind Veränderungen aufeinander bezogen, noch viel weniger aufeinander abgestimmt. Veränderungen überschneiden sich, behindern sich gegenseitig, wie Wellen bei einem Sturm auf hoher See, der gleichzeitig von mehreren Zentren gespeist wird. Das ist so im Berufsleben, das ist so in der Gesellschaft, und das ist nicht anders im privaten Bereich. Überall spielt die gleiche Musik, ohne Rücksicht darauf, ob sie uns gefällt oder nicht.

Diese Szene ist vielfach varianten- und facettenreich beschrieben, und es soll hier keine weitere Version hinzugefügt werden. Was interessiert, sind nicht die allgemeinen Verhältnisse und der Rahmen, sondern die Menschen darin, und wie sie sich damit zurechtfinden. Wenn Umwelten sich ändern, dann müssen sich dementsprechend die Verhaltensmuster den neuen Anforderungen anpassen. Das war schon immer so und hat im Endergebnis zu einem natürlichen Ausleseprozess geführt: Wer sich rechtzeitig anpasste, hat überlebt, wer nicht, ist von der Bildfläche verschwunden. Dies galt für alle Arten, ob Pflanzen, Tiere, Menschen – und für alle Zeiten. Wenn wir diesen natürlichen Prozess künstlich und kunstvoll beeinflussen wollen, dann sollten wir uns mit einigen grundlegenden Aspekten auseinander setzen, die dieses Geschehen bestimmen.

Erwachsene lernen anders als Kinder

Zunächst gilt es, eine grundsätzliche Unterscheidung vorzunehmen: Kleine Kinder lernen anders als Erwachsene. Wer dies nicht berücksichtigt, macht von vornherein einen großen Fehler.

Über die Art und Weise, wie Kinder lernen, sich zu verhalten, ist die Forschung in vollem Gang. Unter den verschiedenen Disziplinen, die hier eine Rolle spielen, hat die Hirnforschung gerade in den letzten Jahren stark an Bedeutung zugenommen. Bei aller Vorsicht und Offenheit gegenüber möglichen oder gar wahrscheinlichen neuen Erkenntnissen, die uns die Zukunft bringen wird, gibt es einige wesentliche Punkte, die man bis auf Weiteres – solange das Gegenteil nicht bewiesen ist – als gegeben annehmen kann:

Kinder haben ein offeneres Gelände vor sich, das sie mit Verhaltensmustern belegen können, als Erwachsene. Beim Erwachsenen ist das Gelände immer schon »bebaut« mit einschlägigen Erfahrungen, Annahmen, Vermutungen und entsprechenden Verhaltensbereitschaften. Lernen beinhaltet deshalb bei Erwachsenen immer auch *ver*lernen. Bevor neu gebaut werden kann, muss sozusagen das bereits Bestehende abgerissen und manchmal sogar zusätzlich der kontaminierte Boden saniert werden. Wer also das Verhalten von Erwachsenen ändern will, darf nicht so naiv sein und davon ausgehen, er könne – wie in der frühkindlichen Erziehung oder in der Schule – den Menschen wie ein leeres Gefäß mit Inhalten abfüllen oder ihn wie eine unbeschriebene Festplatte neu programmieren.

Welche Rolle spielen die Gene?

> »We are living proof
> that you don't change one bit
> from cradle to grave«
> BESSIE DELANY in HAVING OUR SAY.
> The Delany Sister' First 100 Years

Wie weit Verhalten anerzogen, angelernt oder angeboren ist, darüber haben schon Heerscharen von Wissenschaftlern gestritten – und sie werden dies sicher auch weiterhin tun. Folgende Plausibilitäten stehen zur Disposition:

Erstens, jeder Mensch hat von Geburt an bestimmte Anlagen, die sein späteres Verhalten in gewissem Ausmaß vorherbestimmen, im Volksmund als Charakter bezeichnet. So sagt man: »Aus einem Ackergaul, kann man kein Rennpferd machen.« Langsamkeit, Pfiffigkeit, Bauernschläue, Pingeligkeit sind aller Wahrscheinlichkeit nach solche angeborenen Eigenschaften, mit denen man sich einerseits abfinden muss, die man aber gleichzeitig nutzen kann, um das Beste daraus zu machen. STAN NADOLNY hat in seinem Roman über Lord Nelson *Die Entdeckung der Langsamkeit* zum Beispiel meisterhaft beschrieben, wie die Langsamkeit, zunächst als Nachteil betrachtet, nahezu dazu führte, ihren Eigner zum Außenseiter zu machen, bis dieser entdeckt: In seiner Langsamkeit ist gleichzeitig die Anlage einer äußerst genauen Beobachtungsgabe enthalten. Und als es ihm gelingt, diese zu entfalten, folgt auch die Anerkennung seiner Umwelt.

Zweitens, etwas direkt gegen die Veranlagung zu lernen und zu trainieren, ist zwar möglich, bedarf aber eines unverhältnismäßig großen Aufwandes – und der erreichte Ergebnisstand bleibt unter Umständen auf Dauer pflegebedürftig. Man kann das sicher tun, sollte aber wissen, was man sich damit an Folgeaufwand einhandelt.

Drittens, Grundprogrammierungen sind wahrscheinlich nicht veränderbar. Sie werden immer wieder durchscheinen und das Verhalten maßgeblich beeinflussen.

Die fünf Schritte zur Verhaltensänderung von Erwachsenen

»Es war schon immer etwas teurer, einen besonderen Geschmack zu haben«, sprach lässig der Dandy, als er auf den Preis seiner extravaganten Kleidung angesprochen wurde. Mit dem Verhalten ist es ähnlich: Wer mehr will als Durchschnittsverhalten, muss quasi tief in die Tasche greifen. Fünf Schritte sind hier zu gehen:

- Wissen und Verstehen,
- Akzeptieren und Wollen,
- Können und an das eigene Können glauben,
- Sollen und Dürfen sowie
- Tun und Beibehalten.

Jeder Schritt muss eigens und auf eine ganz spezielle Art und Weise gemacht werden. Es gibt keinen Automatismus, der die Schritte von alleine nacheinander ablaufen ließe.

Wissen und Verstehen kann man vermitteln – aber nicht ohne Dialog

Wissen und Verstehen reichen zwar als Beweggründe für Verhaltensänderung keineswegs aus, erleichtern dies aber ungemein. Für bestimmte Menschen sind sie Grundbedingung. Diese Basis zu legen, ist noch die einfachste Übung. Es geht erstens darum, den Menschen zu vermitteln, wie sich unter Umständen das relevante Umfeld des Unternehmens oder der Organisation geändert hat: Markt, Wettbewerb, Kundenwünsche – und sonstige politische, gesellschaftliche oder auch finanzielle Rahmenbedingungen. Auf der Basis dieses Wissens geht es zweitens darum, das Verständnis dafür zu erzeugen, wie weit die bisherigen (eventuell durchaus erfolgreichen) Verhaltensmuster noch geeignet sind, den neuen Anforderungen gerecht zu werden, oder durch andere – und wenn ja welche – ersetzt werden müssen. Nur der Dialog allerdings schafft die Voraussetzung, dass Informationen von den Empfängern in ihre eigenen Erfahrungen eingearbeitet werden und dass dadurch Wissen entsteht. Einseitige Information ohne intensive kommunikative Rückkoppelung ist unzureichend.

Beim Akzeptieren und Wollen sind Emotionen im Spiel

Es geht eben nicht nur darum, dass der Verstand sein fachliches O.K. gibt. Eine zusätzliche innere Einsicht muss entstehen, die die sachlich-fachliche Erkenntnis als von nun an gültiges Wissen übernimmt. Emotionen spielen hier schon deshalb häufig eine große Rolle, weil Menschen nicht selten das Bedürfnis haben, ihre bisherige Sicht zu verteidigen. Hängt doch von dieser Sicht auch ab, ob man beim bisherigen Verhalten bleiben kann oder eben nicht. Mit einem Gemisch von Einwänden und Vorwänden ist zu rechnen. Ein weiterer Sprung ist nötig hin zum Wollen. Der Wille muss als die entscheidende Instanz über eventuell notwendige Investitionen entscheiden. Aber das allein ist es nicht; hinzu kommt die innere Haltung. Je nach innerer Grundhaltung werden bestimmte Verhaltensanforderungen eine gute oder eben eine im günstigsten Fall neutrale, wenn nicht gar schlechte Startchance haben. Wer innerlich nicht auf Service gepolt ist, für wen Dienstleistung eine niedrige Arbeit und deshalb eine Zumutung bedeutet, der wird sich zum Beispiel schwer tun, Führung als Dienstleistung zu verstehen und zu wollen. Selbst wenn er körperlich und geistig durchaus dazu in der Lage wäre. Es würde ihn immer eine zusätzliche Überwindung kosten. Nicht von ungefähr lautet einer der Leitsätze von HERB KELLEHER, Begründer und langjähriger Chefmanager von Southwest Airlines, der über viele Jahre erfolgreichsten inneramerikanischen Fluggesellschaft: »Hire for attitudes, train for skills.« Im Klartext: Suche dir die Menschen aus, die die richtige innere Haltung haben im Hinblick auf das, was du von ihnen verlangst. Die notwendigen Fertigkeiten kannst du ihnen später beibringen, Haltungen wirst du kaum verändern können.

Können – und an das eigene Können glauben

Alles Wissen, Verstehen, Akzeptieren und Wollen nützt nichts, wenn das Können fehlt oder der Glaube daran. Häufig liegt genau hier die Blockade – und dies nicht selten auch noch verdeckt. Wenn jemand etwas nicht tut, was er tun soll, behandeln wir ihn oft mit der falschen Medizin: Wir erklären ihm alles abermals ganz genau, erläutern Hintergründe und Zusammenhänge, warum das wichtig ist – und gehen dann manchmal auch noch in die direkte Auseinandersetzung mit ihm, um ihn zum Wollen zu bewegen. Aber vielleicht liegt die Ursache seiner Blockade ganz woanders: Er kann etwas nicht, oder befürchtet, etwas nicht zu können. Er hat Angst, sich zu blamieren. Zudem redet er eventuell nicht gerne darüber, möglicherweise ist ihm dies nicht einmal bewusst. Deshalb ist eine klare Bestandsaufnahme der jeweils notwendigen Befähigungen, Fertigkeiten und Qualifizierung erforderlich. Und es reicht nicht, dies nach objektiven Kriterien zu machen. Dazu gehört unbedingt, zu überprüfen, ob sich der Betreffende alles, was er eigentlich kann und was er unter Umständen zusätzlich neu lernen sollte, auch zutraut.

Sollen und Dürfen

Verhalten muss gewünscht und erlaubt sein, damit es eine höhere Wahrscheinlichkeit hat, realisiert zu werden. Zwei Dinge können diesem Faktor im Weg stehen: Erstens, es ist nicht selten der Fall, dass im Leitbild zwar offiziell die Rede ist vom mündigen Mitarbeiter, jeder Eingeweihte aber weiß, was er sich an Nachteilen einhandeln würde, wenn er diesem Anspruch tatsächlich nachkommen würde. Der clevere Mensch weiß, woran er sich halten muss, wenn er vorankommen will – selbstverständlich an die ungeschriebenen informellen Leitlinien. Fazit: nicht alles, was offiziell erlaubt ist, ist auch wirklich gewünscht. Zweitens, selbst wenn etwas offiziell erlaubt und auch informell erwünscht ist, stehen der tatsächlichen Umsetzung häufig Strukturen und Regelungen im Weg, die sich an genau gegensätzlichem Verhalten ausrichten.

Tun und Beibehalten

Wenn Wissen, Wollen und Können zusammenkommen, so ist das schon viel, aber eben noch nicht alles. Wie ein absprungbereiter Turmspringer, leicht wippend, vorne auf dem Zehnmetersprungbrett im Schwimmbad. Wir sind noch nicht am Ziel. Es fehlt immer noch die konkrete Umsetzung: das Tun. Und genau hier können verschiedene kleinere oder auch größere Steine im Weg liegen oder auch Blockaden zu überwinden sein. Das kann zunächst einmal die ganz normale Bequemlichkeit sein: Schließlich müsste man jetzt die Komfortzone mentalen Probehandelns verlassen und sich vom Denken und Reden ins echte Handeln bewegen, Bremsen lösen und entsprechende Antriebsenergie erzeugen oder zur Verfügung stellen. Umso mehr, wenn es sich nicht nur um eine kleine einmalige Sondereinlage handelt, sondern um ein Verhalten, dessen Beibehaltung gewährleistet werden muss. Aber auch andere Prioritäten können kontraproduktiv wirken, wenn Ressourcen zeitlich oder finanziell begrenzt und keine kreativen Lösungen in Sicht sind.

Altes verlernen, um Platz zu schaffen für Neues – keine einfache Geschichte

Es kann aber auch gerade hier aus einem ganz anderen Grund zu vehementen *Ja, aber …! – Einwänden* kommen: Der Platz, auf dem das neue Verhalten entstehen und sich entfalten soll, ist sozusagen belegt. Denn bei Erwachsenen können wir nahezu immer davon ausgehen, dass es kaum verhaltensfreie Zonen gibt. Das Gelände ist bereits bebaut – und was darauf steht, muss, soll et-

was Neues erstellt werden, zuerst einmal abgerissen werden. Nicht selten gibt
es ein zusätzliches Problem: Es reicht nicht, einfach nur abzureißen; das gesamte Gelände, auf dem die alte Bebauung steht, ist kontaminiert und muss
entsprechend saniert werden. Wer zum Beispiel früher einmal Angestellter einer
Bank werden wollte, suchte vor allem Sicherheit. Hinter dem sicheren Bank-
schalter ging es darum, die Kunden zu beraten. Ob die Bank mit diesen Kunden
genügend Geschäfte machte, musste nicht seine Sorge sein. Sein Einkommen
war gesichert und sein Aufstieg geregelt – vorausgesetzt, er klaute keine silber-
nen Löffel, zumindest ließ sich dabei nicht erwischen. Wäre er wagemutiger
gewesen, hätte er sich einen Job im Außendienst einer Versicherung gesucht.
Dort hing das Einkommen schon immer vom eigenen Fleiß und den getätigten
Abschlüssen ab – und man konnte sich eine goldene Nase verdienen. Wenn nun
Banken versuchen, aus bislang verlässlichen Beamten erfolgreiche Verkäufer zu
machen, dazu auch noch die Tresen wegräumen, hinter denen man sich bislang
verschanzen konnte, sogar fordern, die Kunden in ihren eigenen Wohnungen
aufzusuchen, oder noch radikaler verlangen, so genannte Kalt- und Fremdak-
quise zu betreiben, so wird das beinahe schon als obszöne Zumutung erlebt.

Natürlich wird man die Notwendigkeit verstehen, sie akzeptieren und wollen müssen. Man wird sich auch dem Verkaufstraining stellen müssen – aber
letztendlich ist man mit dem bisherigen Verhalten so vertraut und so gut gefahren, dass es auf der inneren Festplatte tief eingeritzt ist. So tief, dass es
trotz aller Versuche, es zu löschen, immer wieder durchscheint. Es geht nicht
einmal darum, dass das bisherige Verhalten vielleicht einfacher oder leichter
und das neu geforderte schwieriger ist. Aber die gewohnte Klarheit, Sicherheit
und Ordnung sind gefährdet. Man kennt sich aus, man ist damit vertraut,
man weiß, was man von sich selbst und anderen verlangen und erwarten kann
– und was nicht. Man kennt auch die Probleme, die auftreten können, und
weiß, damit um- oder ihnen aus dem Weg zu gehen. Und diese Art von Kom-
fort wird man nicht ohne Not aufgeben. Im Gegenteil, bis zum Schluss wird
man darum kämpfen, diesen Zustand zu erhalten.

Die Rolle von Vorbildern und das Prinzip des Nachahmens

Selbstverständlich gibt es zu diesem gerade beschriebenen mehrstufigen komplexen Prozess Alternativen. Wir haben bereits auf Unterschiede zum Lernen
von Kindern hingewiesen: Kinder lernen maßgeblich durch Nachahmen und
indem sie Vorbildern folgen. Und in so manchem Unternehmensleitbild wird
das obere Management als Vorbild gefordert. Wenn die oben sich als Vorbilder verstehen, liegt es da nicht nahe, von den Mitarbeitern das Lernen durch

Nachahmen zu fordern? Unabhängig davon, dass noch selten eins zu eins eingelöst wurde, was in Leitbildern beschrieben ist, überwiegt der innere Zwiespalt: Von Erwachsenen zu verlangen, sie sollten sich nach Vorbildern ausrichten und diese nachahmen, kommt in eine gefährliche Nähe zur Aufforderung, die eigene Urteilsbildung auszuschalten. Woher kommen die gemischten Gefühle? Dass Kinder durch Nachahmen und Vorbilder lernen, liegt auf der Hand. Es gibt keine Alternative. Vor diesem Hintergrund wird auch deutlich, welche Verantwortung bei denen liegt, die als Vorbild zum Nachahmen genommen werden – einfach weil sie in der Nähe sind. Bei Erwachsenen ist dies grundsätzlich anders: Wer erwachsen ist, muss nicht das tun, was andere tun oder was andere ihm raten, empfehlen oder auch befehlen. Er wird es vielleicht gegen seine innere Überzeugung tun, wenn er keine andere Möglichkeit sieht, zu überleben. Aber das sind Ausnahmesituationen. In normalen, nicht bedrohlichen Situationen ist jeder immer noch verantwortlich für sich selbst, für das, was er denkt und tut, und in gleicher Weise für das, womit er sich nicht auseinander setzt und was er nicht tut. Das Nachahmen eines Vorbilds ist nur dort legitim, wo eine entsprechende Überprüfung sichergestellt ist. Diese sollte auf zwei Dimensionen stattfinden: Menschen unterscheiden sich von Tieren durch ihren Verstand. Sie sind nicht blind irgendwelchen Instinkten ausgeliefert. Sie können trotz aller spontanen Verhaltensneigungen und Verhaltensbereitschaften den Verstand benutzen, um Anlässe, Ziele, Motive, Nutzen – auch das eher Verdeckte einer Überprüfung zu unterziehen.

Schneller und präziser als der Verstand ist allerdings gerade in ungewohnten neuen und komplexeren Situationen die Intuition. Es geht nicht um blinde Emotion, sondern um ein ausgebildetes Gespür. Es geht darum, im Vorfeld von klaren Erkenntnissen Witterung aufzunehmen, den richtigen Riecher für etwas zu haben. Wer als Erwachsener ohne Verstand und Intuition sich an noch so tolle Vorbilder anhängt und diese nachahmt, handelt prinzipiell unverantwortlich: Er zieht sich in die kindliche Zone zurück, die von Entmündigung geprägt ist.

Leitbilder, oder: Das Gute im Angebot – und der Kampf um Vereinnahmung

Immer mehr Unternehmen und Organisationen entwickeln Leitbilder. Diese sollen Mitarbeitern und Kunden respektive Klienten eine Hilfe zur Orientierung bieten. Es geht um Werte, Ziele, Strategien, Strukturen, Kultur, Produkte und Dienstleistungen – eben um alles, was das Wesen des Unternehmens ausmacht und es gegenüber anderen ähnlichen Unternehmen hervorhebt und zu etwas Einzigartigem macht. Leitbilder verfolgen zwei Anliegen: Sie sollen Mitarbeitern und Kunden die notwendigen Informationen über das Unternehmen bieten und gleichzeitig deren Handeln so beeinflussen, dass es der Institution zum Nutzen gereicht. Eines haben nahezu alle Leitbilder gemeinsam: Sie beschreiben hehre, geradezu paradiesische Welten und sind voll von edlen Ansprüchen. Eigentlich handelt es sich um Glaubenssätze – und dafür war noch nie ein Beweis anzutreten. Das Gelobte Land scheint in greifbare Nähe gerückt.

Mit der Realität hat das nur wenig zu tun. Das ist so bei profitorientierten Wirtschaftsbetrieben und bei Non-Profit-Organisationen, in kirchlichen und profanen Unternehmungen. Die Diskrepanz zwischen Anspruch und Wirklichkeit ist so offensichtlich, dass es nicht von ungefähr sein kann, dass diese trotz erkanntem Widerspruch beibehalten und weiter gepflegt wird. Dafür muss es gute Gründe geben. Indem man so ungeniert eine heile Welt postuliert, wird gleichzeitig indirekt zum Ausdruck gebracht, dass es diese Welt durchaus geben kann, wenn alle sich entsprechend darum bemühen. Man muss nur daran glauben. Diejenigen, die ein solches Wertegerüst und solche Glaubenssätze formulieren lassen, wissen sehr genau um die prinzipielle Unerreichbarkeit. Sie legen aber dieses Gerüst als Zwangsgitter auf die beteiligten Menschen, in der Hoffnung, diese würden sich – nach alter kirchlicher Manier – ihrer Unvollkommenheit und Mangelhaftigkeit bewusst und wie der Hund mit der Wurst vor der Nase mit letzter Energie und immer vorhandenem schlechten Gewissen diesem Phantom nachrennen. Und das Modell funktioniert tatsächlich, bietet es doch genau das, was der Mensch als Urprägung in sich trägt: die Bereitschaft, sich in eine Gruppe (Horde) bis zur Unterwerfung einzuordnen, um durch die Zugehörigkeit seine existenzielle Sicherheit zu gewährleisten. Allerdings wird das Modell nur so lange funktionieren – und das ist der springende Punkt –, wie eigenverantwortliches Handeln der beteiligten Menschen nicht vorgesehen und eingeplant ist.

Ob es sich um ein kirchliches Credo handelt, um die so genannte Mission werteorientierter Unternehmen oder um die Heilslehre von kleinen und größeren weltanschaulich geprägten Sekten, Parteien und Regierungen – allen ist gemeinsam: Erstens, sie sind nicht in einem Dialog gemeinsam mit den Betroffenen entstanden, sondern einseitig von oben festgelegt. Daran zu zweifeln, ist prinzipiell nicht gestattet, sondern kommt einer Majestätsbeleidigung gleich. Sie sind prinzipiell autoritär und im Endeffekt absolut gesetzt, auch wenn in der Ausformulierung Betroffene beteiligt waren. Zweitens, diese Prinzipien sind in erster Linie dazu da, das Volk gefügig zu machen, nicht zur Steuerung des eigenen Verhaltens derer, die diese Regeln aufstellen. Drittens, wer sich ihnen unterwirft, lebt in einer heilen, wenn auch entmündigten Welt. Er gehört dazu und ist versorgt. Belege dafür gibt es in Hülle und Fülle. FRITZ HOCHWÄLDER hat in seinem Schauspiel *Das heilige Experiment* den Versuch der Jesuiten beschrieben, im Mittelalter in den Anden einen christlichen Indianerstaat zu installieren – und in welche Grausamkeiten dieser autoritäre Ansatz des so genannten Guten ausartete. Der östliche Staatssozialismus liegt noch nicht zu lange zurück, um sich nicht zu erinnern, mit welcher Härte alle Andersgläubigen verfolgt wurden, und mit welchen brutalen Mitteln jegliche individuelle Verantwortung gegenüber dem allgemeinen Eigentum außer Kraft gesetzt war. Auch die viel gerühmten alten patriarchalischen Firmenkulturen à la Bosch und Krupp dienten in erster Linie der Ausnutzung von Arbeitskraft, verschleiert durch die Sorge der Patriarchen, dass diese Arbeitskraft auch leistungsfähig blieb.

Es gibt Schlimmeres, könnte man sagen. Stimmt! Aber individuelle Selbstverantwortung war nie gefragt. Übrigens auch bei denen nicht, die sich zu Advokaten derjenigen ernannt haben, die in solchen Modellen ausgenutzt werden, sei es bei McDonald und anderen Firmen, die stolz darauf sind und alles tun, um keinen Betriebsrat und damit keine Gewerkschaften im Haus zu haben. Denn auch diese Institutionen haben nur die Vereinnahmung der Mitarbeiter im Sinn, deren Interesse sie kollektiv vertreten wollen – nicht zuletzt deshalb, um das Überleben der eigenen Institution zu sichern.

Resümee: Selbstverantwortung zeigen

Alles zusammengenommen ist der Zugang zum Thema Verhaltensänderung durch folgende Elemente gekennzeichnet:

Erstens, die Ausgangssituation ist nie inhaltsfrei. Sie ist immer schon mit etwas belegt – mit inneren Einstellungen, Verhaltensmustern, Fertigkeiten und Neigungen. Dieses muss häufig entfernt, gelöscht, verlernt – auf jeden Fall ins Kalkül gezogen, wenn Neues ins Haus steht.

Zweitens, es gibt eine übergreifende menschliche Grundtendenz, sich auf jeden Fall die Zugehörigkeit zu einer Gruppe zu verschaffen. Dafür ist man bereit, einen relativ hohen Preis zu zahlen. Die Währung ist Anpassung bis zur Selbstunterwerfung.

Drittens, das alles ist nicht problematisch, sondern schlichte Realität. Sie wird nur dann zum Problem, wenn sie nicht einkalkuliert wird.

Viertens, der Rahmen ist zwar vorgegeben, aber das heißt nicht, dass man nichts tun und nichts verändern könnte. Zunächst steht es jedem innerhalb dieses Rahmens frei, ob und wie er die vorhandenen Spielräume füllt. Selbstverantwortung innerhalb eines fremdbestimmten Rahmens ist ohne weiteres möglich. Und darüber hinaus: Auch ein Rahmen kann überwunden werden – vorausgesetzt, zwei Tugenden sind vorhanden: der Mut, dies zu tun, und die Klugheit, sich bei diesem Tun entsprechend abzusichern.

Geht's nicht doch einfacher?

Muss Verhaltensänderung so kompliziert sein? Passiert sie nicht sowieso immer und automatisch, weil Menschen sich permanent verändern? Ist Leben nicht Veränderung an sich? Betreiben wir nicht viel zu viel Aufwand für etwas, was wir kaum direkt beeinflussen können? Wäre es nicht gescheiter, Menschen vor vollendete Tatsachen zu stellen – und sie dadurch zu zwingen, damit klarzukommen? Und wenn darüber hinaus gezielte Maßnahmen notwendig schienen, würde es sich nicht doch anbieten, dafür geeignete Motivatoren – Trainer oder Manager – zu engagieren, die die notwendige innere Begeisterung in die Menschen hineinpredigen?

Vielleicht wissen wir über die eigentlichen Mechanismen tatsächlich noch relativ wenig – und werden in Zukunft noch manche Überraschung erleben. Vielleicht wird uns die Gehirnforschung Wege aufzeigen, wie wir über direkte Eingriffe in das Gehirn gezielt bestimmte Einstellungen und Verhaltensbereitschaften löschen, andere aktivieren, verstärken oder implantieren können. Vielleicht gibt es in nicht allzu ferner Zukunft eine Koppelung von einschlägigen Computerprogrammen mit dem Gehirn, die es uns ermöglichen würde, Steuerungsdaten direkt zu transportieren. Es wäre gleichermaßen fahrlässig, zu behaupten: Das wird es in Zukunft nie oder das wird es mit Sicherheit geben. Egal, ob Ihnen oder mir diese Vision gefällt und wie wir ihre Realisierungsmöglichkeit einschätzen – im Moment müssen wir die möglichen Erkenntnislücken durch psychologische Konstrukte kompensieren. SIEGMUND FREUD als Arzt war eigentlich davon überzeugt, dass die menschliche Psyche weitgehend durch chemische und physische Prozesse gesteuert wird. Aber solange die Mechanismen nicht erkannt und somit auch der Behandlung nicht zur Verfügung standen, entschloss er sich, mit psychologischen Hilfskonstrukten auf der Basis folgenden Prinzips zu arbeiten: Es ist nicht die Frage, ob es stimmt, sondern ob es wirkt. Vorausgesetzt, man ist immer bereit, bei neuen besseren Erkenntnissen solche Hilfskonstrukte aus dem Verkehr zu ziehen.

Und was die Frage angeht, ob es nicht einfacher wäre, die Menschen zu bepredigen, da bin ich aus meiner persönlichen Vorgeschichte geschädigt: Ich weiß um die Wirksamkeit von Predigten, aber eben auch um ihre recht engen Grenzen: Eine Predigt kann erbauen, beschwören, manchmal aufrütteln oder auch einschläfern – auf jeden Fall ist sie kein Ersatz für Handeln. Vielleicht

mag der Einsatz von Motivations-Gurus nicht nur teuer, sondern sogar unschädlich sein. Aber wer auf längerfristigen Nutzen aus ist, ist gut beraten,
differenziertere Verfahren zu wählen – und vor allem solche, die gezielter zum
eigenverantwortlichen Handeln verleiten.

KAPITEL 2

Unternehmensführung und Organisation:
Neue mentale Modelle fordern neues Verhalten!

Die Fragestellungen:
- Was sind und wozu dienen mentale Modelle?
- Welche Modelle sind im betrieblichen Umfeld zurzeit von besonderer Bedeutung?
- Wie können wir die Wirksamkeit mentaler Modelle erkennen und im Rahmen von Veränderungsvorhaben konkret damit arbeiten?

Dieses Kapitel beschreibt:
- die allgemeine Funktion von mentalen Modellen für Verhalten und Verhaltensänderung;
- wie sich die mentalen Modelle von Organisation, Management, Unternehmen, Planung, Führung, Mitarbeiterschaft sowie Personalentwicklung geändert haben, und welche neuen Verhaltensanforderungen sich daraus ergeben;
- wie sich das Prinzip der Gleichzeitigkeit von unterschiedlichen mentalen Modellen auswirkt;

Wichtiges in Kürze
- Mentale Modelle sind Orientierungsmuster für quasi automatisch richtiges Verhalten.
- Mentale Modelle unterliegen dem Wandel, aber das automatisierte Verhalten folgt häufig noch den überholten Modellen.
- Es gelten gleichzeitig widersprüchliche Modelle – auch innerhalb der selben Person.

Was sind mentale Modelle – und wozu sind sie gut?

Wir achten nicht auf den einzelnen Schritt, sondern auf das Gehen. Wir haben eine Vorstellung davon, wie *man* richtig geht. Wir achten nicht auf den einzelnen Bissen, sondern auf das Essen. Wir bilden uns eine Vorstellung davon, oder bekommen diese anerzogen, wie *man* isst – und zwar wie man richtig isst. Und so haben wir innere Vorstellungen, innere Leitbilder von allen Dingen und Handlungen, die für die Gestaltung unseres Lebens von Bedeutung sind. Diese inneren Abbilder – PETER SENGE nennt sie mentale Modelle – haben verschiedene Funktionen: Erstens helfen sie uns, Dinge zu erkennen und zu deuten, und zweitens haben sie eine Ordnungsfunktion. Sie helfen zu unterscheiden, was richtig und was falsch ist. Sie erleichtern dadurch unser Verhalten ungemein. Wir müssen nicht für jeden einzelnen Akt eine Grundsatzentscheidung treffen, ob überhaupt, wann und wie, sondern es braucht nur noch eine binäre Ja-oder-Nein-Antwort, das heißt: gehört dazu oder nicht. Wenn es dazu gehört, dann liegt der weitere Ablauf fest, alles ist klar und unstrittig.

Neue mentale Modelle in der Unternehmensführung

Orientierungs- und Ordnungspunkte gibt es nicht nur in der privaten, sondern auch in der betrieblichen Welt, zum Beispiel im Hinblick auf die Art, wie organisiert, geplant, gemanagt und geführt werden soll, oder was eigentlich ein gutes Unternehmen ausmacht, oder wie heutzutage Personalentwicklung betrieben werden sollte. An einigen Beispielen soll deutlich gemacht werden, wie sich mentale Modelle verändert haben, wie weit das bisher automatisierte Verhalten noch stimmt oder nicht, ob es durch geringfügige Modifikationen angepasst werden kann, oder ob ein völlig anderes Verhalten notwendig ist. Fazit: Es sind gravierende Änderungen eingetreten. Die neuen Modelle stehen zu den bisherigen teilweise in direktem Widerspruch. Aber es ist nicht so, dass sie die alten abgelöst hätten. Nein, sowohl die alten als auch die neuen Modelle und darüber hinaus viele Zwischenstufen sind gleichzeitig im Gebrauch – bei verschiedenen Menschen, manchmal aber auch im Widerstreit in der selben Person.

Organisation

Es gibt ganz spezielle Ausnahmesituationen, wo man nochmals erleben kann, was der Begriff Organisation von seinem Ursprung her eigentlich bedeutet. Eine solche Ausnahmesituation ist der absolute Mangelzustand, wenn es nichts gibt – keine Waren und keine Regelungen. So wie nach dem Zweiten Weltkrieg. Alles lag danieder. Es ging schlichtweg um das tägliche Überleben. Damals hatte das Wort *organisieren* einen ganz besonderen, prickelnden Beiklang: *Wir gehen organisieren* meinte: wir versuchen, etwas zu besorgen, was es auf dem normalen Weg nicht gab, eigentlich gar nicht geben durfte. Darin lag der Klang von *Los, tu etwas! Hör auf, zu klagen! Warte nicht ab! Finde dich nicht mit der Notsituation ab! Wir müssen etwas tun! Wir werden es schaffen!* Es gab keine sicheren Methoden, schon gar keine Rezepte für diese

Unternehmungen. Häufig waren derartige Aktionen riskant, manchmal hart an der Grenze der Legalität. Man brauchte Mut und Bereitschaft zum Risiko. Aber es gab noch etwas, was den Erfolg ausmachte: Es bildeten sich immer wieder kleine Gruppen, die gemeinsam dieses Risiko auf sich nahmen. Heute würden wir sie Netzwerke nennen. Hier wurden Tipps und Tricks wie unter guten Freunden auf dem Tauschweg gehandelt. Wir fühlten uns unternehmerisch, kreativ, findig – einfach stolz auf unseren Mut und Einfallsreichtum.

Später, als alles wieder zu haben und das meiste grundsätzlich geregelt ist, bekommt das mentale Modell von Organisation die Bedeutung von eindeutiger Zuständigkeit, Ordnung und Trennung von Funktionen. Wer von Organisation redet, denkt an Ab-Teilung, Zähflüssigkeit und Starrheit. Mehr noch: Funktionsbereiche werden zu Machtzentren ausgebaut, deshalb von Burgmauern und Wassergräben umgeben; in dicken Handbüchern wird alles bis ins Einzelne geregelt, dort schaut man allerdings nur hinein, wenn man nach einem Beleg sucht, dass man etwas nicht tun muss. Jeder handelt und optimiert nur im Interesse seines eigenen Teilbereichs. Wissen und Information ist Herrschaftswissen der einzelnen Funktionsträger oder Abteilungen. Alles ist durch Kontrolle abgesichert und scheinbar im Griff. Die Beziehungen zu anderen Bereichen sind nicht selten geprägt von Vorsicht, Misstrauen und Abwehr. Welch ein Unterschied zum ursprünglichen, spontanen und findigen Organisieren!

In Zeiten des häufigen, schnellen und radikalen Wandels hat sich das Blatt nun wieder gedreht: Statt in starren Verfahren und eindeutigen Zuständigkeiten zu denken, müssen alle in erster Linie nach schnellen Lösungen suchen – über die Grenzen von Bereichen, Funktionen, selbst über die Grenzen des Unternehmens hinweg. Die Prinzipien: Nicht in Strukturen – schon gar nicht in vertikal abgeteilten, an der Hierarchie orientierten Funktionssilos – denken, sondern in horizontalen Prozessketten, die sich am Markt und an Kundenbedürfnissen ausrichten; lockere, spontane Spielregeln statt starre Vorschriften; Information für jeden offen zugänglich machen, der sie gebrauchen kann, statt Herrschaftswissen zu gestatten; Organisation als offenes Netzwerk gestalten, als Zelt, das man problemlos auf- und auch wieder abbauen kann, das leicht transportfähig ist. Das neue mentale Modell beinhaltet eine Organisation, die an allen relevanten Berührungspunkten mit ihrer Umwelt – Kunden, Markt, Konkurrenz, shareholder und stakeholder – durch Feedbacksysteme in Verbindung steht, sich immer aktuelle Informationen sichert und dadurch lernt, sich schnell neuen Erfordernissen anzupassen. Eine Organisation, die jederzeit auf Überraschungen gefasst und in der Lage ist, anderen Überraschungen zu bereiten (RUDI WIMMER).

Manager

Manager sitzen immer häufiger auf wackligen Stühlen. Kaum eine Woche vergeht, ohne dass wieder jemand seinen Hut nehmen muss. Gestern noch im Rampenlicht und hoch im Kurs, heute im freien Fall oder gar kriminalisiert und von Regressforderungen bedroht. Manager unterscheiden sich von der normal arbeitenden Bevölkerung zunächst einmal grundsätzlich durch ihre Wichtigkeit. Was man von außen sieht, ist die grandiose Inszenierung von Bedeutsamkeit: noble Autos, ehrfuchtgebietende Büros, zum Teil obszön hohe Vergütungen und Abfindungen. Und zur Rechtfertigung all dieser Privilegien lastet auf ihnen – wie sie so schön auszudrücken pflegen – die schwere Verantwortung, das Unternehmen professionell und kompetent auch durch aufgewühlte Gewässer zu steuern.

Gefragt, was Manager nun wirklich tun, bekommt man die Antwort: das Unternehmen strategisch ausrichten, im Markt richtig positionieren, die Geschäftsprozesse optimieren, die richtigen Strukturen schaffen, divisionalisieren, fokussieren, fusionieren oder auch entflechten, anhand der entsprechenden Kennzahlen das Geschäft richtig steuern – ganz wie das Lehrbuch es beschreibt. Früher waren es die Heerführer, Staatslenker, Politiker und Kirchenfürsten, heute treten die Manager als die großen Helden auf. Man muss sich nur die einschlägigen Stellenanzeigen anschauen: Gesucht wird immer nach einem Typ mit folgenden Eigenschaften: zielstrebig, tatkräftig, lösungsorientiert, Krisen als Chancen begreifend, kommunikativ. Der Manager ist schlichtweg eine Lichtgestalt, Erfolgsgarant für egal welche Herausforderungen.

Wenn Manager aber so hervorragend sind und einfach alles im Griff haben, wieso können sie dann überhaupt scheitern? Warum sehen sich Aufsichtsorgane veranlasst, sie zu feuern? Wie erklärt sich diese Widersprüchlichkeit? Des Rätsels Lösung: Die Grundannahmen sind schlichtweg falsch. Ein Manager managt viel weniger als wir glauben – zumindest, wenn er halbwegs klug ist. Der Fluss sucht sich seinen Weg weitgehend selbst. Energien entfalten sich in einem freien Spiel von Gruppendynamik und Selbstorganisation. Die Menschen im Unternehmen bestimmen durchweg die Professionalität ihrer Arbeit selbst, so wie die Güte eines Orchesters grundsätzlich von der Qualität der Musiker abhängt. Der Dirigent ist austauschbar. Er ist wie ein Fußballtrainer eher ein Katalysator, manchmal auch Antreiber, aber immer angewiesen auf die Qualität und die Einsatzbereitschaft der Mannschaft. Alles andere ist Selbstinszenierung. Aber erweist sich nicht zunehmend alles als immer weniger leistungsfähig? Brauchen wir nicht immer häufiger den starken Helfer in der Not? Woher kommt die Sehnsucht nach dem großen Helden und Retter – die Sehnsucht nach Batman, Zorro oder Robin Hood?

Helden dienen einem doppelten Zweck: Auf den Helden können wir alle Hoffnungen projizieren, um uns selbst außen vor zu halten. Andererseits können wir bei ihm all unsere Defizite und Versagensängste deponieren und ihn gegebenenfalls als Sündenbock in die Wüste jagen. In Wirklichkeit benötigen wir in den meisten Fällen nicht den großen Retter, sondern je nach Situation völlig unterschiedliche Arten von Managern: Manchmal brauchen wir den Antreiber, manchmal aber den Reflektierer und Bedenkenträger, zuweilen den Spalter, bisweilen den Integrator, dann und wann den Scharfmacher, ab und zu den Vermittler, hier und da den Visionär, gelegentlich den Erbsenzähler, in manchen Fällen den distanzierten Kühlen, dann und wann den sozialen Kachelofen, nicht selten den Kommunikator und gelegentlich auch den Verführer – aber eben alles zu seiner Zeit. Vom Fußballsport wissen wir: Es gibt selten einen Spieler, der alle Rollen gleich gut beherrscht: Stürmer, Verteidiger, Torjäger, Torwart und Spielmacher. Manager, die gut sind im Aufreißen von neuen Geschäftsfeldern, können absolut versagen, wenn es darum geht, Menschen unterschiedlicher Kultur dazu zu bringen, effektiv zusammen zu spielen. Dass Manager nicht alles können, dass sie nicht immer wissen, wo es langgeht, passt aber weder zu ihrem Selbstbild, noch zu unseren projektiven Erwartungen. Ein Manager ist per Definition immer Herr der Lage. Weil Manager dies in stillen Stunden der Selbsterkenntnis ahnen, klammern sie sich an einmal erreichte Positionen solange, wie es nur geht. Und auch das Umfeld handelt im eigenen Interesse genauso opportunistisch – will man doch die Projektion aufrechterhalten – und stabilisiert die Inszenierung der Wichtigkeit durch potemkinsche Dörfer und Hofberichterstattung.

Wer allerdings in einer wirklich aussichtslos scheinenden Lage steckt und auf einen echten Retter angewiesen wäre, der müsste sich einen anderen Typus suchen: nicht die mit aller sozialen Kompetenz und emotionalen Intelligenz ausgestattete Lichtgestalt, sondern einen Terminator. Helfen könnte nur, wer auf dem Hintergrund seiner persönlichen Lebensgeschichte gar nicht anders kann, als sich selbst zu beweisen, gierig und wild entschlossen, sich selbst und die anderen bis aufs Letzte zu riskieren und auszubeuten; einer, der um seine verdrängte Angst zu überwinden, selbst über Leichen geht; einer, der zutiefst misstrauisch ist und deshalb geradezu paranoid immer auf der Hut ist; einer, der sich nur als Lokomotive und Sklaventreiber richtig glücklich fühlt. Starke Medikamente haben allerdings starke Nebenwirkungen. Deshalb sollte man sie nur dosiert ein- und rechtzeitig auch wieder absetzen. Das alte mentale Modell eines Managers war der Macher, der Retter, die Lichtgestalt, einer, von dem alles abhängt, der immer weiß, wo es langgeht. Das neue mentale Modell ist der Systemarchitekt, der Katalysator, der Flexible, der Trainer oder Spielführer, der die Mannschaft richtig einsetzt und zum Sieg führt.

Planung

Folgendes spielt sich zumindest in größeren Firmen so sicher wie die Frühlingswonnen spätestens ab Mai ab: Ganze Heerscharen sind damit beschäftigt, die Geschäftspläne für das kommende Jahr zu erstellen. Regelrechte Planungsorgien laufen ab. Wenn es dabei bliebe, ging das ja noch. Es kostete nur Arbeitszeit und Geld. Aber es bleibt eben nicht dabei. Die Manager aus der ersten Reihe werden mit der Aufgabe traktiert, eigene Zielvorgaben zu entwerfen, dazu Mengen von Daten zusammenzustellen und Listen auszufüllen, beziehungsweise zu solchen Stellung zu nehmen. Sie werden von ihrer eigentlichen Arbeit abgehalten, Dinge zu entwickeln, zu produzieren oder zu verkaufen – oder ihre Mitarbeiter entsprechend zu führen. Und das ist ärgerlich. Planungsgenauigkeit und Planungssicherheit sind gefragt. Alles soll logisch und in sich widerspruchsfrei konzipiert sein. Dabei weiß jeder: Die Exaktheit der Daten steht oft in keinerlei Verhältnis zu ihrer Relevanz. Die Prognosen und Kalkulationen sind schon überholt, wenn sie in Form von Druckerschwärze oder als Kolumne auf dem Bildschirm auftauchen. Warum das so ist und auch weiterhin vielfach so veranstaltet wird, trotz anzweifelbarer Sinnhaftigkeit? Damit Leitungsgremien das Material erhalten, das sie benötigen, um ihr Managerspiel zu spielen. Monopoly auf hohem Niveau. Es tut dem eigenen Selbstverständnis gut und trägt wesentlich zur Zelebration von Bedeutsamkeit bei, so tun zu können, als ob man ganz wichtige Entscheidungen treffen müsste.

Selbstverständlich bedarf es eines bestimmten Maßes an vorausschauender Planung: Forschung, Entwicklung, Konstruktion, aber auch die Erschließung neuer Märkte und Zielgruppen brauchen eine gewisse Vorlaufzeit und Vorbereitung. Konzepte sind zu entwickeln, Qualifikationen aufzubauen, Investitionsentscheidungen zu treffen. Es geht hier mal wieder nicht um das eindimensionale Entweder-oder, sondern um ein Sowohl-als-auch: Vorausschauen, Vorüberlegungen anstellen, planen. Aber doch nicht in der bisherigen starren Form, als ob wir die Zukunft wirklich vorhersehen, uns entsprechend darauf einrichten und sie planen könnten. Erstens, kluge Menschen reden nicht von *der* Zukunft. Sie sprechen in der Mehrzahl: Sie sprechen von möglichen Zukünften. Sie mahnen zur Vorsicht vor Prognosen! Die Botschaft: Niemand kennt die Zukunft – wer dies trotzdem behauptet, ist ein Dummkopf oder Scharlatan. Zweitens: Wir kennen zwar *die* Zukunft nicht, sind ihr aber keineswegs hilflos ausgeliefert. Wir können Zukunft mitgestalten. Und drittens: Wenn wir uns mit Zukunft befassen, schreiben wir in aller Regel nur die Vergangenheit fort. Wir sind kaum willens und in der Lage, offen und begierig über Zukunft nachzudenken. Wir verhalten uns wie der Fahrer eines Autos, das allerdings ein ganz besonderes Merkmal hat: Windschutzscheibe und Seitenscheiben sind zugeklebt – nur die Rückseite ist durchsichtig. Wir fahren nach vorn – den Blick fest in den Rückspiegel gebannt. Wir sind nur auf das gefasst, was wir bereits kennen. Auf Überraschungen sind wir nicht wirklich eingestellt. Machen Sie die Probe aufs Exempel: Wie viel Zeit und Energie wird damit vertan, über Erfahrungen aus der Vergangenheit zu diskutieren und den bisherigen Weg zu rechtfertigen. Wie wenig Zeit wird darauf verwendet, sich mit Elan und professionell mit der Zukunft zu befassen. Die Alternative zu diesem rückwärts orientierten Vorgehen zeigt JACK WELCH, der ehemalige Chef von General Electric: »Ich weiß nicht, wohin der Ball rollen wird, aber ich werde blitzschnell dort sein, wo er schließlich landet.« Das heißt im Klartext: Ich werde mich intensiv mit verschiedenen Optionen auseinander setzen – und vor allem werde ich mein Unternehmen und meine Belegschaft so fit machen und trainieren, dass wir hoch flexibel sind – und in der Lage, blitzschnell zu reagieren. Und damit schafft er die Voraussetzungen für seine zweite Aussage über die Zukunft: »Ich hoffe das Beste und stelle mich auf das Schlimmste ein.«

Was also sollten oder können wir tun? Erstens, wer sich und andere für die Zukunft fit machen will, muss sich zuerst damit befassen, womit er in der Zukunft zu rechnen hat. Fit machen kann sich nur, wer eine Ahnung davon hat, was auf ihn zukommen könnte. Sich informieren über neue Entwicklungen in der Technologie, Wirtschaft und Politik, neue Trends im Umgang miteinander – eben über alles, was sich in unserem Umfeld tut, alles, was für uns und unsere Arbeit relevant sein könnte – dies ist die unverzichtbare Pflichtübung. Es nutzt nichts, nur die Erfahrungen aus der Vergangenheit zu konservieren und fortzuschreiben.

Mit zunehmender Veränderung der grundsätzlichen Rahmenbedingungen verlieren solche Erfahrungen dramatisch an Wert – wie Geldscheine nach einer Währungsreform. Und wer nicht regelmäßig ausmistet, ist voll gestopft mit unnützem Wissensballast. Die alten Erfahrungen blockieren neue Erkenntnisse. Deshalb zweitens: Wir müssen verlernen. Wir müssen große Teile unserer inneren Festplatte löschen. Wir haben einen riesigen Rucksack auf dem Buckel, voll mit altem Wissen, alten Erfahrungen und eingeschliffenen Verhaltensmustern. Je älter, desto stärker definieren Menschen ihre Identität mit dem Material aus diesem Rucksack. Was aber sind all diese Sachen noch wert, wenn die Voraussetzungen sich so drastisch geändert haben? Was tun mit Ballast und überholten Perspektiven, die den Blick verstellen für neue Entwicklungen? Es bleibt nur eines: Entsorgen! Verlernen! Aber wir haben noch eine dritte innere Wende zu schaffen: Viele Menschen erwarten von denen oben, dass sie die Richtung angeben. Ganz nach dem Motto: »Wir sind bereit zu folgen, aber ihr müsst uns sagen, wo es langgeht. Und das bitte verbindlich und ein für alle mal!« Gerade weil niemand die Zukunft kennt, gar nicht kennen kann, müssen wir wie Pfadfinder lernen, selbst die Zeichen am Weg zu finden und zu deuten. Das führt zwangsläufig auch dazu, dass manchmal mitten im Lauf die Richtung geändert werden muss. Wer das nicht akzeptiert, hat das neue Spiel noch nicht begriffen. Und um den Sack voll zu machen – das Ganze spielt sich nicht im geschützten Raum einer Übung ab, sondern direkt in der freien Wildbahn des Wettbewerbes, wo keineswegs immer Platz für alle ist.

Das mentale Modell des bisherigen Verständnisses von Planung sieht so aus: Es gibt *die* Zukunft. Wir können uns darauf einstellen, wir müssen sie deshalb möglichst exakt planen. Die wesentlichen Entscheidungen werden oben getroffen. Kriterien: möglichst hohe Planungsgenauigkeit, Abwägung aller möglichen Risiken, die wir aus der Vergangenheit kennen und fürchten gelernt haben, exakte Übereinstimmung aller Teilelemente wie bei einem Puzzle. Das neue mentale Modell von Planung: Wir gehen von mehreren möglichen Zukünften aus. Wir erfinden Szenarien. Wir entwerfen diese in dezentralen innovativen Prozessen. Wir treffen vorläufige Entscheidungen nach Plausibilitätskriterien, die wir in harten Dialogen mit Vertretern der betroffenen Bereiche – Mitarbeiter, Kunden, Kapitalgeber – erarbeiten. Die Entscheidungen sind in sich nicht unbedingt konsistent. Argumente aus der Vergangenheit haben keine Vorfahrt, sondern werden mit der gleichen Elle gemessen wie Annahmen über zukünftige Entwicklungen. Wir gehen bei unserer Planung davon aus, dass wir wie bei einer Expedition in ein unbekanntes Gebiet immer mit Überraschungen zu rechnen haben, die nicht planbar sind. Diese immer vorläufigen Planungen sind die Grundlage für auch immer nur vorläufige Zielvereinbarungen. Alles bleibt in Bewegung, so wie ein Segelboot auf hoher See oder ein Fisch im Wasser. Fazit: Planen ja, aber alle Feedbacksysteme voll ausnutzen, um regelmäßig zu checken, und um die Planung dem tatsächlichen Verlauf und neuen Erkenntnissen anpassen zu können. Auch nicht ein Quäntchen von Energie darauf verschwenden, überholte Entscheidungen von gestern zu rechtfertigen.

Unternehmen

Firmenjubiläen, Betriebsjubiläen, Memoiren von Firmengründern oder langjährigen Managern – alles singt das Hohelied vom langjährigen Bestand eines Unternehmens, manchmal über Generationen hinweg. Das Zauberwort heißt Kontinuität. Tradition wird hochgehalten. Es geht um Werte, Kompetenz, Wissen, Marke, Image beim Kunden, Struktur, finanzielle Basis. Die Zukunft wird vorsichtig aus dem an Erfahrungen reichen Blickwinkel der Vergangenheit untersucht, vielleicht eher argwöhnisch beäugt. Vom scheinbar sicheren Port der erfolgreichen Vergangenheit wird mit mehr oder weniger Schwung das Experiment Zukunft betrieben. Man baut auf dem auf, was man glaubt, sicher zu haben. Man zehrt sozusagen vom Grundkapital Vergangenheit. Solange keine Entscheidung über zukünftige Veränderung getroffen wird, wird de facto – ohne dass man sich dessen unbedingt bewusst ist – an der Vergangenheit festgehalten. Vergangenheit hat Vorfahrt. Die Zukunft muss sich aus Argumenten der Vergangenheit rechtfertigen. Das Ganze wird mit der Etikette »unternehmerische Erfahrung« versehen.

Dieses Modell, in dem Vergangenheit und Kontinuität Leitwerte sind, wird von einigen infrage gestellt. Ihre Hauptargumentation lautet: Kapitalmärkte erkennen Vergangenheit und Kontinuität nicht als Leitwerte an. Sie treffen ihre Entscheidungen eher nach Kriterien wie zum Beispiel Innovationsfähigkeit, Fähigkeit zum schnellen Wandel, Flexibilität, Kostenführerschaft, schnelle Vermarktung (time to market), Ertragskraft. Zur wissenschaftlichen Untermauerung wird SCHUMPETERS Hinweis auf die Notwendigkeit schöpferischer Zerstörung in den Ring geworfen. So stehen sich scheinbar zwei klar voneinander trennbare Modelle gegenüber: ein vergangenheits- und traditionsorientiertes Kontinuitätsmodell und ein zeitgemäßes vom Kapitalmarkt geschätztes, an der Zukunft orientiertes Innovationsmodell. Auch hier muss man sagen: Wenn es denn bloß so einfach wäre. Es gab einmal eine sehr erfolgreiche schweizerische Luftfahrtgesellschaft. Solide in der Finanzierung, exzellent im Ertrag, Weltklasse in der Qualität. Geschätzt von den Mitarbeitern, von den Eigentümern und von den Kunden. Die Marke war sozusagen Gold wert. Was wollte man mehr!?

In den Zeiten des Jahrtausendwechsels begann die kommerzielle Fliegerei, sich neu zu sortieren und die einzelnen Fluggesellschaften waren gezwungen, sich neu zu positionieren. Allianzen schienen das Allheilmittel der Stunde, um Kosten zu senken und um sich gleichzeitig im Markt die notwendige Größe und Durchschlagskraft zu sichern. Also wagte diese schweizerische Luftfahrtgesellschaft den Sprung, die Vergangenheit Vergangenheit sein zu lassen und sich risikofreudig der Zukunft zu stellen. Man ging neue Kooperationen ein, beteiligte sich an anderen Fluggesellschaften, die zum Teil mit den substanziellen Qualitätsmerkmalen der eigenen Marke nahezu nichts gemein hatten. Für die Unternehmensführung waren Größe und das Finanzcontrolling oberste Richtschnur des strategischen Handelns. Das schien zwar neu und ungewohnt. Beim zweiten Blick erkennt man aber doch ein bekanntes Muster: Hochmut, die Herausforderungen des Marktes in eigener Regie meistern zu wollen. Jeder weiß, wie die Geschichte endet: Das Unternehmen machte eine totale Bauchlandung – und katapultierte sich damit für immer aus dem Markt. Wäre es besser, ja wäre es überhaupt möglich gewesen, einfach das alte erfolgreiche Modell weiterzufahren? Wir werden es nie wissen, weil es nicht ausprobiert wurde. Andererseits kennen wir alle auch erfolgreiche Beispiele. Sowohl von der einen Seite: Eine ehemalige Stahlfirma wird anscheinend erfolgreich in einen Touristikkonzern umgewandelt. Oder eine Röhrenfabrik in einen Mobilfunkanbieter. Als auch von der anderen Seite: Eine kleine Automobilfirma fährt auf einer sagenhaften Erfolgsspur, die vom globalen Weltmarkt her betrachtet in dieser Größenkategorie allein eigentlich gar nicht überlebensfähig sein dürfte. Was denn nun? Altes oder neues Modell? Ich glaube, es geht hier um etwas anderes. Out ist sicher: erfolgreiche Vergangenheit einfach nur fortschreiben und damit die Zukunft gestalten zu wollen. Damit entfällt auch die Legitimationspflicht in Bezug auf Zukunftsaktivitäten aus der Vergangenheit heraus. Platt gesagt: *Das haben wir immer oder noch nie so gemacht* sind tatsächlich gegenstandslose Argumente. Man glaubt allerdings kaum, wie häufig solche Begründungen immer noch ins Feld geführt werden. Auch Kontinuität ist kein Wert an sich, aber hier muss man differenzieren. Der Wert einer Marke und das Image eines Unternehmens können ein hohes und erhaltenswertes Gut sein – und somit wäre Kontinuität durchaus gefragt. Das muss aber nicht so sein. Es gibt ein Paradebeispiel, wo genau diese Kontinuität zum Selbstzweck erhoben wurde und die Firma zugrunde richtete: Viele Geschichten ranken sich bei den Alten noch um die geradezu sprichwörtliche Qualität der Strickprodukte aus dem Hause BLEYLE. Ob Matrosenanzüge für die Jugend oder Strickjacken und Westen für die Damen – Qualität war ein Synonym für diese urschwäbische Firma. Und man konnte das den Produkten auch ansehen: Sie waren äußerst gediegen und damit natürlich auch einen Schuss bieder. Der Werbeslogan lautete frech und nie widersprochen: *Bleyle – die Masche, die niemals fällt.* Die Familienunternehmer definierten sich auch noch in der zweiten Generation weitgehend über die Kunst, die Produktqualität zu halten oder gar noch auszubauen. Sie hatten nur eines übersehen: Qualität war in Zeiten des Mangels ein äußerst wichtiges Merkmal. Wer sich nicht viel leisten kann, ist heilfroh, wenn das, was er sich dann zulegt, möglichst lange hält. Und diese Firma hatte somit ihre Hochblüte zwischen den beiden Weltkriegen, während des Krieges und auch noch ein paar Jahre nach dem Krieg. Dann aber passierte Folgendes: Man hatte eigentlich alles, was man so für das Leben brauchte – auch in den mittleren und unteren Volksschichten. Deshalb wollte man sich ab und zu etwas gönnen, was nicht nur unter reinen Vernunftaspekten gerechtfertigt werden musste. Modische Ausprägung wurde wichtiger als Haltbarkeit der Produkte. Welche Frau will denn noch einen Pullover, bei dem die Masche niemals fällt, wenn sie diesen sowieso nur für eine oder maximal zwei Saisons zu tragen vorhat? Und auf einmal gab es ein neues Verständnis des ursprünglichen Unternehmensgrundsatzes: Qualität ist das, was der Kunde als Qualität definiert. Dieses neue Verständnis von Qualität entwickelte aber nur das familienfremde Management. Die Entscheider aus der Familie wollten diesen Schwenk nicht mitmachen. Sie sahen das als Verrat an der unternehmerischen Gründeridee und blieben treu beim tradierten Wert der verabsolutierten Produktqualität. Und so kam, was kommen musste: Die Familie setzte auf Kontinuität des ursprünglichen Wesensmerkmals Qualität, verpasste dadurch die notwendige Wendung hin zur Orientierung am schnellen modischen Wechsel – und führte die Firma in den Bankrott. Fazit: Das Geheimnis des bisherigen Erfolges kann in der Tat die Gefährdung von morgen sein. Es geht weder um Kontinuität, noch um dauernde schöpferische Zerstörung. Das Heil liegt auch nicht in der Mitte. Es ist auch nicht der Weisheit letzter Schluss, sich ohne Not nur dem Diktat der Kapitalmärkte zu beugen. Wer dazu rät, kann unterschiedliche Beweggründe haben: Es kann sein, er hat als Berater eigene Interessen, möchte sich selbst ins Spiel und damit ins Geschäft bringen – und die Umgestaltung des Unternehmens begleiten. Oder er übersieht, dass Kapitalmärkte ja nun keine anonymen Gebilde sind, die nach objektiven sachlogischen Gesetzen funktionieren. Dahinter stecken Menschen – Analysten, Investoren, Banker – die eigene Interessen im Sinn haben, und diese sind nicht immer deckungsgleich mit den Interessen des Unternehmens beziehungsweise der Unternehmer. Man sollte nicht den sinnigen Spruch vergessen: Banken teilen Regenschirme aus bei Sonnenschein und sammeln diese ein, wenn es regnet. Nein, ein erfolgreicher Unternehmer achtet auf drei Dinge gleichzeitig: Erstens, die eigentlichen Stärken kennen und pflegen. Zweitens, das für sein Unternehmen relevante Umfeld – Markt, Kunden, Wettbewerb, technologische Entwicklungen, sonstige Rahmenbedingungen – regelmäßig scannen, um rechtzeitig Veränderungen mitzubekommen und mit diesen Erkenntnissen sein bisheriges Vorgehen einer unbarmherzigen Prüfung zu unterziehen. Drittens, sich selbst und die wirklich wichtigen Mitarbeiter in seiner Firma wach und offen halten – und dadurch fähig machen, differenziert zu analysieren und gegebenenfalls den schnellen Wandel zu vollziehen.

Mitarbeiter

Das gängige herkömmliche Bild eines guten Mitarbeiters ist eigentlich in dieser Bezeichnung selbst schon angedeutet: Er soll *mit*arbeiten und sich ansonsten heraushalten. Er soll möglichst einsatzfreudig und fleißig sein, flexibel, vielseitig verwendbar, notfalls auch leicht zu entsorgen. Selbstverständlich soll er auch kreativ, innovativ, kooperativ, kommunikativ und konfliktfähig sein – und vor allem auch loyal. Er soll sein wie eine gute Hausangestellte: Der gute Geist, der alles be- und alle versorgt, der aber um sich selbst keinerlei Aufhebens macht, immer pflichtgetreu und unauffällig hinter den Kulissen wirkt, und die Bühne nur zum Putzen, Auf- und Umräumen betritt. Nun gibt es zumindest in größeren Firmen mittlerweile fast überall Institutionen für Arbeitsschutz und Mitarbeiterrechte. Aber eigentlich sind dies in den Augen von nicht wenigen Managern und Unternehmern mehr oder weniger Zugeständnisse, die man wohl oder übel zu machen gezwungen ist – und man nicht unbedingt etwas dagegen hätte, könnte man sie in Zeiten der Not wieder rückgängig machen. Das Wunschbild des Unternehmers und das Leitbild für den guten Mitarbeiter: pflegeleichtes Rädchen im Getriebe, austauschbar und später vielleicht auch mal klonbar. Wer glaubt, das sei Vergangenheit, täuscht sich gewaltig. Nicht nur, dass Manager in der Auswahl und Steuerung von Mitarbeitern sich nach wie vor von diesem Bild leiten lassen. Nein, auch die Masse der Mitarbeiter lebt damit ja nun keineswegs schlecht. Man kennt seinen Stall, weiß, wo man hingehört, weiß, was man zu tun und was man zu lassen hat, kennt seine Pflichten, aber auch seine Rechte – und ist so nach allen Seiten abgesichert. Die Verantwortung ist auf das eigene Handeln im Rahmen möglichst enger Vorgaben von oben begrenzt, und solange man gesund ist und auch sonst nicht auf- und aus dem Rahmen fällt, lässt sich damit ganz gut leben und sein Brot verdienen.

Demgegenüber hat sich in den letzten Jahren – zumindest in Konzepten von Personalentwicklern und in Leitsätzen von einigen sich fortschrittlich gebenden Unternehmen und Institutionen – ein anderes Leitbild entwickelt: Der Mitarbeiter mutiert zum *Unternehmer im Unternehmen*. Er handelt in seinem Verantwortungsbereich möglichst selbstständig – allerdings an der Leine regelmäßiger Zielvereinbarungen. Er möchte beteiligt sein an dem, was und wie er es tut. Für ihn ist *ownership* ein wesentlicher Motivationsfaktor. Aber nicht nur das. Er denkt über seinen eigenen Bereich hinaus, mischt sich aus eigenem Antrieb in Belange ein, die ihn von seinem engeren Arbeitsfeld her gesehen früher nichts angingen, denkt und handelt bereichsübergreifend und gleichzeitig mit Blick in die Zukunft, geht also Risiken ein im Sinne des Gesamtunternehmens – und verdient so tatsächlich das Prädikat *unternehmerisch*. Er ist ein flexibler, cleverer, auch opportunistischer, aber sozial angepasster Egoist. Er ist wenig führungsbedürftig, vermarktet sich selbst und ist bereit, wo immer es notwendig scheint, Verantwortung zu übernehmen. Dieser Typus hat allerdings eine Reihe von Nebenwirkungen: Für ihn gilt die Faust'sche Klage »die Geister, die ich rief, die werd ich nicht mehr los«. Man kann diesen Typus nicht nach Belieben an- und abstellen. Stellt man ihn einmal ab und will ihn dann wieder anstellen, verhält er sich wie ein Auto mit leerer Batterie – er springt nicht mehr an. Wenn sie sich nicht völlig überschätzen und sowieso in der falschen Liga spielen, wissen solche Menschen, was sie wert sind – und verhalten sich entsprechend. Gibt es doch mittlerweile ausreichend Unternehmen, die genau diesen Typ dringend suchen – und ansonsten wäre da immer noch die Selbstständigkeit.

Führung

Nahezu komplementär zur Entwicklung aufseiten der Mitarbeiter hat sich in den letzten Jahren einiges auf der Ebene von Führung getan. Ein kurzes Resümee soll hier ausreichen. Wesentliche Aspekte von *herkömmlicher Führung* sind unter anderem:

- Wer von Führung redet, meint andere führen.
- Geführt wird von oben nach unten.
- Nur in den oberen Hierarchie-Etagen befinden sich das gesammelte Wissen und der genaue Überblick.
- Führer sind Helden und Heroen, die alles im Griff haben.
- Führen heißt Vorbild und in der Lage sein, alles Wesentliche selbst (vor-)zumachen.
- Führen heißt Lokomotive und fähig sein, andere zu motivieren oder mitzuziehen.
- Führen heißt vor allem auch kontrollieren und dadurch den Überblick behalten (»Vertrauen ist gut, Kontrolle ist besser« LENIN).
- Viel Leut bedeuten viel Ehr.
- Wer führt, kann mit Recht verlangen, dass die Geführten ihm folgen und loyal zu ihm sind.
- Gegebenenfalls sollte man durch persönlichen Arbeitseinsatz dafür sorgen, dass alles läuft, wie geplant.

Schlagworte zum *neuen Führungsverständnis*:

- Führung ist in erster Linie Selbstführung.
- Als oberstes Führungsprinzip gilt Selbstverantwortung.
- Andere zu führen war schon immer (nur) ein Ersatz. Führung kompensiert die (noch) fehlende oder (noch) nicht genügend ausgeprägte Selbstführung.
- Führung ist eine immer begründungspflichtige, weil in Selbststeuerung eingreifende Servicefunktion.
- Aktuelle Schwerpunkte, wenn man andere führt:
  - strategische Ausrichtung sicherstellen,

- lebendige Zielvereinbarungen,
- Controlling, auch als Hilfe zum Selbstcontrolling,
- Coaching bei Bedarf sowie
- Lerndesigner – Manager des Wandels.
- Insgesamt gilt: so viel Selbstführung, Selbststeuerung und Selbstverantwortung wie möglich, so wenig Führungseingriffe von oben oder außen wie nötig;
- Am System statt im System arbeiten: das System beobachten, bei Fehlern dafür sorgen, dass die direkt Betroffenen richtig analysieren und die richtigen Konsequenzen ziehen, damit sie lernen, sich immer kompetenter selbst einzuschätzen und zu steuern – auch und gerade in nicht erwarteten, unbekannten oder schwierigen Situationen.

Der entscheidende Unterschied zwischen diesen beiden Modellen liegt in der Zuordnung von Verantwortung. Der Angestellte ist verantwortlich für das, was und wie er es tut. Der Unternehmer zwar auch, aber in erster Linie für das Ergebnis seines Handelns. Und noch etwas wird bei dieser Rollenverteilung gleich mitgeregelt: Führung war und ist immer auch Verführung. Die Dinge kommen ja nicht von selbst ins Laufen, sondern müssen angeschoben und am Laufen gehalten werden – und das nach allen Regeln der Kunst. Und diese Kunst heißt Motivation. Dass dabei leicht die Grenze zur Manipulation überschritten wird, müsste eigentlich jeder Vernünftige wissen. Nehmen wir nur als Beispiel das viel beschworene Charisma, das wirklich erfolgreiche Führer nachweislich haben. Das Charisma eines Menschen bedeutet, dass der andere an- und überstrahlt wird – und dafür auch noch dankbar sein soll. Charisma setzt durch den Strahleffekt das Rationale außer Kraft, steuert über Emotionen, und ist in dieser Form eine sehr sublime Form der Manipulation und häufig der Ausbeutung. Wie dem auch sei, im zweiten Modell spielt das alles keine entscheidende Rolle – wir betreiben diese Kunst mit uns selbst, sozusagen auf eigene Rechnung, sind also Täter, Opfer, aber auch Nutznießer gleichermaßen.

Um es nochmals ganz deutlich zu sagen: Das etablierte erste Modell, Verantwortung nach oben abzugeben und sich nur innerhalb des zugewiesenen Rahmens zu bewegen, bleibt hoch attraktiv. Es ist wie im Gefängnis: Die Gitter grenzen zwar ein und hindern am Ausbrechen, aber sie schaffen auch einen Schonraum. Sie schützen vor Eindringlingen und eventueller Verantwortung. Es gibt so etwas wie eine Lust nach Entmündigung. Denn dadurch wäre auf jeden Fall eines klar und unmissverständlich geregelt: Geht es um Fehler oder sonstige Defizite – man selbst ist immer außen vor. Der Schuldige ist immer ein anderer, in der Regel einer von oben.

Personalentwicklung

Hohe Geldsummen sind in den letzten Jahrzehnten für Programme zur Personalentwicklung investiert worden. Heerscharen von internen Referenten, Beratern, Trainern und Coaches, häufig unterstützt von externen Fachleuten, tummeln sich auf diesem Gebiet. Die Frage nach dem Wirksamkeitsnachweis wird schon länger gestellt, ebenso wie die Forderung nach Bildungscontrolling. Die Antworten sind relativ spärlich und nicht unbedingt überzeugend. Das neue Selbstverständnis des Mitarbeiters und damit einhergehend das neue Führungsverständnis können nicht ignorieren, wie in Zukunft Personalentwicklung verstanden und konzipiert wird.

Das überlieferte Modell hatte unter anderem folgende Schwerpunkte: Zu allererst und ganz grundsätzlich – es wird etwas für den Mitarbeiter getan, er *wird* entwickelt. Der Mitarbeiter ist Objekt und Zielperson von Maßnahmen. In größeren und anspruchsvolleren Firmen gibt es einen Strauß von möglichen Maßnahmen, aus denen sich der Mitarbeiter die für ihn passende aussuchen kann. Ihm zur Seite steht ein ausgeklügeltes System von Beratung und Unterstützung – angefangen vom eigenen Vorgesetzten, über den zuständigen Personalreferenten oder/und einen Sponsor aus den oberen Etagen. Die Investition in seine Begleitung hängt davon ab, wie viele Erwartungen und Hoffnungen das Unternehmen in ihn setzt. Darüber hinaus gibt es in einer Reihe von Unternehmen Netzwerke verschiedenster Art – Traineegruppe, Goldfischteich, Intrapreneure und vieles mehr –, in die er eingebettet wird. Dort soll er lernen, sich kollegiale Unterstützung zu holen, sich zu bewähren und zu behaupten – und auch erste besondere Leistungen, eventuell in Form von Projektbeiträgen, für das Unternehmen zu erbringen. Ein ähnliches Anliegen verfolgen für mittlere und obere Führungskräfte mehrstufige, in Module aufgeteilte Lehrgänge zum Thema Change Management oder General Management.

Ganz fortschrittliche Firmen unterziehen mittlerweile auch altgediente Führungskräfte oder Verkäufer einem Prozess der Auditierung. Zum Nachweis der Neutralität nicht selten mit Unterstützung externer Berater. Aber alle diese Ansätze haben eine Gemeinsamkeit: Sie sind von außen vorgedacht und bringen den Teilnehmer in eine mehr oder weniger passive Rolle eines Verbrauchers. Einigen Pionieren auf dem Gebiet der Personalentwicklung passt dieses Konsumentenmodell schon länger nicht ins Konzept. Sie experimentieren seit vielen Jahren mit Modellen, die völlig konträr zum herkömmlichen Ansatz sind:

Zuallererst und ganz grundsätzlich gibt es einen Hauptverantwortlichen für die Personalentwicklung: den Mitarbeiter selbst. Das Unternehmen hat zwar ein hohes Interesse an seiner Entwicklung, aber entwickeln muss er sich selbst. Er wird nicht »gepampert«. Die Firma stellt unter bestimmten Bedingungen eine gewisse Summe als Startkapital zur Verfügung. Um an dieses Geld heranzukommen, müssen die Interessenten aber ein Konzept, sozusagen einen Geschäftsplan für ihre Entwicklung erstellen, der auch beinhaltet, wie sich die Investition des Unternehmens rechnen soll, und sie müssen entsprechendes Controlling akzeptieren. Weitere Stichworte, die kennzeichnen, was den Unterschied zum alten Modell ausmacht:

- *Selbstvernetzung*: sich seine Netzwerke, Seilschaften, Sponsoren selbst suchen;
- *Selbstvermarktung*: davon ausgehen, dass man durch die eigene Arbeit und geeignete Begleitmusik so auf sich aufmerksam machen muss, wie es der Firmenkultur entspricht;
- *Söldner*: sich grundsätzlich als jemand verstehen, der eine gute Leistung erbringt, die seinem Sold entspricht, an den sich aber das Unternehmen mit hoher Wahrscheinlichkeit nicht ohne weiteres ein Arbeitsleben lang binden wird;
- *Selbstauditierung*: die eigene Leistung und Akzeptanz mit Hilfe von gezielt eingeholtem Feedback aus den Reihen der Kooperationspartner und Kunden regelmäßig überprüfen.

Prinzip der Gleichzeitigkeit

Um es noch einmal ganz deutlich zum Ausdruck zu bringen: Es gibt nach wie vor beide mentalen Modelle: die alten und die neuen. Und es ist keineswegs so, dass Unternehmen und Mitarbeiter freudig oder gar begierig auf die neuen Modelle reagieren. Das hat unterschiedliche Ursachen: Erstens, in den allermeisten Firmen und Institutionen ist die gelebte Kultur nach wie vor streng hierarchisch. Daran ändern auch noch so hehre Visionen, Grundsätze und Leitbilder nichts, die sprachlich überzeugend nach dem zweiten Modell formuliert sind. Zweitens, selbst wenn die beteiligten Personen – Führungskräfte und Mitarbeiter – ihr Verhalten im Prinzip nach den neuen Modellen ausrichten wollten, die Rahmenbedingungen im Unternehmen inklusive aller Systeme der Bezahlung, Belohnung, Personalentwicklung und Arbeitsplatzgestaltung orientieren sich nahezu ausschließlich weiter an den alten Modellen. Das ist so, als wollte man in einem Land den Rechtsverkehr einführen, in dem alle Verkehrsschilder noch konsequent für den Linksverkehr gestaltet sind – und in dem zudem die Verkehrspolizisten noch nach dem alten System kontrollieren und ihre Strafzettel verteilen.Drittens, die persönliche Auseinandersetzung und einschlägige Erfahrungen sowohl der Mitarbeiter wie der Führungskräfte mit den neuen Modellen sind noch sehr begrenzt. In der bisherigen schulischen, universitären und betrieblichen Ausbildung spielten sie fast keine Rolle. Kein Wunder, dass man sich an die neuen Formen erst herantasten muss, wenn man sich überhaupt ernsthaft damit befassen will, um sie genauer zu verstehen und auszuprobieren, ob sie tatsächlich funktionieren – speziell dann, wenn man sie wirklich braucht. Ich erinnere mich noch gut daran, als ich das erste Mal probeweise ein Auto mit ABS fahren sollte. Sicherheitshalber habe ich auf einem großen Parkplatz vorher ausprobiert, dass eine Notbremsung mit voller Kraft tatsächlich nicht zur gewohnten Blockade führte und damit zwangsweise in einer gefährlichen Rutschpartie endete, sondern zu einem automatischen Stotterbremsen. Und ich kann mich noch ebenso gut an meine Erleichterung erinnern, dass dies nicht nur funktionierte, sondern dass das Auto tatsächlich sogar unter erschwerten Bedingungen von Schneematsch und Eis effizienter, schneller und mit bedeutend kürzerem Bremsweg zum Stehen kam, als ich das je mit der gewohnten Art, zu bremsen, geschafft hätte Das Entscheidende war, das neue System zu verstehen, an seine Wirksamkeit zu glauben und sich ohne Kompromiss voll darauf umzustellen. Das war solange nicht einfach, wie das alte Modell noch zutiefst verankert war und meine Unsicherheit dem neuen Modell gegenüber sich in Form einer inneren von Angst gesteuerten Handlungsunsicherheit niederschlug. Viertens, das Gelingen der Modelle hängt davon ab, wie viele es verwenden, und wie konsequent sie das tun. Zwar muss man nicht immer Mehrheiten haben, um etwas ändern zu können. Aber selbst eine Gruppe, die sich als Hefeteig verstehen würde, wird gut daran tun, sich Klarheit darüber zu verschaffen, wie groß sie ist im Verhältnis zur Menge Teig, die sie insgesamt in Bewegung bringen will. Die eigene Unsicherheit und Vorsicht ist in aller Regel kein schlechter Ratgeber, das mögliche Verhalten der anderen zu prognostizieren.

Harte Zeiten ermutigen nur wenige zum offenen Experiment. Dafür kommen nur absolute Überzeugungstäter infrage oder Menschen, die sowieso nichts zu verlieren haben, entweder weil sie diese Phase schon hinter sich haben, oder aber weil sie unabhängig und reich sind – in materieller oder auch in geistiger Währung gerechnet. Ansonsten geht man lieber auf Nummer sicher und versucht, sich die Option auf einen Rückzug offen zu halten.

Und so haben wir es mit Menschen zu tun – mit uns selbst und denen um uns herum –, bei denen wir nie genau wissen, nach welchem der beiden Modelle oder nach welchem Mischmodell sie die jeweilige Situation konstruieren und ihr Verhalten gestalten. Das Verhalten ist voller Brüche, scheinbarer Ungereimtheiten und Diskontinuitäten. Und dieser Widerstreit spielt sich nicht nur zwischen verschiedenen Menschen, Gruppen und Unternehmen, sondern auch innerhalb der Personen selbst ab: Heute so, morgen so – je nach Situation und persönlicher Empfindung. Konsequenz daraus: Sich auf alle Eventualitäten gefasst machen, lernen, hinter die Kulissen der mündlich oder schriftlich verkündeten offiziellen Spielregeln zu schauen, mit Überraschungen rechnen und angepasst flexibel darauf reagieren. Vielleicht leben wir in einer Zeit des Übergangs, vielleicht auch nicht. Ich wage keine Prognose, ob, wann und wie weit die neuen Modelle wirklich stabil werden und tatsächlich Verhalten steuern. Gegen einen schnellen Übergang spricht, wie stark das Bedürfnis vieler Manager nach Kontrolle ist oder anders formuliert, wie hoch ihre Angst ist, die Kontrolle zu verlieren – unabhängig davon, ob sie diese Kontrolle je hatten.

KAPITEL 3

Die Ethik des Verhaltens

»There's no such thing as a free lunch ...
someone has always to pick up the bill.«
DAVID LODGE in NICE WORK

Die Fragestellungen:
- Brauchen wir eine Ethik?
- Wozu und wem dient die Ethik?
- Kann jeder nach seiner eigenen Fasson selig werden, oder braucht es eine allgemein gültige Ethik?

Dieses Kapitel beschreibt:
- dass bei der Ethik immer (auch) der eigene Nutzen im Spiel ist;
- den Sinn übergreifender Leitplanken für menschliches Handeln;
- warum es Sinn macht, sich eine eigene Ethik zu leisten;
- fragmentarische Beispiele, wie eine solche Ethik aussehen könnte;

Wichtiges in Kürze
- Hinter jeder auch noch so hehren Moral stecken eigennützige Züge.
- Handlungsmoral besteht aus ethischen Leitplanken, die das Verhalten in klare Bahnen lenken und dadurch transparent und einforderbar machen.
- Es ist ein Zeichen von sittlicher Reife, für diese Planken die Verantwortung zu übernehmen und sie im Do-it-yourself-Verfahren zu erstellen.

Ethik und »Monetik« – ein Zwillingspaar

In letzter Zeit ist in Unternehmen eine Zunahme von ethischen Leitlinien zu beobachten. Im ersten Moment mag das erstaunen: Nun sind also auch Unternehmen darum bemüht, sich auf klar definierte Grundwerte zu verpflichten. Befasst man sich etwas näher mit den Hintergründen dieser Entwicklung, so entdeckt man schnell: Es brennt das Dach oder es hat vor kurzem gebrannt. So war es wohl kein Zufall, dass mit dem Auffliegen der Vitaminkartelle und den harten Strafen, die damit verbunden waren, in einigen der betroffenen Chemieunternehmen umgehend Projekte zur Unternehmensethik ins Leben gerufen wurden. Nun könnte man sagen: Aus Schaden wird man klug. Warum auch nicht?! Weniger Leichtgläubige sind allerdings der Überzeugung, es geht in erster Linie darum, eine eindrucksvolle Fassade zu bauen, hinter der man zukünftige Schweinereien glaubt besser verstecken zu können. Wie dem auch sei: Ethik ist wohl kein Wert an sich, sondern hat vermutlich immer etwas damit zu tun, welchen Nutzen sie für diejenigen schafft, die sich an sie halten sollen, oder für diejenigen, die andere darauf verpflichten. Neben der negativen Auslegung – je hehrer die Ethik, umso trister die Wirklichkeit – gibt es auf jeden Fall auch eine positive: Entscheide dich für ein Handeln, das dir *und* anderen durchaus nützlich ist – und sichere es ab, indem du es mit ethischen Grundsätzen untermauerst.

Brauchen wir überhaupt eine Ethik – und wozu?

Unternehmen haben klare Erwartungen im Hinblick auf ihren Unternehmenszweck: Der Ertrag mag zwar nicht alles sein, aber ohne Ertrag ist alles andere nichts – ausgenommen, es handelt sich um gezielt etablierte uneigennützige Einrichtungen. Jede Organisation hat eine mehr oder weniger definierte Aufgabenstellung. Zunehmend beschäftigen sich Unternehmen und Institutionen damit, ihre Strategien, Visionen und Leitbilder klarer und damit auch verbindlicher zu fassen – und veröffentlichen diese. Darüber hinaus gibt es in allen Unternehmungen Strukturen und Arbeitsanweisungen, in manchen auch Aufgaben- und Stellenbeschreibungen, aus denen eigentlich klar genug hervorgehen könnte, was Sache ist, was die Mitarbeiter zu tun und wie sie sich zu verhalten haben. Reicht dies nicht aus, damit sich jeder hinreichend gut orientieren kann? Es sind zwei Gründe, die uns darüber hinaus nach allgemeinen übergreifenden Leitplanken suchen lassen: Erstens, die konkreten Situationen und Herausforderungen sind oft so einmalig und speziell, dass es dafür in dieser speziellen Form keine Handlungsanweisung geben kann. Man kann im Nachhinein zwar eine formulieren, aber es ist nicht gesagt – und wahrscheinlich auch kaum jemals der Fall –, dass genau diese Situation in exakt dieser Form wieder auftreten wird. Zweitens, alles möglichst genau zu regeln, bietet sich zwar in Bereichen an, in denen absolute Sicherheit nicht nur wünschenswert, sondern oberstes Gebot ist, zum Beispiel beim Fliegen, beim Operieren, beim Erstellen und Erproben von Medikamenten. Dort, wo dies nicht unbedingt erforderlich ist, sind Regelungen nach dem Prinzip der Fuzzy-Logik eindeutig vorteilhafter.

Wenn aber die Handlungen nicht im Einzelnen vorgeschrieben werden können oder sollen, dann braucht es andere Leitsysteme. Eines davon sind die inneren Einstellungen, die allgemeinen Haltungen. Sie bestimmen zu einem nicht unwesentlichen Teil unser Tun. Haltungen sind sehr eng mit Wertesystemen verbunden. Früher spielten die so genannten Sekundärtugenden – Fleiß, Anstand, Sauberkeit, Ordnung – im zwischenmenschlichen Umgang noch eine relativ große Rolle. Sie nahmen deshalb auch in der Erziehung einen herausragenden Platz ein. Auch hier handelt es sich um ein sehr basisnahes Wertesystem. Gemeinsam ist beiden die Zielsetzung: das eigene Verhalten für andere verlässlich und kalkulierbar zu machen – und damit sich auch selbst stärker darauf zu verpflichten.

Delegieren oder selbst machen?

Es gibt viele Institutionen und Instanzen, die bereitstehen, Ethik zu liefern – als Fertigware oder maßgeschneidert. Theologen, Philosophen, Priester, Prediger, Berater – und sonstige freie Künstler jeder Couleur wetteifern um potenzielle Klienten. Nicht alles, was so im Angebot ist, ist schlecht, manches durchaus beachtenswert. Aber die Frage lautet: Soll man ein fertiges Konzept übernehmen oder doch lieber selbst produzieren? Dahinter steckt eine weitere, die eigentliche Kernfrage: Ist es überhaupt zulässig, das Thema Ethik insgesamt an andere Instanzen oder Institutionen zu delegieren – und sich damit der individuellen Verantwortung zu entledigen?

In früherer Zeit war es durchgängig üblich, sich seine Haltung und sein Verhalten durch die Mitgliedschaft in entsprechenden Institutionen abzusichern. Dafür gab es für den privaten und gesellschaftlichen Bereich die Kirchen, für den beruflichen Bereich die Kammern, für den öffentlichen gesellschaftlichen Bereich Vereine und Verbände. Ihre Aufgabe und Dienstleistung zugleich bestand unter anderem darin, Glaubens- oder Verhaltensstandards zu definieren – und ihre Einhaltung in geeigneter Form zu überwachen und irgendwie auch zu sanktionieren. Manche Mitgliedschaften waren freiwillig, andere Pflicht – auf jeden Fall war es üblich und entsprach nicht nur den beruflichen, sondern auch den gesellschaftlichen Normen, sich unterschiedlichen Gruppierungen fest zuzuordnen. In diesen Zeiten fester, nicht weiter hinterfragter Zugehörigkeiten waren so genannte Freigeister eher selten und allemal suspekt. Auch heute gibt es bei bestimmten Berufsverbänden noch das Prinzip der Kammern, auch heute gibt es noch Kirchen, auch heute gibt es noch Vereine und Verbände.

Aber die Bindungen sind lockerer geworden. Nun könnte man dies als weiteren Beleg für die wachsende Unverbindlichkeit unserer Zeit sehen und entsprechend beklagen. Damit könnte man eventuell sogar ins Schwarze treffen – aber nicht so, wie möglicherweise eigentlich beabsichtigt. Vielleicht kommt es nicht von ungefähr, dass Menschen sich nicht mehr gerne – und vor allem nicht ohne weiteres – fest binden. In Zeiten des schnellen Wandels sind auch die Grundannahmen zu überprüfen, die bislang als stabile Leitplanken gedient haben. Natürlich wäre das eine originäre Aufgabe gerade der sinngebenden Instanzen und Institutionen – speziell auch im Hinblick auf ihre eigenen Basiswerte. Aber genau damit tun sich solche Einrichtungen äußerst schwer. Nicht weil sie dazu intellektuell nicht in der Lage wären. Das Haupthindernis liegt ganz woanders: Es ist die Angst, Macht und Einfluss zu verlieren, wenn man bereit ist, und dies auch bekannt macht, Grundsätze radikal infrage zu stellen. Und diese Angst bewirkt schnell, sich einzuigeln – und möglichst lange so zu tun, als ob es sich um kleinere vorübergehende Unsicherheiten und Turbulenzen handelte. Durch dieses Aufschieben oder auch Verdrängen geht nicht nur kostbare Zeit verloren, sondern gleichzeitig wird Glaubwürdigkeit eingebüßt. Aufgeklärte Individuen sehen das und ziehen daraus ihre Schlussfolgerungen. Eine besteht darin, als Erstes die festen Bindungen zu lockern und sich zumindest probeweise selbst auf den Weg zu machen. Konkret bedeutet das, sich seine eigene Meinung zu bilden, bereit zu sein, auf Vollversorgung, was Wert betrifft, zu verzichten und eine Welt voller Widersprüche, Ungereimtheiten und Brüche zu entdecken – auch im Hinblick auf neue Werte – und dies zu akzeptieren. Und so wie auf dem handwerklichen Sektor gewinnt auch hier das Do-it-yourself-Verfahren immer mehr an Bedeutung und Zulauf.

Die alte Wertewelt wird zunehmend entzaubert, die neue ist nüchterner, für manche dermaßen nüchtern, dass sie schon wieder verführbar sind, bei den Propheten und Heilsversprechern unserer Zeit Zuflucht zu suchen.

Andere erleben diese Ernüchterung eher als Aufklärung und Befreiung. Sie entdecken mehr und mehr einige grundsätzlich neue Leitideen für die ins Haus stehende Relativierung. So zum Beispiel:

- *Wahrheit ist die Erfindung eines Lügners* (HEINZ VON FÖRSTER) ist nicht nur ein reißerischer Buchtitel, sondern trifft tatsächliche den Kern: Es ist nahezu alles eine Sache der Perspektive!
- Jedes in sich geschlossene Wertesystem schließt um der eigenen Stringenz willen andere Perspektiven aus – und engt damit ein.
- Man kann prinzipiell alles verstehen und auch alles legitimieren, wenn man sich hinter einer nicht angreifbaren höheren Instanz versteckt.

- Konstruktionen von Wertesystemen sind beliebig.
- Wer die Werte von vornherein auch und in erster Linie auf sich bezieht, ist zwar einerseits glaubwürdiger, andererseits trotzdem überheblich, weil er sich zum allgemeinen Maßstab macht.

Wie könnten denn nun Aspekte einer Handlungsmoral aussehen – und was wäre bei einer Konstruktion zu berücksichtigen?

Fragmente einer Handlungsmoral

Wenn wir einer allgemeinen Beliebigkeit entgehen wollen, müssen wir Grenzen setzen. Für diese Grenzziehung könnten drei Leitplanken hilfreich sein: Erstens, der kategorische Imperativ des Philosophen IMMANUEL KANT:

> »Handle so, dass der Beweggrund deines Willens jederzeit zugleich als Grundsatz einer allgemeinen Gesetzgebung gelten könnte!«

Zweitens, die Aussage des Soziologen NIKLAS LUHMANN:

> »Derjenige ist sozial kompetent, der in seine Selbstdarstellung und Selbstverwirklichung die Bedürfnisse der anderen mit einbezieht.«

Drittens, die Aussage des Philosophen PETER SLODERDIJK:

> »Unschuld ist eine überschätzte Tugend.«

Allen drei Leitplanken ist eine Grundaussage gemeinsam: Jedes Handeln und Nicht-Handeln ist immer auch im Kontext der anderen tangierten Interessen zu beurteilen. Jeder muss selbst den abgesteckten Bereich konkret für sich ausgestalten. Hier als Anregung einige Elemente, die in diesen Rahmen hineinpassen könnten:

Vom Wert des eigenen Nutzens

Bei allem, was man tut oder eben nicht tut, geht es immer auch um den eigenen Nutzen. Das ist normal und legitim. Allerdings gibt es eine radikale Einschränkung: Es wäre fatal, den eigenen Nutzen zu verabsolutieren. Empfehlung: simultan immer eine ausgewogene Balance halten zwischen eigenem Nutzen und dem Nutzen der anderen Beteiligten.

Nun gibt es viele Naive oder Heuchler, die diese gegenseitige Nutzenabwägung abwerten oder schlecht machen, und sich stattdessen auf höhere Werte berufen. Mein Vorschlag: Bestehe auf transparenter gegenseitiger Nutzenab-wägung. Verstecke dich selbst nicht hinter höheren Werten und lass nicht zu, dass andere dies tun.

Angemessene Investition in das Allgemeinwohl

Es lohnt sich, nicht nur den direkten Nutzen im Auge zu haben, sondern da-rüber hinaus im übertragenen Sinn »genügend« in eine allgemeine Kasse zu spenden zur Förderung genereller Anliegen – auch wenn daraus kein unmittel-barer Vorteil erwächst. Man sollte es als eine offene Investition in die Zukunft betrachten. Das ist wie bei Netzwerken: Nur wer reichlich investiert, kann später damit rechnen, entsprechend zu partizipieren.

Toleranz für Fremdes und Mehrdeutiges

Ohne gegenseitige Rücksicht, ohne ein gewisses Maß an Verständnis füreinan-der, ohne Einverständnis, dass jeder anders ist und anders sein darf, können wir nicht wirklich zusammenleben – jedenfalls nicht in Frieden. Daneben gibt es allerdings noch eine zweite Art von Toleranz: die Fähigkeit, Mehrdeutigkei-ten zu ertragen und dabei handlungsfähig zu bleiben. Was unter dem zungen-brecherischen Begriff *Ambiguitätstoleranz* schon in früherer Zeit als wichtige Fähigkeit von Managern angesehen wurde, wird in Zeiten allgemeiner Un-sicherheit zum allgemeinen Kriterium. Empfehlung: Ohne Toleranz gibt es keine freie Gesellschaft. Man sollte sich andererseits nicht wundern, wenn alle, die herrschen wollen, anfangen, an der Schraube Toleranz zu drehen und versuchen, die Spielräume enger zu machen.

Wissen kommt vor Gewissen

Im Strafrecht gab es schon immer den Grundsatz: Unkenntnis schützt nicht vor Strafe. In unserer heutigen Gesellschaft, wo der Faktor Wissen eine immer größere Rolle spielt, scheint es ebenso wichtig zu sein, sich wirklich zu bemühen, auf dem jeweils aktuellen Stand zu sein. Mit dem Wissen än-dert sich häufig auch die Beurteilung bestimmter Situationen. Wer den ver-meintlich gerechten Schlaf des Unwissenden schläft, verhält sich zumindest fahrlässig. Wer sich dann auch noch als letzte Instanz auf sein Gewissen beruft, sollte eines nicht vergessen: Ein Gewissen, das nicht durch aktuelles Wissen auf den neuesten Stand gebracht wird, ist wie ein veralteter Radar-melder.

Die Bedeutung der weichen Faktoren

Die gängige Unterscheidung zwischen harten und weichen Faktoren im Management hat einen unangenehmen Beigeschmack: Hart ist alles, was greifbar und messbar ist – gut für abgekochte Manager. Weich ist alles, was interessant werden könnte – falls wir noch Zeit und überschüssige Ressourcen haben –, wie zum Beispiel Unternehmenskultur. In der Praxis sieht das so aus: das Harte auf jeden Fall und unbedingt und deshalb zuerst, das Weiche nur bedingt, wenn noch Zeit und Energie vorhanden sind. Man sollte sich das Gedicht von EUGEN ROTH vor Augen halten:

>»Ein Mensch gestellt auf eine harte Probe,
>besteht sie – und mit höchstem Lobe.
>Doch siehe es versagt der Gleiche,
>wird er gestellt auf eine weiche.«

Ansonsten hilft es, sich die Prinzipien der Informationstechnologie zu vergegenwärtigen: Ohne geeignete Software nützt auch die teuerste Hardware nichts.

Der reine Altruismus wird nie zum Selbstläufer

Alles, was nicht direkt und unmittelbar dem eigenen Ego dient, muss als Soziales mühsam kommuniziert und gegebenenfalls trainiert werden, und ist immer bestandsgefährdet, wenn die Verbindung zum persönlichen Nutzen nicht mehr gesehen wird. Empfehlung: Die Situation zur Kenntnis nehmen, so wie sie nun einmal ist, und mit Geduld und eiserner Ausdauer das Ziel verfolgen, ohne darauf zu hoffen, es müsse doch einmal zum Selbstläufer werden.

Wo Auswege möglich sind, werden sie genutzt

In Zeiten des Verfalls allgemein gültiger Normen muss man mit Folgendem rechnen: Wo Auswege offen gelassen und Ausflüchte zugelassen werden, werden sie auch genutzt, sobald das System – Person, Gruppe, Abteilung, Bereich oder Unternehmen – unter entsprechenden Druck kommt. Es ist praktisch eine Rückentwicklung der Moral auf die Stufe der frühen Kindheit, wo Gesetze und Normen nur solange gelten, wie die Moral gebende Instanz im Raum (PIAGET) und somit eine direkte Beziehung gesichert ist zwischen demjenigen, der die Normen setzt und dem, der sie befolgen soll. Die Norm wird nur dann und auch nur solange eingehalten, wie eine unmittelbare Reaktion befürchtet werden muss beziehungsweise erhofft werden kann. Man sollte bei Nichteinhaltung Sanktionen androhen, dies von vornherein transparent machen und die Drohung auch in die Tat umsetzen.

Gewinner gibt es immer nur auf dem Hintergrund von Verlierern

Unternehmen werden nicht selten nach dem Prinzip des Gewinns – und damit nach dem Modell von Gewinnen oder Siegen gesteuert. Jeder Sieger beziehungsweise Gewinner kann aber seine Rolle nur auf dem Hintergrund von anderen definieren, die sich als Verlierer fühlen oder als solche eingeordnet werden. So wie auch Eigentum nur dann einen Sinn ergibt, wenn es eine Abgrenzung zu denen definiert, die genau darauf keinen Anspruch haben (dürfen). Alles Eigentum ist im Prinzip irgendwann einmal in Besitz genommen oder anderen weggenommen worden. Was immer dem einen zum Vorteil gereicht, ist daraufhin zu überprüfen, inwieweit es einem anderen zum Nachteil gereicht oder so erlebt wird oder erlebt werden könnte – und welche »Folgekosten« daraus entstehen können. Es gilt, das Resultat dieser Überprüfung zu berücksichtigen bei der Einschätzung der fördernden und hemmenden Faktoren eines Vorhabens.

Der Mensch ist mehr als sein Verhalten

Der Mensch ist ein Resultat, gemixt aus völlig unterschiedlichen Zutaten: Gene, Vererbung, Medien, Freunde, Erziehung, Familie, persönliches Wollen und Können, körperliche Verfassung – und natürlich glückliche oder unglückliche Umstände. Einiges davon ist sichtbar und messbar, anderes nicht. Vieles hängt voneinander ab und ist nicht direkt beeinflussbar, manches schon. Eines sollte auf jeden Fall klar sein: Der Mensch ist mehr und anders als das, was in seinem Verhalten direkt sichtbar zum Ausdruck kommt.

Moral, die Waffe der Machtlosen?

Vielleicht ist ja etwas dran an der Aussage: Moral ist die Waffe der Machtlosen. Nur wer eine Moral hat, ist in der Lage zu (ver-)urteilen, wenn auch nicht immer in der Lage, das Unerwünschte zu verhindern. Werte kommen uns häufig erst dann in den Sinn, wenn andere etwas tun, was uns nicht ins Konzept passt. Wir nutzen den Wertekanon, um uns zu erregen und andere an den Pranger zu stellen. Es wäre sicher nicht das Schlechteste, wenn wir darüber hinaus oder stattdessen unser eigenes Verhalten an einer Werteskala ausrichten würden.

KAPITEL 4

Verändere deinen Nächsten – wie dich selbst!

»Bei gleicher Umgebung
lebt doch jeder in einer anderen Welt.«
ARTHUR SCHOPENHAUER

Die Fragestellungen:
- Warum erziehen wir lieber andere als uns selbst?
- Ist es grundsätzlich möglich, Menschen zu verändern?
- Wie kann man Menschen dazu bewegen, sich selbst zu verändern?
- Welche Fehler muss man vermeiden?

Dieses Kapitel beschreibt:
- in welcher Form und mit welchen Methoden im privaten und im geschäftlichen Bereich Erziehung stattfindet;
- warum und auf welche Weise jeder sich nur selbst ändern kann;
- den Unterschied im Vorgehen, wenn wir andere dazu bringen wollen, sich selbst zu verändern;
- die häufigsten Fehler, die dabei gemacht werden, und wie man es besser machen kann;

Wichtiges in Kürze
- Wer die Notwendigkeit von Veränderung beschwört, denkt meist an die anderen.
- Wirklich verändern kann sich jeder nur selbst, wir können aber Voraussetzungen schaffen, die dieses erleichtern.

Wer die Notwendigkeit von Veränderung beschwört, denkt meist an die anderen

Wir tun uns leicht, andere zu beobachten, zu bewerten und an ihnen herumzuerziehen. Besser gesagt: an ihnen herumzumäkeln. Selbstverständlich alles nur zu ihrem Besten – das meinen und behaupten wir zumindest und glauben es manchmal sogar. Das haben wir von Kindesbeinen an am eigenen Leib erfahren. Zahlreiche Menschen und Institutionen in unserem Umfeld haben alles getan, um uns erzieherische Wohltaten angedeihen zu lassen. Erziehen kommt von ziehen. Wir wurden ge- und erzogen: von Eltern, Verwandten, Geschwistern, Lehrern, Mitschülern, Kollegen, Chefs – unser ganzes Leben lang bis heute – und bis an das Ende unserer Tage. Wie angenehm ist es, diese Wohltat an andere weiterzureichen. Viele merken gar nicht mehr, wenn sie es tun. Eine kleine Seitenbemerkung hier, ein kurzer Kommentar da, seltener positiv ermutigend, in den meisten Fällen eher fordernd, häufig abschätzig und abwertend. Das läuft so im privaten Freundeskreis, in der Familie und in Partnerschaften, das läuft so im Betrieb. Was in der Familie Erziehung genannt wird, im privaten Bereich eigentlich am besten in die Rubrik »über andere herziehen« oder »üble Nachrede« passen würde, heißt in den Unternehmungen Mitarbeiterführung und Personalentwicklung. Dazu gibt es eine Fülle ausgefeilter Instrumente: Mitarbeiterbeurteilungssysteme, Mitarbeiterführungsgespräch, Mitarbeiterförderungsgespräch, Audit, Assessment-Center, Potenzialdiagnostik, 360° Feedback und vieles mehr. Alle diese Ansätze basieren auf dem Anspruch, andere Menschen verändern zu wollen – und mit der unausgesprochenen Voraussetzung, dass dies möglich sei.

Verändern kann sich jeder nur selbst

Die Türen zu den Herzen der Menschen gehen nach innen auf, heißt ein Sprichwort. Ähnlich verhält es sich mit der Verhaltensänderung: Die Türklinken sind nicht von außen zugänglich, sondern nur von innen – und das ist gut so. Wie aber daran kommen? Was tun, um unser Anliegen, dass wir Veränderung wünschen, anderen nahe zu bringen? Wir können selbstverständlich Druck machen, physisch oder psychisch. Wir können auch mobben. Wir sollten uns allerdings im Klaren sein, wie weit die Wirkung reicht.Erstens, die Wirkung hält nur so lange an, wie der Druck ausgeübt wird. Zweitens, Druck erzeugt Gegendruck. Das heißt, beim Unterdrückten sammelt sich Unzufriedenheit oder Hass an, staut sich auf – und sucht nach einem Ventil. Der Unterdrückte ist immer in Gefahr, entweder wie eine Gasflasche nach außen zu explodieren oder wie ein Fernsehgerät nach innen zu implodieren. Und weil wegen des Staus nicht kontrollierbar, passiert das in aller Regel an der falschen Stelle, zur falschen Zeit – und erwischt deshalb meist auch die falschen Opfer. Wer das nicht will, gleichwohl aber das Anliegen verfolgt, andere zu verändern, kommt nicht umhin zu erkennen: Der Fehler liegt bereits im Ansatz. Ziel kann nicht sein: Ich verändere andere Menschen, sondern: Ich habe den Anspruch, dass andere sich verändern. Ein kleiner Unterschied mit großen Folgen. Im ersten Fall bin ich der Handelnde – und damit auch der Verantwortliche, der andere ist das Objekt. Im zweiten Fall gibt es kein Objekt, sondern nur zwei Handelnde. Beide haben Verantwortung für das, was sie tun oder eben nicht tun. Wir werden uns mit diesem Thema aus verschiedenen Perspektiven intensiv auseinander setzen. Aber eines hier schon mal vorweg: Jeder Hobbygärtner weiß, er kann zwar für das richtige Erdreich sorgen, günstige klimatische Voraussetzungen schaffen, er kann düngen, gießen, pflegen, er kann darüber hinaus sogar beten, fluchen oder auch gut zureden – aber wachsen müssen die Pflanzen selbst. Jedes direkte Ziehen an ihnen, schauen, ob sie schon Wurzeln geschlagen haben, würde ihr Wachstum stören, sie möglicherweise zerstören. Nicht anders bei Menschen: Wir können Rahmenbedingungen für bestimmtes Verhalten schaffen, wir können offensichtliche oder vermeintliche Hindernisse aus dem Weg räumen. Wir können einstimmen, locken, verführen – aber handeln, sich verändern kann der andere nur selbst.

Häufige Fehler

Der Anspruch an andere, sich zu ändern, ist hoch. Das Ergebnis ist zwar manchmal eher dürftig, trotzdem wollen wir nicht ohne weiteres aufgeben. Um herauszufinden, wo die eigentlichen Stellschrauben sind, müssen wir probieren. Dabei entdecken wir auch, wie es sicher nicht geht, respektive welche Fehler nicht selten gemacht werden:

Von sich auf andere schließen

Wer sich selbst auf die Schliche gekommen ist oder gekommen zu sein glaubt, läuft Gefahr, von sich auf andere zu schließen. Nicht von ungefähr lautet der Spruch: Man klopft auf keinen Busch, hinter dem man nicht selbst schon gesessen ist. Noch schlimmer, man merkt vielleicht relativ schnell, dass man danebenliegt, will aber nicht loslassen.

Verallgemeinern

Jeder Mensch macht sich so seine Erklärungen, weshalb die Dinge nicht so laufen, wie sie laufen sollten. Nicht selten machen wir eine Entdeckung, die Hand und Fuß zu haben scheint. Und schon sind wir gefährdet, von einem Einzelfall auf alle zu schließen. Das erleichtert die Sache nämlich ungemein. Wir müssen uns nicht auf zu viel einzelne Besonderheiten einlassen. Die Verallgemeinerung stillt zudem unser generelles Bedürfnis nach Klarheit, Sicherheit und Kontrolle. Wir haben gerne alles im Griff – dazu brauchen wir eben übergreifende Erklärungen nach dem Modell: jeder … alle … keiner … die meisten …

Splitter-Balken-Projektion

Wer liebt es schon, bei sich Fehler zu entdecken? Manchmal sind diese aber so offensichtlich, dass es schon größerer Anstrengung bedarf, sie nicht zur Kenntnis zu nehmen. Auch dafür gibt es ein probates Hausmittel: Wir sehen im anderen als Balken, was wir im eigenen Auge als Splitter verleugnen. Wen zum Beispiel als neutraler Zuhörer bei einer erregten Auseinandersetzung um die gesellschaftliche Anerkennung gleichgeschlechtlicher Lebenspartnerschaften der leise Verdacht beschleicht, diejenigen, die diese Lebensform am schärfsten ablehnen, könnten vielleicht eigene diesbezügliche Neigungen haben, die sie aber unter allen Umständen verdrängen wollen, muss keineswegs falsch liegen. Je stärker die Ereiferung, umso größer darf der Verdacht sein.

Fürsorge bis zur Entmündigung

Helfende Hände müssen nicht unbedingt hilfreich sein. Damit sich jemand verändert, braucht es auch ein gewisses Maß an äußerem oder innerem Druck. Nicht immer gilt der Spruch: »Wer schnell hilft, hilft doppelt.« Wer zu schnell hilft, verhindert nämlich auch, dass der Betroffene sich mit seiner Lage in Eigenverantwortung auseinander setzt.

Wo wir ansetzen können

Vormachen – gutes Beispiel geben

Manchmal hilft ganz simpel: Vormachen. Andere sehen und erleben lassen, dass es geht. Wer andere dazu bringen will, dass sie aufhören, zu viel zu essen, müsste vielleicht gar nicht so viel reden, sondern könnte stattdessen einfach ein gutes Beispiel geben – und zeigen, wie gut es ihm dabei geht. Was für Essen, Trinken oder Rauchen gilt, kann auf viele andere Bereiche ausgeweitet werden.

Herausfordern

Manche Menschen brauchen die richtige Herausforderung, um wirklich alles zu geben. Manche lernen erst Schwimmen, wenn sie ins Wasser gestoßen werden – und sich dort selbst freischwimmen müssen. Noch extremer, wenn sie sehen, dass jemand zu ertrinken droht, um dann als Rettungsschwimmer über sich hinauszuwachsen. Fördern durch fordern – das ist schon länger eine nicht schlechte Devise für Konzepte der Personalentwicklung.

Rückmeldung geben

Jeder ist frei, sich so zu verhalten, wie er das möchte. Niemand kann den anderen wirklich daran hindern – außer durch Zwang. Aber das heißt nicht, dass wir uns mit allem abfinden müssen. Im Gegenteil: Wo immer uns etwas nicht passt, sind wir genauso frei, unserem Gegenüber das zu sagen. Manchmal investieren wir unser Feedback vergebens. Aber eines ist sicher: Wenn wir uns die Rückmeldung schenken, dann verweigern wir dem anderen eine klare Orientierung und machen uns zum Täter.

Unser eigenes Interesse deutlich machen

Wir alle kennen und wissen, wie wenig wirksam es ist, wenn wir allgemeine Allerweltsermahnungen oder auch Hinweise erhalten, nach dem Muster: man sollte … man müsste … wir alle … uns allen … Es gibt eine hervorragende Alternative: Sich selbst dem anderen gegenüber klar positionieren. Ich sehe, dass du … Ich werde jetzt … Mir bist du in diesem Moment … Sich also nicht verstecken, sondern sich sichtbar und damit im wahrsten Sinn des Wortes angreifbar zu machen.

Positives anerkennen und verstärken

Auch kleine Schritte sind Schritte. »Auch die längste Reise beginnt mit dem ersten Schritt« (LAOTSE). Viele verzagen beim Blick auf das weit entfernte Ziel. Manchmal kann es sehr hilfreich sein, den Blick zurückzuwenden zur Ausgangssituation, um zu sehen, wie viel von der Strecke bereits zurückgelegt ist, sich an der bisherigen Leistung erfreuen und auftanken.

Ermutigen durch Zwischenschritte

Manche Menschen trauen sich von vornherein bestimmte Dinge einfach nicht zu. Oder sie ermatten relativ schnell, wenn es wirklich anstrengend wird. Was für Projekte gilt, können wir auch für den einzelnen Menschen nutzbar machen: Im Projekt definiert man Meilensteine, also Zwischenstationen, die den gesamten Weg in überschaubare Teilstücke gliedern. Gerade zu Beginn eines schwierigen Weges kann man einiges tun, um die Dinge ins Laufen zu bringen, zum Beispiel so genannte *tief hängende Früchte* pflücken beziehungsweise *quick hits* ermöglichen. Das ermutigt Menschen, sich überhaupt auf den Weg zu machen und schafft Zuversicht, den Weg auch bis zum Ende zu schaffen.

Hoffnung erfahrbar machen

Die Lage in den neuen Bundesländern direkt nach dem Fall der Mauer war absolut nicht rosig. Das neue Leben und der tägliche Kampf im bisher nicht gelernten westlichen Kapitalismus wurden für manche Menschen mehr und mehr zum täglichen zermürbenden Kleinkrieg. Nicht wenige begannen, sich mehr und mehr zurückzusehnen nach der alten gewohnten Vollversorgung im Rahmen der Planwirtschaft und des dort in den Grauzonen entwickelten Gemeinwesens. Die Vergangenheit begann, in immer rosigerem Licht zu erstrahlen. In einer seiner ersten Ansprachen packte Manfred Stolpe, der erste Ministerpräsident von Brandenburg, dieses Thema beim Schopf und bemerkte, es reiche nicht, den Menschen immer nur von den zukünftigen blühenden Landschaften zu sprechen, sondern man müsse »Hoffnung erfahrbar machen«. Das heißt, es müsse gelingen, die Menschen an einigen ganz konkreten Beispielen erleben zu lassen, wie die neue Welt wirklich aussieht. Dafür gibt es schon im Alten Testament ein gutes Vorbild: Von Moses wird berichtet, wie er das auserwählte Volk aus der Knechtschaft der Ägypter befreite. Als der Befreiungsmarsch durch die Wüste hin zum unbekannten Gelobten Land begann, beschwerlich zu werden, wanderten die Gedanken von immer mehr Juden immer häufiger und immer stärker zurück nach Ägypten. Das feindliche Land, aus dem man vor kurzem erst geflüchtet war, erschien unter den neuen Rahmenbedingungen in einem völlig anderen Licht: Man dachte immer weniger an die ungeliebte Knechtschaft, sondern immer stärker an die Fleischtöpfe, die man gemeinsam mit der Knechtschaft zurückgelassen hatte. Immer mehr Menschen begannen zu murren, wollten umkehren und drohten mit Meuterei. Da hatte Moses eine hervorragende Idee: Er wählte einige aus der Gruppe aus und gab ihnen den Auftrag, das viel gerühmte Gelobte Land, zu dem hin man unterwegs war, vorab zu erkunden. Und tatsächlich: Sie kamen zurück mit wirklich anfassbaren Belegen – Milch, Honig, Trauben. Damit wurde Hoffnung konkret erfahrbar. Insofern war Moses ein exzellenter Prozessmanager.

Verlocken und verführen

Mit Speck fängt man Mäuse. Ein Grauen in den Ohren der großen selbst ernannten Motivationsgurus. Sie tönen von der Ausschließlichkeit der Motivation von innen heraus. Sie verteufeln jegliche Motivation von außen. Das widerspricht jeder normalen menschlichen Erfahrung. Selbstverständlich reagieren wir auf die Aussicht auf Belohnungen. Klar auch, dass dies zu einem Teufelskreis werden kann, wenn die Belohnungen ausschließlich kurzfristig sind und nicht mit den inneren Antriebsquellen der Betroffenen in Einklang stehen. Trotzdem: Wie ein Stück Zucker den Affen in Bewegung hält, so sprechen auch Menschen auf ihre Art von Zucker an. Es wäre töricht, dieses Prinzip nicht zu nutzen.

Beziehungen ohne Bedingungen

Menschen sind soziale Wesen. Als solche sind sie darauf angewiesen, irgendeiner Gruppe anzugehören – ob real oder virtuell. Ihr Handeln ist immer auch darauf ausgerichtet, den Ansprüchen dieser Gruppe gerecht zu werden. Der Mensch braucht einfach Anerkennung und Geborgenheit im Rahmen einer für ihn tragfähigen zwischenmenschlichen Beziehung. Die Angst, den Anforderungen nicht zu genügen, ist immer vorhanden, auch wenn Menschen sich dies manchmal nicht anmerken lassen. Gerade deshalb könnten Zuwendung und Anerkennung, die nicht an Leistungsbedingungen geknüpft sind, ein unerschöpflicher Quell von Energie sein, auch Schwieriges immer wieder zu probieren. Sicher birgt diese bedingungslose Zuwendung auch das Risiko, dass so mancher zu früh aufgibt und sich bequem zurücklehnt, da er ja nichts zu befürchten hat. Aber ihn dafür nicht mit Liebes- und Beziehungsentzug zu bestrafen, ist vielleicht die stärkste Konfrontation und Herausforderung.

Voraussetzungen schaffen

Insgesamt wird es immer darum gehen, zu überprüfen, welche konkreten Rahmenbedingungen die Voraussetzungen schaffen, dass Menschen sich so verhalten und ihr Verhalten so ändern, wie wir das gerne hätten. Je stabiler und wenig aufwändig diese Voraussetzungen sind, je stärker diese Antriebe im Inneren des Menschen selbst angelegt sind, umso günstiger. Wer Menschen beeinflussen will, darf sie nicht als isolierte Wesen anschauen, sondern muss sie in ihrem jeweiligen Kontext betrachten. Man mag häufig Menschen nicht direkt beeinflussen können, auf den Kontext allerdings kann man allemal einwirken.

KAPITEL 5

Wandlungsbereitschaft wecken!

Die Fragestellungen:
- Was macht den Menschen prinzipiell veränderungsscheu?
- Gibt es eindeutige innere Treiber für Veränderung?
- Kann man einen Veränderungsprozess professionell konzipieren?
- Gibt es Möglichkeiten, Verhalten zu festigen?
- Welchen Wert haben Erfahrungen in einer Welt des dauernden Wandels?

Dieses Kapitel beschreibt:
- die veränderungsresistente Ausgangssituation des normalen Durchschnittsmenschen, den eklatanten Unterschied zwischen Klagen und tatsächlichem Veränderungswillen und den Unterschied zwischen Kindern und Erwachsenen, wenn es darum geht, Neues zu erkunden;
- die drei wesentlichen Antriebsfaktoren für Veränderung, inklusive ihrer Nebenwirkungen: Lust, Angst und Opportunismus;
- die Rolle der sozialen Wahrnehmung;
- die sieben Schritte der Dramaturgie des Veränderns;
- die drei Teile des Fundaments, auf dem Verhalten ruht: Wissen, emotionale Einstellung und Können;
- wodurch man Verhalten festigen kann;
- das Dilemma mit der Erfahrung;

Wichtiges in Kürze
- Niemand will sich verändern, wenn es sich vermeiden lässt.
- Lust und Angst sind vornehmliche Antreiber für Veränderung.
- Unsere Wahrnehmung ist subjektiv.

Change Management: bewusst geplante Veränderungen

Das Leben ist in sich Veränderung. Dabei handelt es sich um Veränderungen, die so selbstverständlich sind, dass wir sie kaum wahrnehmen: Zellen teilen sich, sterben ab, bilden sich neu. Unsere Haut ist ein äußerst lebendiges Gebilde. Unsere Gefühle, Einstellungen und zwischenmenschlichen Beziehungen sind ebenfalls einem ausnehmend starken Wandlungs- und Anpassungsprozess unterworfen. Diese Art von natürlichen Veränderungen ist im Moment nicht unser Thema. Worum es hier geht, sind Veränderungen, die wir außerhalb des natürlichen Prozesses bewusst in die Wege leiten wollen. Sozusagen außerplanmäßige Veränderungen, die sich nicht einfach von selbst ergeben. Veränderungen also, die sich nur dann ereignen, wenn wir sie gezielt angehen. Darum geht es, wenn wir von Change Management sprechen. Und diese zweite Art von Veränderungen folgt bestimmten Gesetzmäßigkeiten, die es gilt, zu berücksichtigen, wenn wir Aussicht auf Erfolg haben wollen.

Niemand will sich verändern, wenn es sich irgendwie vermeiden lässt

Die Natur liebt das Gleichgewicht – Menschen auch. Realistisch, nicht pessimistisch ist, wer vom Grundsatz ausgeht: Niemand verändert sich gerne, zumindest nicht ohne Not und ohne Notwendigkeit. Aus purer Freude Neues entdecken und ausprobieren – und aus eigenem Antrieb immer wieder Dinge verändern – das ist die absolute Ausnahme. Wer von Veränderung spricht, meint zunächst einmal in erster Linie andere, nicht sich selbst. »Ich stelle fest, dass es einem Großteil meiner Mitarbeiter völlig egal ist, ob wir Erfolg haben oder nicht. Ich bin umgeben von Neun-bis-fünf-Uhr-Mitarbeitern, die auf das Pünktlichste beginnen und genau so pünktlich den Griffel fallen lassen« – so die Klage eines Managers. Und das in einer Firma, der es keineswegs gut geht, die vielmehr in ihrer Existenz bedroht ist. Ein Einzelfall? Beileibe nicht!

Menschen verschließen selbst vor offensichtlichen Gefahren die Augen. Wie in der Wirtschaft, so in der Politik: Alle beschwören die Notwendigkeit grundlegender Reformen. Der Reformstau ist eine der maßgeblichen Ursachen, weshalb Regierungen abgewählt werden. Aber wehe, wenn Reformen so angepackt werden, dass es an den eigenen Besitzstand zu gehen droht. Sofort sinken die Umfragewerte des Reformers. Einen Zustand beklagen, heißt eben noch lange nicht bereit sein, einen aktiven Beitrag zur Änderung zu leisten. Alle sagen, wir müssen den Gürtel enger schnallen, aber jeder zieht nur am Gürtel des Nachbarn. Schlimm ist nicht, dass es so ist, wie es ist. Fatal wird es erst, wenn wir diese Lage nicht als normale Ausgangssituation – bei uns wie bei jedem Durchschnittsmenschen – zur Kenntnis nehmen, wenn wir uns ein X für ein U vormachen und Veränderungskonzepte so anlegen, als ob wir es prinzipiell mit veränderungsbereiten Menschen zu tun hätten. Das kann nur danebengehen.

Wie ist dieser Widerspruch zwischen Veränderungsnotwendigkeit und Veränderungsbereitschaft, zwischen deklariertem Wollen und tatsächlichem Tun zu erklären? Und: Gibt es einen Weg aus diesem Dilemma? Was blockiert die Energie zur Veränderung? Könnte diese Energie freigesetzt werden und wenn ja, wodurch? Um dies zu verstehen, wollen wir uns eingehender mit einigen Hintergründen befassen.

Klagen und verändern wollen sind zwei Paar Stiefel

Wenn ich von einem Unternehmen um Beratung gebeten werde, versuche ich zunächst, mir von der Ausgangssituation ein Bild zu machen. Dazu führe ich eine Reihe von Gesprächen mit unterschiedlichen Gesprächspartnern – aus unterschiedlichen Bereichen des Unternehmens, mit unterschiedlichem Alter, unterschiedlicher Betriebszugehörigkeit und aus unterschiedlichen Hierarchiestufen. Häufig lasse ich mir eine Gruppe von Personen zusammenstellen, in der alle diese Aspekte gut gemischt sind. Gruppe deshalb, um mit den Aussagen der Einzelnen gleichzeitig die Reaktion der anderen zu erleben und aufzunehmen. Obgleich sie sich ziemlich zu Anfang meiner Beratungstätigkeit ereignet hat, ist mir eine derartige Situation noch heute ganz plastisch vor Augen. Eine gut gemischte Gruppe eines für mich neuen Unternehmens schildert mir den Zustand des Betriebs. Aus allen Rohren wird gejammert, geklagt, wird dem Management Fehlverhalten vorgeworfen. Die Lage scheint ernst, der Veränderungsbedarf hoch. Mit der Zeit beginne ich die Teilnehmer der Runde genauer zu beobachten. Dabei fällt mir auf, wie engagiert die einzelnen ihre Analysen vortragen, wie sie versuchen, sich in der Beschreibung der Missstände gegenseitig zu übertrumpfen. Es ist eine sonderbare Atmosphäre, voller Energie. Irgendwann frage ich die Teilnehmer ganz naiv, warum sie denn persönlich nichts getan hätten, um die Lage zu verbessern? Die Reaktion ist Überraschung und Unverständnis: »Was hätten *wir* denn tun sollen? Wir wollten Ihnen doch nur mal klar schildern, wie schwach unser Management oben ist und auf was Sie sich hier einlassen, wenn Sie das Unternehmen beraten ...« Von Einsicht in die eigene Verstrickung in den herrschenden Zustand und Bereitschaft, sich an der Veränderung zu beteiligen nicht die geringste Spur. Fazit: Man darf auf keinen Fall davon ausgehen, dass Menschen, die jammern und klagen, auch bereit wären, Veränderungen auf sich zu nehmen. Schon gar nicht, wenn diese wehtun. Im Gegenteil: Wer klagt und jammert, stabilisiert dadurch sein Weltbild – und richtet sich in der Misere ein. Schuld und die Bösen sind immer die anderen. Sich selbst sieht man mit Vorliebe in der Rolle des bemitleidenswerten Opfers.

Kinder sind unruhig, suchen und fragen – Erwachsene geben sich souverän, wissen schon immer alles und zeigen ihr Wissen gefragt und ungefragt

Kinder sind immer unruhig und auf der Suche. Vor allem kleine Kinder sind gnadenlos neugierig und wissbegierig. Ihr pausenloses Fragen, ihr Suchen und Experimentieren geht den Erwachsenen nicht selten auf die Nerven – manchmal bis an die Schmerzgrenze. Erwachsene sind ganz anders. Nur eine kleine Minderheit hat sich den kindlichen Bewegungs- und Forscherdrang bewahrt. Erwachsene fragen, suchen, lernen nicht mehr – sie wissen! Mehr noch: Sie wissen nicht nur, sie müssen ihrem Umfeld ihr Wissen auch noch permanent demonstrieren und unter Beweis stellen. Je älter die Menschen, desto stärker der Stolz auf ihre Erfahrungen. Sie definieren sich über die Erlebnisse aus der Vergangenheit und sind äußerst vorsichtig bis misstrauisch im Hinblick auf alles Unbekannte, was ihnen die Zukunft noch bringen mag. Andere bezeichnen dies als Lebensklugheit. So weit, so gut! Oder doch nicht?

Der Mensch: ein Energiesparer

Der Mensch ist gewissermaßen ein Energiesparer. Er investiert und schaltet den Turbo nur ein, wenn ihn die ungebändigte Lust oder tiefe Angst überkommt. Solange die Dinge im grünen Bereich sind, geht alles seinen gewohnten Gang – frei nach dem Motto: Ruhe ist die erste Bürgerpflicht. Ein System – sei es ein Mensch oder eine Organisation – kommt nur dann ins Schleudern und droht zu kippen, wenn es irritiert wird, wenn es aus dem inneren Gleichgewicht gebracht wird, wenn es in irgendeiner Weise unter Druck kommt. Das gilt für den einzelnen Menschen, das gilt auch für die Gesellschaft. Wir tun gut daran, grundsätzlich von dieser Maxime auszugehen und mit stark ausgeprägten Beharrungstendenzen zu rechnen – privat, im Betrieb und in der Politik.

Antriebsenergie für Veränderung

Zwei Kräfte wirken im Wesentlichen auf den Menschen ein, die ihn dazu bringen können, Dinge zu tun, die er normalerweise nie tun würde: Lust und Angst – wobei im Alter die Lust ab- und die Angst zunimmt.

Lust

Von Lust getrieben machen wir Sachen, mit denen wir uns und unser Umfeld oft völlig verblüffen. Manchmal erkennen wir uns fast selbst nicht wieder. Wir muten uns Dinge zu, an die wir sonst höchstens im Traum denken. Bisweilen bis zu einem Ausmaß, wo man schon von Fahrlässigkeit sprechen kann. Wir fallen sogar aus der Rolle, wie man so zu sagen pflegt – oder halten es mit dem Esel, von dem der Volksmund sagt: Wenn es ihm zu wohl ist, geht er aufs Eis.

Angst

Der andere Antriebsfaktor ist Angst. Wenn uns die Angst überfällt, dann packen wir auch Dinge an, die wir schon längst hätten tun sollen, aber bislang immer vor uns her geschoben haben, weil sie uns zu schwierig oder auch nur lästig waren. Nun haben kluge Psychologen häufig behauptet, lernen könne man nur in einem angstfreien Raum. Überhaupt: Nur angstfreies Lernen sei eines mündigen Menschen würdig – und habe Chancen auf Erfolg, vor allem wenn es um Verhalten geht. Die Rede ist vom herrschaftsfreien Dialog, vom offenen Diskurs (HABERMAS). Daran habe ich zwar im Kern noch nie so richtig geglaubt, mich aber diesem edlen Anspruch durchaus unterworfen. Die These bezüglich des angstfreien Raumes habe ich auf jeden Fall mitgebetet, ohne mir weitere Gedanken darüber zu machen. Ich wollte nicht aus der Reihe der edlen Psychologen tanzen. Eigentlich habe ich diese Lehrmeinung nie wirklich zur Maxime meines Handelns gemacht. Im Gegenteil! Es ist gelegentlich durchaus angebracht, jemanden mit den negativen Konsequenzen seines Handelns zu konfrontieren, ihn auf die Folgen aufmerksam zu machen, mit denen er zu rechnen hat, wenn er denn nicht bereit ist, sein Verhalten zu ändern.

In unseren Breitengraden der sozialen Verwöhnung ist Angst ein nahezu unverzichtbarer Antriebsfaktor. Auch andere aus dem Metier von Trainern und Beratern haben sich mittlerweile eines Besseren belehren lassen. Das Thema wird zwar in *Angst erster Ordnung*, die es abzubauen gelte und *Angst zweiter Ordnung*, die ein wichtiger Stimulator für Veränderungen sei, differenziert und damit akademisch hochstilisiert. Aber Angst bleibt Angst. Dass Angst Energiereserven mobilisiert, das stimmt auch mit frühen Erfahrungen aus Schule und Erziehung überein. EDGAR SCHEIN unterscheidet in diesem Zusammenhang zwischen der *Überlebensangst*, die es aufzubauen, und der *Trainingsangst*, die es zu verringern gilt.

Auf die Dosierung kommt es an

So unangenehm es sein mag, mit Angst zu arbeiten und so angenehm es wäre, mithilfe von Lust das gewünschte Verhalten zu wecken oder störendes Verhalten zu löschen, eines sollte man nicht außer Acht lassen: kein Medikament ohne unerwünschte Nebenwirkungen. Das gilt auch für beide Antriebsfaktoren: Herrscht die Lust vor, kann die Kontrolle verloren gehen. Angst dagegen kann dazu führen, dass Menschen wegtauchen oder wie im dichten Nebel völlig in Panik geraten und handlungsunfähig werden. Angst kann blockieren. Entscheidend ist wohl, die richtige Dosierung zu finden und genau zu beobachten, wie die Behandlung anspricht, um gegebenenfalls schnell korrigierend eingreifen zu können.

Auslösender Impuls: Egoismus und Opportunismus

Angst und Lust bedürfen eines Auslösers, der wie ein Zündfunke den Lust- oder Angstmechanismus in Gang setzt. Das mag eine drohende Katastrophe sein oder auch eine verlockende Begegnung. Was zählt und wirkt, ist ein erwarteter persönlicher Nutzen. Dieser kann auch in der Hoffung bestehen, größeren Schaden zu vermeiden. Jeder Mensch hat ein ausdifferenziertes inneres Rechnungswesen, das ihn jede Situation vorab genau kalkulieren und bilanzieren lässt – selbstverständlich in seiner ganz speziellen Währung. Man mag sich eine neue Welt herbeiwünschen oder auch vorläufig herbei- predigen, in der die Menschen sich völlig vom Prinzip der Selbstverantwor- tung leiten lassen. Man muss nicht defätistisch sein, es reicht der normale Realismus, um festzustellen: Vom »Prinzip Selbstverantwortung« und vom »Aufstand des Individuums« (REINHARD K. SPRENGER) sind wir noch weit entfernt.

Die Kosten-Nutzen-Rechnung entscheidet

Verhalten wird so lange beibehalten, wie es sich – in welcher Währung auch immer – rechnet und wird dann geändert, wenn die Rechnung nicht mehr aufgeht. Was kostet es? Was bringt es? – das ist die eigentliche Gretchenfrage. Und der Maßstab? Der Maßstab ist das Ego. Schon in der Bibel heißt es: »Liebe deinen Nächsten wie dich selbst.« Die Sorge um das eigene Ich ist die Messlatte für die Sorge um den anderen. Und das ist nicht die schlechteste Ausgangssituation. Wer immer also Menschen dazu bringen will, sich in Be- wegung zu setzen, sollte möglichst an ihrem potenziellen Nutzen ansetzen. Das klingt auf den ersten Blick bestechend einfach. So einfach ist es aber leider nicht. Der Knackpunkt ist allerdings nicht die Kosten-Nutzen-Gleichung. Das Problem liegt vielmehr auf einer ganz anderen Ebene, nämlich der psychologischen. Denn unsere Wahrnehmung spielt uns einen Streich. Sie funktioniert eben nicht nach objektiven Kriterien, wie man es von einem Rechnungswesen verlangen sollte. Die Logik der Wahrnehmung folgt anderen, sehr subjektiven Gesetzmäßigkeiten.

Jede Wahrnehmung ist subjektiv – und das hat Folgen

Unsere Sinne funktionieren weder objektiv, noch eindeutig und auch nicht verlässlich. Sie machen uns was vor – und dies passiert nach relativ simplen Prinzipien. Werbefachleute wissen um diese Gesetzmäßigkeiten und nutzen sie skrupellos aus. Wir haben uns in *Unternehmenswandel gegen Widerstände* ganz speziell und ausführlich mit der Psychologie der Wahrnehmung beschäftigt. Insofern können wir uns hier darauf beschränken, die für dieses Thema wesentlichen Zusammenhänge deutlich zu machen:

Wir sind in hohem Maße von unseren Bedürfnissen gesteuert

Dafür gibt es ganz banale Beispiele: Überkommt uns in einer fremden Stadt ein menschliches Rühren, werden wir viele Eindrücke leicht so interpretieren, dass diese Stadt genau das Richtige für uns wäre. Ähnlich ergeht es uns auf der Suche nach einem Lokal, wenn wir unter großem Hunger oder starkem Durst leiden. Und dass bei längerer Abwesenheit des Lebenspartners die Putzfrau nach einigen Tagen zur Schönheitskönigin oder der Hausmeister zum Gigolo arriviert, gehört sicher nicht zu den Dingen, von denen man noch nie etwas gehört oder die man selbst noch nie erlebt hätte.

Wir bevorzugen, was uns gefällt

Wir bilden uns unsere Meinung – und kleben fest daran, solange es nur irgend geht. Alles, was in unser Konzept passt, alle Bestätigungen werden wir mit Vorzug behandeln. Gekoppelt mit dem Einfluss unserer Bedürfnisse ergibt sich daraus unter Umständen eine recht drastische Veränderung des ursächlichen Bildes: Aus einem einfachen, in normalen Situationen zu vernachlässigenden Argument wird auf diesem Weg ein schlagender Beweis, und es genügt ein freundliches Gesicht, um aus einer Serie von Personen nicht als der mögliche Verbrecher ausgewählt zu werden.

Wir blenden aus, was uns nicht genehm ist

Das ist die Kehrseite unserer subjektiven Wahrnehmung: Was uns nicht ins Konzept passt, wird so lange wie möglich vernachlässigt. Manche Menschen sind wahre Verdrängungskünstler: Sie unterbewerten nicht nur die Dinge, die ihnen nicht gefallen, sie nehmen sie zum Teil überhaupt nicht zur Kenntnis – bis zur vollen Überzeugung, dass es diese nicht gibt oder überhaupt nie gegeben hat. Die Leugnung des Holocaust ist eines der gravierenden Beispiele.

Der umgedrehte Trichter

Lehrer und Dozenten, die in der Erwachsenenbildung tätig sind, gestalten ihren Unterricht häufig so, als ob ihre Schüler beziehungsweise Teilnehmer alles wie in einen breiten Trichter aufnehmen würden, um es dann gezielt zu verarbeiten. Ich halte dies für völlig verkehrt – und zwar im wahrsten Sinn des Wortes. Ich gehe von einem umgekehrten Modell aus: Nicht die breite Öffnung des Trichters ist nach oben gerichtet, sondern der schmale Durchlauf. Je älter die Menschen werden, umso weniger nehmen sie von außen auf. Sie wehren vielmehr das meiste ab und lassen fast nichts in sich hinein – und was hineinkommt, wird noch gefiltert. Die meisten Menschen fahren ins Ausland, um dort nach heimatlich Vertrautem zu suchen – und sind glücklich, wenn sie es gefunden haben. Von FRIEDRICH NIETZSCHE stammt der Satz: »Wir fahren in die Fremde auf der Suche nach Vertrautem.«

Die Dramaturgie des Veränderns und die Rolle von Emotionen

Wie gesagt: Menschen verändern sich nicht ohne Not. Als Energiesparer tun sie zunächst alles, um jedwede Veränderung zu vermeiden. Es wurde beschrieben, dass natürliche Systeme – und dazu gehören eben auch die Menschen – die Tendenz haben, in einen Zustand des Gleichgewichts zu kommen und möglichst lang darin zu bleiben. Auch Jammern und Klagen bedeutet mitnichten, etwas ändern zu wollen, sondern stabilisiert als Ventil den beklagenswerten Zustand. Wie kann man Menschen dazu bringen, diese Komfortzone – es ist eigentlich alles in Ordnung oder es ist zwar nichts in Ordnung, aber man kann daran nichts ändern – zu verlassen und sich ernsthaft mit dem Thema Wandel auseinander zu setzen? Mittlerweile gibt es genügend Erfahrung, welches Vorgehen sich in der Praxis wirklich bewährt.

Schritt N° 1: aus dem Gleichgewicht bringen

Wer verändern will, muss zunächst einmal das jeweilige System aus seinem inneren Gleichgewicht bringen. Ziel: ein Gefühl der absoluten Unzufriedenheit mit dem bestehenden Zustand erzeugen, eine innere Ungeduld nach Veränderung – vor allem Unzufriedenheit mit der eigenen Rolle, die man bisher spielt. Die Mittel, um Menschen aus der Ruhe ihres inneren Gleichgewichts zu bringen: stören, verunsichern, irritieren, destabilisieren, sie mit sich selbst unzufrieden machen. Sie solange mit der Frage »was passiert, wenn nichts passiert« traktieren, sie solange mit Informationen, Trends, (Schreckens-)Szenarien und deren Konsequenzen konfrontieren, bis ihnen wirklich ungemütlich wird. So lange, bis die Unruhe zu greifen beginnt, bis sie es in ihren inneren Schlupfwinkeln nicht mehr aushalten und anfangen, darüber nachzudenken, was sie selbst aktiv beitragen könnten, damit sich an der Situation etwas ändert. Bis sich der Ehrgeiz entwickelt, es packen zu wollen. Das heißt, man muss Menschen erst einmal für die Notwendigkeit von Veränderungen aufschließen, *auftauen* (LEWIN) oder *aufwecken* (TICHY), bevor man mit ihnen über Inhalte und konkrete Ziele von Veränderungen diskutieren kann. Drohende Not oder Gefahr war übrigens schon immer, wenn zum richtigen Zeitpunkt erkannt, ein großartiges Mittel, Selbstheilungskräfte und Gestaltungsenergie zu aktivieren oder Menschen zusammenzuschweißen. Die Mittel und Wege dazu sind ein lückenloses kommunikatives Trommelfeuer, Szenarien und konkrete Möglichkeiten, sich intensiv mit den relevanten Themen zu befassen.

Dies ist kein einfacher geradliniger Weg. Es werden immer wieder Zwischenphasen auftreten und Schleifen gedreht werden, die von Abwehr gegenüber dem Neuen geprägt sind. Immer wieder kann die gelernte Verzagtheit – »man kann sowieso nichts ändern« – gemischt mit einem gehörigen Schuss Bequemlichkeit – »bisher ist es doch auch ohne mich gegangen« – die Oberhand gewinnen. Immer wieder können Bedenken, Zweifel, Skepsis und Misstrauen auftreten. Umso stärker, je mehr negative Erfahrungen Menschen bislang mit Veränderungen gemacht haben: Drohende Gefahren waren nur vorgetäuscht; was durch die Veränderung erreicht wurde, hatte mit dem versprochenen Gelobten Land überhaupt keine Ähnlichkeit – und ganz generell, sie fühlten sich schon öfters hinters Licht geführt, weil ihnen das Blaue vom Himmel herunter versprochen wurde. Ganz abgesehen davon, dass noch im letzten Moment doch wieder die Sehnsucht nach dem Alten und Gewohnten gewinnen kann. Dies alles ist auch ein hochgradig emotionaler Prozess. Ohne innere Bewegung und Erschütterung wird sich in der Grundeinstellung nichts verändern.

Schritt N° 2: Energie und ownership

Die Phase des Irritierens, des Beunruhigens, des Verunsicherns darf erst dann beendet werden, wenn klare Signale für zweierlei kommen: Erstens, dass Energie entsteht, Dinge verändern zu wollen – und zweitens, dass man sich selbst in die Reihe derer zu begeben gedenkt, die Veränderungen vorantreiben wollen. Das ist wie beim Verkaufsprozess: Ein wirklich guter Verkäufer verkauft nicht. Er tut aber alles, damit der Kunde Kauflust entwickelt und kauft. Er wird erst dann über das Produkt verhandeln, wenn der Kunde scharf darauf ist und klare Kaufsignale zu erkennen sind. Im Prinzip müssen die kognitiven Dissonanzen zwischen Wissen und Handeln so deutlich werden, dass sie das vorherrschende innere Gleichgewicht kippen lassen – und das allgemeine Problembewusstsein (*es* muss etwas geschehen) in eine persönliche Aufbruchstimmung (packen wir's an) umwandeln.

Schritt N° 3: Hoffnungen gezielt ausrichten

Ist die Energie am Fließen und die grundsätzliche Bereitschaft vorhanden, sich mit in die Verantwortung nehmen zu lassen, dass die Dinge so sind, wie sie sind und Veränderungen herbeizuführen, geht es darum, diese Energie gezielt auszurichten. Die Plattform dafür sind Ideen oder Vorhaben, oft noch sehr allgemein und unscharf, denen sich Menschen zuordnen können. Es geht mehr oder weniger um emotionale Sammelplätze mit einer zunächst nur groben inhaltlichen Stoßrichtung in der Art: Es muss wirklich etwas geschehen, statt dass wir immer wieder nur um die gleichen Punkte herumreden; wir müssen tatsächlich uns ganz anders um die Kunden kümmern; wir müssen wirklich unsere Prozessketten neu konzipieren ... In aller Regel spielen hier Personen eine entscheidende Schlüsselrolle, an denen sich solche Kernbotschaften festmachen können. In diesem Stadium von Veränderung ist es wichtiger, die richtigen Menschen zu haben als die richtigen Themen.

Schritt N° 4: Ideen konkretisieren und realisieren

Allgemeine Aufbruchstimmung – und sei sie noch so beeindruckend – reicht aber nicht, um einen Veränderungsprozess wirklich in Gang zu setzen. Sie vergeht schneller, als sie entstanden ist, wenn sie nicht genutzt wird. Der operative Druck des Alltagsgeschäftes wird dafür sorgen. Entscheidend ist, nicht nur grobe Ideen und einige Schlüsselpersonen zu haben, sondern zu zielgerichtetem Handeln zu kommen. Dafür müssen Ideen konkretisiert, Personen zugeordnet, effektive Aktionsprogramme ausgearbeitet und schließlich in der

Alltagspraxis realisiert und erprobt werden. Und das bedeutet oft echte Kärrnerarbeit. Weniger wäre allerdings häufig mehr. Wer viele Vorhaben gleichzeitig an- und vorantreibt, schafft damit die sichere Voraussetzung, dass in Wirklichkeit recht wenig passiert. Vieles wird angedacht, vielleicht auch angefangen – und dann geht unterwegs die Puste aus, weil an so vielen Baustellen gleichzeitig gearbeitet wird. Auch eine der wichtigen Erfahrungen bei Großgruppenveranstaltungen in Form von open space: Es ist wirklich nicht schwer, in Menschen Hoffnungen zu erzeugen und möglichst viele Themenfelder zu eröffnen. Umso mehr, als nahezu überall zahlreiche Ideen brachliegen und scheinbar nur eingesammelt und kurz angeschoben werden müssen. Sie brennen häufig schnell wie dürres Holz. Es ist allerdings viel mühsamer, vorher – und das wäre entscheidend – im Management die notwendigen strukturellen und mentalen Voraussetzungen zu schaffen, um die Ideen bis in die konkrete erfolgreiche Umsetzung hinein so zu wollen und zu begleiten, dass sie unterwegs nicht eingehen. Und wenn dies einmal passiert ist, braucht man einen zweiten Anlauf schon gar nicht mehr zu versuchen.

Schritt N° 5: das Neue selbstverständlich machen und verankern

Solange das Neue auf dem Hintergrund des immer noch mental vorhandenen Alten antritt, ist es in Gefahr, wieder zu kippen. Zwei Arten von Anker sind nötig, um das Neue so selbstverständlich zu machen, wie das Alte einmal war: Einerseits geht es um eine kognitive Vorstellung, die präzise abbildet, wie das Neue funktioniert, was es an Neuem konkret beinhaltet und was es bewirkt. Andererseits braucht es einen emotionalen Anker aus dem Bereich Bedürfnisbefriedigung, Glück, Wunscherfüllung oder innere Sicherheit. Nur wenn beide Griffe fest eingeschlagen und gut erreichbar sind, werden die alten Haltegriffe losgelassen und mit der Zeit in Vergessenheit geraten, weil sie vom Neuen überlagert sind.

Schritt N° 6: dauerhafte Unruhe gewährleisten

Selbst wenn wichtige Veränderungen in einer vernünftigen Zeit ganz gut gelungen sind, darf man sich nicht beruhigt zurücklehnen. Schneller als man sich versieht, entwickelt sich im Unternehmen ein beträchtlicher Stolz auf die wirklich vorzeigbaren Leistungen. Manche Unternehmen werden zu regelrechten Wallfahrtsorten gehobener Managementkunst. Und nicht wenige Manager schreiben sich die Veränderungsleistungen auf ihr persönliches Konto und lassen sich dafür ehren. Nichts schlimmer als das. In aller Regel ist dies der erste sichtbare Schritt des Niedergangs. Man muss immer mit Stolz,

Dummheit, Bequemlichkeit oder auch Faulheit rechnen. Die permanente Sehnsucht nach Ruhe und innerem Gleichgewicht kann immer wieder siegen.

Und so kommt, was kommen muss: Regelungen, die einst exakt auf die gerade aktuelle Situation hin maßgeschneidert wurden, beginnen sich zu verselbstständigen und zu verewigen, obwohl die Situation, in der, und für die sie entwickelt worden waren, sich längst verändert hat. Es gibt eine generelle Tendenz zur Verhärtung, wenn Regelungen nicht rechtzeitig erneuert oder regelmäßig außer Kraft gesetzt werden.

Es gibt eine generelle Angst vor der offenen Gestalt. Der Mensch hat ein Grundbedürfnis nach Ordnung, Klarheit, Sicherheit und Verlässlichkeit. Hier hilft nur ein Gegenmittel: Wer dauerhaft gut sein will, braucht dauerhafte Veränderung. Diese muss er lückenlos absichern durch zuverlässige Mechanismen des Feedbacks innerhalb des Unternehmens und von außen nach innen. Dazu bedarf es geeigneter Prozesse und Instrumente. Vor allem aber bedarf es der Tugend der Frechheit, der Bereitschaft und Lust zu sagen, wie man die Dinge wirklich sieht – sei es gelegen oder ungelegen. Man muss ja nicht gleich den großen Helden spielen, um sich wenigstens ab und zu mal eine eigene Meinung zu leisten.

Schritt N° 7: heitere Besessenheit

ANDY GROVE, Chef des Halbleiterherstellers Intel, gab seinem Buch den sinnigen Titel *Nur die Paranoiden überleben*. Es geht um die Szene der new economy im Silicon Valley, und die Botschaft, die im Titel steckt, heißt: Wer nicht immerzu auf der Hut ist, wird von der Konkurrenz verdrängt oder überholt, hat jedenfalls keine Chance, zu überleben. Als paranoid etikettieren Psychiater einen Geisteszustand, den man im Volksmund als Verfolgungswahn bezeichnet. Insofern habe ich so meine Bedenken mit dieser Bezeichnung. Trotzdem glaube ich, man muss zwar nicht von krankhaftem Verfolgungswahn befallen sein, um im Wettbewerb bestehen zu können. Aber ohne ein gehöriges Maß an Zähigkeit, Leidenschaft, ja Besessenheit gibt es keinen dauerhaften Erfolg. Wer wirklich erfolgreich sein will, muss sich über Gebühr engagieren. Er muss eine regelrechte Leidenschaft für Spitzenleistung entwickeln. Er muss innerlich solange unruhig sein, er muss buchstäblich leiden, bis er seine Zielvorstellung tatsächlich erreicht hat – und selbst dann muss er davon besessen sein, nicht nur gut zu bleiben, sondern noch besser zu werden. Der Missstand muss als Antrieb, die Vorstellung über die Zukunft als Sog zur Veränderung wirken. Zu groß sind die Verlockungen, bei den vielen Schwierigkeiten, klein beizugeben. Dabei besteht die eigentliche Herausforderung nicht im Beginnen, sondern darin, die begonnenen Dinge wirklich zu Ende zu bringen. Beharrlichkeit und letzte Konsequenz sind die eigentlichen Erfolgskriterien. Klingt zu schön, um wahr zu sein. Der normale durchschnittliche Mensch ist bequem. Er verlässt nicht ohne Not seine Komfortzone. Er ist Energiesparer. Nur Lust oder Angst oder auch ein Gemisch aus beidem können ihn dazu bringen, sich wirklich zu bewegen. Natürlich mag es Ausnahmen geben, wie den erfolgsgeilen Leistungsneurotiker, der sich sonst nichts anderes gönnt als Leistung, oder den Menschen, der sich brav und ohne Widerspruch im Dienste anderer selbst ausbeutet. Aber dies ist keinesfalls die Regel. Was nun? Sollen wir trotz allem kompromissloses leidenschaftliches Engagement fordern, weil es angeblich ums Überleben geht? Oder ist es klüger und der menschlichen Natur entsprechender, sich auf die Seite derer zu schlagen, die zur Ruhe und Gelassenheit raten, weil Menschen eben so bequem sind, und es überhaupt keinen Sinn hat, sich verrückt machen zu lassen? Für welchen dieser beiden Wege sollen wir uns entscheiden? Dazu könnte man sich einen alten schwäbischen Spruch zu Herzen nehmen: »Gott gebe mir den Mut, Dinge zu ändern, die ich ändern kann, die Kraft Dinge zu ertragen, die ich nicht ändern kann und die Weisheit, das eine vom anderen zu unterscheiden.« Was aber, wenn beides stimmt? Wenn es sowohl stimmt, dass nur dann wirklich etwas bewegt wird, wenn jemand gnadenlos und erbarmungslos dahinter her ist, und wenn es andererseits gleichzeitig stimmt, dass normale Durchschnittsmenschen, Menschen wie du und ich, sich nicht ohne weiteres bewegen wollen? Für diesen Fall – und ich glaube, es ist der Normalfall – schlage ich eine dritte Variante vor: heitere Besessenheit. Besessenheit deshalb, weil sich ohne unbeirrbaren stetigen Antrieb einfach nichts bewegen lässt. Heiterkeit deshalb, weil wir mit all den menschlichen Bequemlichkeiten und Ausreden rechnen, die sich diesem Antrieb in den Weg stellen werden. Uns kann nichts Derartiges überraschen. Im Gegenteil: Wir warten geradezu darauf, dass solche Bremsfaktoren auch bei uns selbst eintreten, egal in welcher Form, ob als Flucht vor Verantwortung, Schönfärberei, Konflikt- und Veränderungsscheu, Verzögerungstendenzen oder als Perfektion, geeignete Ausreden zu finden, wenn wir mal wieder etwas nicht tun wollen. Wir beobachten dies mit heiterer Gelassenheit – und gewähren trotzdem kein Pardon. Wer nur die Besessenheit kennt, ist verkrampft, wirkt verbissen – und ist als Ratgeber für andere nicht attraktiv. Wer alles nur mit heiterer Gelassenheit zur Kenntnis nimmt, ist in Gefahr, sich zu schnell mit dem Status quo abzufinden und sich nicht zu trauen, Dinge grundsätzlich und nachdrücklich zu verändern. Wer es aber schafft, in seiner Besessenheit das gesteckte Ziel zu erreichen, einen gehörigen Schuss innere Heiterkeit beizumischen, weil er die Psycho-Logik der menschlichen Natur mit ins Kalkül zieht, bei dem wird Leidenschaft zum lockeren unerschöpflichen Antrieb. Man braucht nur Kinder zu beobachten, wie sie locker und zugleich unbeirrbar, kraftvoll und spielerisch alles tun, um das zu erreichen, was sie erreichen wollen. Vielleicht gilt es, einige Bremsmanöver und Rücksichten zu verlernen, die wir uns im Laufe unserer Erziehung angeeignet oder uns andressiert haben lassen. Wirkliche Bewegung kommt von innen heraus – und sowohl Bremsen wie Rücksichten sollten daraufhin überprüft werden, ob sie aus Klugheit oder aus Feigheit betätigt werden.

Woraus sich Verhalten zusammensetzt

Es ist wie in der Geologie: Wer die Beschaffenheit der Erde und ihre Entstehungsgeschichte erforschen will, muss in unterschiedliche Schichten vordringen. Nichts anderes gilt für den, der wissen will, warum wir uns so verhalten, wie wir das tun, der dem Geheimnis des Verhaltens, seiner Entwicklung und seiner Stabilität auf die Spur kommen will. Die Sozialpsychologie lehrt uns: Verhalten hat eine Vorgeschichte, sozusagen ein Fundament, das sich wahrscheinlich aus drei Schichten zusammensetzt: Wissen über etwas, emotionale Einstellung zu etwas und Beherrschen von etwas. Vielleicht kommt noch eine vierte Schicht hinzu: Was wir wirklich beherrschen, von dem müssen wir eine innere Abbildung in uns tragen, damit diese Fertigkeit spontan abgerufen werden kann. Das soll im Einzelnen erläutern werden.

Wissen

Über etwas Bescheid wissen und verstehen, warum etwas auf eine bestimmte Art gemacht werden soll, Hintergründe und Zusammenhänge kennen, aus welchen Teilen oder Schritten sich etwas zusammensetzt und Ähnliches mehr – dies alles ist sicher eine unverzichtbare Basis für Verhalten. Fehlt diese Grundlage, oder ist sie nur in Ansätzen vorhanden, steht das entsprechende Verhalten gewissermaßen auf wackligen Beinen. Anders formuliert: Wer Verhalten bewirken oder stabilisieren will, sollte u. a. überprüfen, ob ausreichend Wissen über Sinn, Zweck und How-to-do vorhanden ist – und falls nicht, die erkannten Lücken füllen.

Emotionale Ladung

Wir alle kennen das: Wir tun und handeln nicht ohne weiteres so, wie es eigentlich dem Stand unseres Wissens entspricht. Wissen und Handeln klaffen nicht selten weit auseinander. Es muss also noch andere Faktoren geben, die das Tun bewirken oder beeinflussen. Wir sprechen vom Wollen. Hier kann es unterschiedliche Zuflüsse geben: Es gibt die Möglichkeit, dass wir etwas mögen oder gar leidenschaftlich lieben. Es kann auch sein, dass wir etwas dermaßen befürchten oder verabscheuen, dass wir ein anderes Verhalten als die Rettung oder zumindest als das kleinere Übel ansehen und ihm deshalb den Vorzug geben. Es kann auch sein, dass wir etwas einem anderen zuliebe tun oder dass wir uns mit jemandem identifizieren und uns ihm deshalb anpassen wollen. Gleichgültig, was im Einzelnen der Fall ist, es geht immer um Folgendes: Wir haben einen inneren gefühlsmäßigen Antrieb, etwas Bestimmtes zu tun, beziehungsweise etwas so zu tun, wie wir es tun. Wo dieser Antrieb fehlt oder zu schwach ausgeprägt ist, ist zumindest mittelfristig das Verhalten nicht stark verankert und deshalb in seiner Stabilität gefährdet. Und genau hier liegt übrigens der Ansatz der modernen Motivationsgurus: Nur Antriebe, die in uns selbst ihre Wurzel haben, sind längerfristig stabil; von außen gesetzte Anreize führen in eine unendliche Spirale: Nach relativ kurzer Zeit erlischt der ursprüngliche Antriebseffekt. Um die anfängliche Wirkung wieder zu erreichen, wird immer mehr, beziehungsweise immer wieder Neues und zur Abwechslung anderes notwendig sein.

Können

Wissen und Motivationsfaktoren allein sind aber immer noch kein ausreichendes Fundament für Verhalten. Es fehlt das letzte Glied der Dreifaltigkeit: Können. Wir machen häufig den Fehler, Menschen für bestimmtes Verhalten zwar zu motivieren, ihnen aber nicht genügend Möglichkeit zu geben, dieses Verhalten solange auszuprobieren und zu üben, bis sie sicher in der Anwendung geworden sind und es sich tatsächlich zutrauen. Je nach Voraussetzung kann diese Phase unterschiedlich lang dauern und unterschiedlich viel Aufwand benötigen. Vielleicht ist dies der Grund, weshalb nicht selten versucht wird, mit ein paar kostenfreien Ermutigungen über die Runden zu kommen. Andererseits stimmt auch: Vieles lernt man am besten on the job. Es kommt wohl auf die richtige Abwägung an, allerdings nicht einseitig durch den, der das Verhalten einfordert, sondern eben auch durch den, der es erbringen soll.

Wie man Verhalten festigen kann

Um Verhalten nicht nur prinzipiell zu ermöglichen und für kurze Zeit zu realisieren, sondern auch, um die Beibehaltung sicherzustellen, sind wir noch lange nicht am Ende unserer Möglichkeiten. Zumindest drei Aspekte können dazu beitragen, Verhalten zu festigen:

Mentale Modelle

Kognitive Abbilder nennen Sportler das, wonach sie sich ausrichten, wenn sie einen Skiabfahrtslauf mental vorab Probe fahren oder ein schwieriges Rennen vorweg mental Probe laufen. Sie schaffen sich dadurch ein genaues inneres Bild von dem, was sie in konkretes Verhalten umsetzen wollen. Und genau auf dieses Bild gilt es sich zu konzentrieren und das Tun exakt danach auszurichten, wenn das Handeln den gewünschten Erfolg bringen soll. Der Vorteil: Man kann das künftige Handeln so lange proben, bis man sich sicher genug fühlt für die eigentliche Aufführung. Im mentalen Probehandeln können alle möglichen Schwierigkeitsgrade und Störfälle durchgespielt und so lange trainiert werden, bis Lockerheit und Souveränität im Umgang damit erreicht sind. Auf der Basis dieser Selbstsicherheit können auch nicht geprobte Überraschungen leichter gemeistert werden. Diese Technik, die schon länger von Spitzensportlern jeder Couleur erfolgreich angewandt wird, wird mehr und mehr auch für Herausforderungen im persönlichen und beruflichen Alltag von Belang.

Faktor Gruppe

Wir haben uns bereits an anderer Stelle damit auseinander gesetzt, welche herausragende und existenzielle Rolle das soziale Umfeld bei der Erziehung spielt, und wie stark es sich ganz generell auf die Befindlichkeit von Menschen auswirkt. Ganz speziell gilt dies natürlich in Bezug auf Verhalten. Das ist weitgehend dadurch steuerbar, als es jeweils von denen erwünscht oder zumindest gebilligt wird, denen wir uns zurechnen – und die auf unserer persönlichen Verhaltensbühne entweder mitagieren oder im Zuschauerraum sitzen, ob real oder virtuell. Wer also Verhalten stabilisieren oder neues Verhalten erreichen will, wird gut daran tun, immer auch die Gruppe als Verstärker einzusetzen. Allerdings nicht irgendeine Gruppe, sondern man muss sich schon die Mühe machen, vorher zu erkunden, welcher Bezugsgruppe jemand de facto angehört, oder welcher er gerne angehören möchte. Nur in diesen Fällen wird der Faktor Gruppe sich auswirken. Und man muss dafür sorgen, dass in ausreichendem Maß Öffentlichkeit hergestellt wird.

Unterstützende Maßnahmen und Rahmenbedingungen

Weiterhin gibt es eine ganze Reihe weiterer Möglichkeiten, gewünschtes Verhalten zu unterstützen, zu stabilisieren und attraktiv zu machen:

- persönliches Coaching durch den Vorgesetzen, einen Mentor oder externen Coach,

- Netzwerke mit Kollegen, die in einer ähnlichen Lage sind,
- maßgeschneiderte Bezahlungs- und Anreizsysteme, die das erwünschte Verhalten lohnenswert machen,
- auf die Betroffenen exakt zugeschnittene Mess- und Controllingsysteme, die, ähnlich wie beim Bio-Feedback, eine unmittelbare Rückkoppelung ermöglichen und dadurch als Verstärker wirken,
- maßgeschneiderte Portionierung der Verhaltensleistung im Sinne eines wirksamen Leitersprosseneffektes, sodass zwei Dinge gleichzeitig gewährleistet sind: ein ausreichender Grad an Herausforderung als Antrieb und Selbstbestätigung durch die Erreichung der Zwischenschritte als Belohnung und Verstärkung,
- lebendige Beispiele des gewünschten Verhaltens zur Verfügung stellen, damit sich Menschen nicht nur nach Worten, sondern nach erlebten Taten ausrichten können.

Schrittweise werden wir durch solche und ähnliche Maßnahmen dazu beitragen, dass Abweichungen vom gewünschten Verhalten weniger attraktiv und damit auch weniger wahrscheinlich werden.

Das Dilemma mit der Erfahrung

>»Erfahrungen wären dann von Wert,
>wenn man sie hätte,
>bevor man sie machen müsste«
>KARL-HEINRICH WAGGERL

Je älter die Menschen, desto stärker berufen sie sich auf ihre Erfahrungen. Ein großer Teil unserer Identität besteht aus dem, was wir in der Vergangenheit erlebt und erfahren haben. Dazu gehören Erfolge und Misserfolge, Freude und Leid, Aktionen und Unterlassungen – alles dies selbstverschuldet oder fremdgesteuert. Wir sprechen von guten und von schlechten Erfahrungen. Aber eines ist allem gemeinsam: Erfahrungen stammen aus der Vergangenheit. Bliebe es dabei, so wäre das eigentlich nicht schlimm. Das Dilemma besteht darin, dass wir aus der Vergangenheit heraus Zukunft planen. Der Zukunftsforscher ECKARD MINX pflegt zu sagen: »Wir fahren nach vorn – den Blick fest in den Rückspiegel gebannt.« Auch das wäre ja nicht von Übel, wenn denn die Zukunft in etwa vergleichbar wäre mit der Vergangenheit, wenn die Einflussfaktoren um uns herum stabil wären und Zukunft deshalb aus Gegenwart und Vergangenheit extrapoliert werden könnte. Zunehmend nehmen wir aber wahr, dass dem nicht so ist. Mittlerweile dämmert auch dem Letzten, dass Veränderungen nicht die Folgen vorübergehender Turbulenzen sind, sondern dass unser Umfeld auf Dauer instabil ist – und es keinerlei Aussichten gibt, dass sich daran in den kommenden Jahren etwas ändert. Wenn dem aber so ist, was sind dann Erfahrungen aus der Vergangenheit noch wert? So viel wie alte Geldscheine nach einer Währungsreform? Was nützen zum Beispiel jahrzehntelange Erfahrungen in der Verwaltung, wenn auf einmal alles per Computer und moderne Kommunikationsmedien direkt zwischen Verwaltung und Bürger abgewickelt werden kann? Was sind jahrelange Erfahrungen im Vertrieb wert, wenn wir mithilfe eben dieser Medien und Technologien ein revolutionäres Multi-Channel-Konzept praktizieren können? Stehen alte Erfahrungen den neuen Herausforderungen im Weg? Müssen wir die gesamte Festplatte mit den alten Erfahrungen löschen? Für unsere Identität käme das einer mittleren Katastrophe gleich. Wir tun allerdings gut daran, einen ehrlichen Check zu machen. Wahrscheinlich können und sollten wir tatsächlich vieles über Bord werfen – oder zumindest aus dem Geschäftsbereich entfernen und in ein persönliches Heimatmuseum umlagern. Andernfalls gehören wir leicht zu denen, die bei jeder neuen Herausforderung zunächst einmal ihr gesamtes Erfahrungsprogramm durchlaufen lassen, um zu schauen, ob sich darunter nicht doch etwas findet, was nach dem Prinzip der Ähnlichkeit und Vertrautheit jeglichem originär neuen Ansatz vorgezogen werden könnte. Für jüngere Menschen ist es eine Zumutung, solchen langatmigen, mit persönlichen Erinnerungen gespickten Ausführungen folgen zu müssen, die am Ende doch zum Ergebnis führen, dass man nicht umhin kommt, etwas völlig Neues auszuprobieren. Die Folgen: Zeitverlust und unnötige Verdrossenheit. Andererseits sollte man nicht das Kind mit dem Bad ausschütten. Es gibt nach wie vor so etwas wie die Weisheit des Alters. Dazu gehört aber sicher am allerwenigsten die Fachkompetenz. Dafür sind allerdings andere Dinge um so wichtiger: Zum Beispiel Gelassenheit, weil man schon viele Stürme durch- und überlebt hat; Urteilsfähigkeit, weil man schon zahlreiche Entwicklungen längerfristig verfolgen konnte; einschlägige Ahnungen und Gespür, weil man schon vieles erlebt hat und deshalb bereits im Vorhinein besser einzuschätzen weiß, was kommen könnte; Verständnis und Milde, weil man nicht mehr so schnell zu enttäuschen ist; Konsequenz, weil man weiß, dass die Zeit zum Handeln und Umsetzen begrenzt ist; generell – auf einer gewissermaßen abgehobenen Ebene Prozesse beurteilen können, weil man ein Gespür dafür hat, wie die Dinge laufen könnten. Anders formuliert: Das Gegenteil von erfahren ist unerfahren. Wer möchte schon in einer für ihn riskanten Situation einen unerfahrenen Anfänger am Ruder wissen?

Fazit: Erfahrungen sind ambivalent. Sie hemmen, soweit es sich um die Aufbewahrung überholter Fertigkeiten und mittlerweile belanglosen Wissens handelt. Sie erleichtern und vereinfachen, soweit sie aktuell benötigtes Wissen und entsprechendes Verhaltensrepertoire schnell verfügbar machen. Die Behinderung besteht nicht im Vorhandensein des überholten Wissens, sondern in der Zeit, die es kostet, dieses zunächst einmal auf seine Eignung oder Tauglichkeit durchzuforsten. Wie bei der Inbetriebnahme einer Festplatte, die viele Programme gespeichert hat, die mit der aktuellen Aufgabenstellung in keiner Beziehung stehen. Erfahrungen sind nur dann wirklich von Wert, wenn wir sie regelmäßig überprüfen, überholtes Fachwissen und Verhaltensrepertoire aussortieren, und möglichst viel auf eine höhere Erkenntnisstufe überführen, um uns ganz generell auf Überraschungen vorzubereiten: Nicht zu wissen glauben, was wir konkret tun müssen, nur weil wir es schon einmal getan oder erlebt haben, sondern uns leiten lassen von der Erkenntnis, jeder neuen Herausforderung prinzipiell auch mit neuen Lösungen entgegentreten zu müssen – es sei denn, das alte Erfahrungswissen ist wirklich einem exakten Update unterzogen worden. Gesucht sind erfahrene Menschen, die zu unterscheiden wissen zwischen unreflektierter besserwisserischer Brett-vor-dem-Kopf-Erfahrung und tiefer Prägung durch reichhaltige Lebenserfahrung, die einen Menschen reifen lassen und gelassener machen – ohne seine Offenheit gegenüber der Zukunft zu beeinträchtigen.

KAPITEL 6

Die zwei Seiten der eigenen Persönlichkeit

Die Fragestellungen:
- Wie erklärt sich, dass Anspruch und Wirklichkeit oft so weit auseinander klaffen?
- Gibt es etwas Gutes im so genannten Bösen – und wie könnte man es nutzen?

Dieses Kapitel beschreibt:
- die drei unterschiedlichen Instanzen, die im Konzept der Psychoanalyse die Person steuern – Es, Ich, Überich – und warum das Ich nicht Herr im eigenen Hause ist;
- inwiefern die öffentlich gehandelten hehren Anforderungsprofile und entsprechende Selbsteinschätzungen Trugbilder und überlagert sind von einer verdeckten und teilweise verdrängten dunklen Seite;
- wie das Konzept der Minderwertigkeitskomplexe (ALFRED ADLER) die verdrängte dunkle Seite positiv verwertet;
- dass Gehorsam nur bedingt gut ist;
- das Profil eines normalen Durchschnittsmenschen;
- eine Bewerberauswahl der anderen Art;

Wichtiges in Kürze
- Das Ich ist nicht Herr im eigenen Haus, Überich (alle Ge- und Verbote früherer Respektspersonen) und Es (die ungezähmter Urtriebe) haben mehr oder weniger große Herrschaft.
- Anstand und Gehorsam sind nur dann eine Tugend, wenn dadurch nicht der Eigenwille der Person gebrochen wird.
- Der wahre Mensch ist eine Mischung zwischen edlen Aspekten und mehr oder weniger bewussten oder auch verdrängten dunklen Teilen.
- Die dunkle Seite ist ein Quell nahezu unerschöpflicher Antriebsenergie. Bei der Personalauswahl kann es äußerst lohnend sein, speziell auf die dunkle Seite zu achten, um mögliche Energiepotenziale zu entdecken.

Das ICH ist nicht Herr im eigenen Haus, oder:
Vielleicht hatte FREUD doch Recht

Für den Gründer der Psychoanalyse SIEGMUND FREUD funktioniert der Mensch in einem komplexen Zusammenspiel von drei Zuständen: In einem so genannten *Überich* sind alle Informationen und Steuerungsbefehle beheimatet, die den Menschen dazu bringen, sich den Geboten derjenigen unterzuordnen, von deren emotionaler Zuwendung er in früher Kindheit abhängig war. Das so genannte *Es* ist die Heimat aller Regungen und Triebe, die noch oder für immer ungezähmt den Menschen zu Fantasien beflügeln und zum Handeln hinzureißen versuchen, die von tiefer Lust oder auch Grausamkeit oder einer Mischung von beidem geprägt sind. Das Überich und das Es sind zwar Teile von uns, aber wir sitzen dort nicht auf dem Fahrersitz. Wir sind nicht Herr in diesen beiden Bereichen unseres Hauses. Was unter der Oberhoheit dieser beiden Instanzen läuft, kommt mehr oder weniger einfach über uns. Nach der Theorie von FREUD sind wir nur in der mittleren Wohnung Hausherr: Das *Ich* beherbergt den Teil an Gedanken und Handlungsbereitschaften, den wir gewissermaßen im Griff haben.

Überich, Ich und Es: drei Zustände, drei Bereiche, zum Teil unbewusst – aber alle wollen zu ihrem Recht kommen. Wie jedoch soll dies geschehen? Im offiziellen Umgang mit anderen hat nur Anständiges Platz. Deshalb sind dafür nur zwei geeignet, die beiden nämlich, die sozialverträglich sind: das Ich, weil daraus diejenigen Ideen und Taten kommen, die wir selbst einigermaßen zu steuern in der Lage sind, das heißt, die wir bei Irrtum auch zurückrufen können. Das Überich, weil aus dieser Richtung Gebote und Verbote kommen, die ursprünglich von Respektspersonen stammen. Zwar nicht immer gut für den Einzelnen, aber insgesamt anerkannt in der Gesellschaft. Dem Es, diesem Urquell von ungezähmten und ungezügelten Trieben, darf offiziell kein Platz eingeräumt werden. Es passt nicht in ein zivilisiertes Milieu – geprägt von Anstand, Ordnung und Selbstkontrolle. Was tun? Wohin mit diesen scheinbar destruktiven Grundtrieben, destruktiv aus der Sicht einer Kultur, die den Aufbau und den Erhalt von Lebens- und Liebesfähigkeit zum Ziel hat? Wohin mit Urtrieben der Rache, der Vergeltung, des Zornes, von Neid, Missgunst, Faulheit, Sex, Schwäche, Selbstzerstörung, Herrschsucht und Ähnlichem mehr? Können wir dies einfach ausblenden, quasi abschalten – auch wenn wir es noch so sehr wollten? Tun wir uns überhaupt etwas Gutes damit, wenn wir auf die Energie verzichten, die aus diesem tiefen Urquell kommt? Damit werden wir uns im Folgenden noch etwas genauer beschäftigen.

Trugbilder: Selbsteinschätzung und Anforderungsprofil

Der hehre Mensch

Man muss nur Stellenanzeigen lesen, um festzustellen, von welch edlen Menschen wir umgeben sind. Gesucht wird immer ein Phantom mit folgenden Eigenschaften:

- durchsetzungsstark
- einsatzfreudig
- zielstrebig
- kommunikationsfähig
- kontaktstark
- kooperationswillig
- feedbackwillig

- flexibel
- innovationsfreudig
- verantwortungsvoll
- eigenständig
- unternehmerisch
- lernfähig
- interkulturell

Alles in allem meisterhaft und makellos – und zu all dem auch noch bereit, sich überall einsetzen zu lassen, ohne Anspruch auf lebenslange Beschäftigung, voll durchdrungen vom Gedanken einer *Selbst GmbH* oder einer *Ich AG* (zumindest solange diese Organisationsform nicht für Arbeitslose reserviert und dadurch kontaminiert wurde). Kein Wort über irgendwelche Defizite, über mögliche Störfaktoren. Bestenfalls kann man diese indirekt entdecken, indem man Umkehrschlüsse zieht: Was nicht in den Vordergrund, ins Schaufenster der Selbstanpreisung gestellt wird, gehört wohl in den Bereich des weniger Perfekten oder des Beschädigten.

Die im Dunkeln sieht man nicht

Einer von FREUDS Schülern war ALFRED ADLER. Auch ADLER sprach vom Unbewussten. Er entwickelte allerdings eine eigene Grundidee und fand dafür viele Jünger. Sehr verkürzt lautet die Botschaft: Niemand ist perfekt, jeder Mensch hat Defizite. Viele leiden unter Minderwertigkeitskomplexen. Und genau diese Minderwertigkeit kann der Antrieb sein, etwas ganz Besonderes leisten und erreichen zu wollen. Der Dreh bei der ganzen Geschichte: Keiner liebt seine Minderwertigkeit. Und um diesen minderwertigen ungeliebten Zustand auszugleichen beziehungsweise zu kompensieren, wird sich der Mensch ganz besonders anstrengen, um eine Spitzenleistung zu erreichen, somit das Gefühl der Minderwertigkeit auszumerzen und durch ein Hochgefühl von Leistungsstärke zu ersetzen. In dieser Theorie hat die Schattenseite einen offiziellen Platz gefunden. Darüber hinaus wird die dunkle Seite für die persönliche Entwicklung des Menschen und seinen Einsatz in der Gesellschaft nutzbar gemacht.

Der Preis des Gehorsams

So gibt es also eine ehrenwerte helle Seite zum Vorzeigen und eine dunklere Rückseite, die man besser solange zu verbergen versucht, bis auch sie durch spezielle Kompensationsleistungen in hellem Glanz erstrahlt. In diesem Zusammenhang spielt noch ein anderes Kapitel eine besondere Rolle: der Gehorsam. Kinder werden erzogen, das heißt gesellschaftsfähig gemacht. Im Rahmen dieser Erziehung betreiben die Erziehungspersonen im übertragenen Sinn Gärtnerarbeit: Wild wachsendes Unkraut – oder was immer man dafür hält – wird ausgerottet, der Boden wird eben gemacht, von Verunreinigungen und sonstigen Mängeln, die das Wachstum beeinträchtigen könnten, befreit. Insgesamt: dem Kind wird alles ausgetrieben, was irgendwie ganz spontan aus seiner eigenen Persönlichkeit kommt. Es muss lernen sich anzupassen, zu tun beziehungsweise zu unterlassen, was immer die Erziehungspersonen befehlen. Das Kind muss folgen, es muss Gehorsam leisten. Als Gegengabe erhält es das, was es genauso notwendig zum Leben braucht wie Essen und Trinken, nämlich emotionale Zuwendung. Ohne Anpassung und Gehorsam keine Liebe! Wie der Kampf der Eltern gegen die drohende Selbstständigkeit des Kindes normalerweise aufgeht, liegt auf der Hand: die Eltern siegen. Ein gut erzogenes Kind ist wie ein gut zugerittenes Pferd: bereit, sich allen möglichen Herren zu unterwerfen. Die ehemaligen wilden eigenen Triebe und Träume sind unterdrückt und verdrängt. Wo *Es* war ist *Überich*: Die von oben gesetzten Normen haben die ursprünglichen Triebe überlagert. Das eigentliche, ursprüngliche Ich ist überlagert von einem zweiten angepassten Ich. Der Ur-Wille ist gebrochen, in seine Einzelteile aufgelöst und sozialverträglich neu gemixt.

Für den später Erwachsenen ist diese frühe Geschichte nicht selten ein Problem und eine Chance zugleich: Ein Problem insofern, als er auch in seinen späteren Entscheidungen, die er selbst zu treffen glaubt, eigentlich haargenau dem Drehbuch folgt, das die Erziehungspersonen für ihn geschrieben haben. Für ihn gilt das Wort von GOETHE: »Du glaubst zu schieben und du wirst geschoben.« Die Chance liegt darin, dass die frühe Geschichte nicht einfach verschwunden ist. Sie ist zwar verdrängt, in tiefen Schichten allerdings abgespeichert. Sie kann wieder bewusst gemacht, gehoben und bearbeitet werden. Das kann zwar sehr anstrengend, aber durchaus lohnend sein. Zu entdecken, dass man doch selbst etwas wollen darf, auch oder gerade wenn es früher im Elternhaus hieß »Will ich gibt es nicht!«, kann den Umbruch bedeuten: von einem Leben im Windschatten und im Zuschauerraum oder auch auf der Hinterbühne von anderen zu einem Leben in Selbstverantwortung mit eigener Bühne und einem selbst verfassten Drehbuch. Und dieser Umbruch kommt einer Befreiung gleich.

Die Mischung macht's, oder: Menschen wie du und ich

Nein, der Mensch ist weder ein Held, noch ein absoluter Versager. Wer immer das von sich behauptet, begeht eine bewusste Lüge oder geht einem anderen auf den Leim, indem er dessen Wertmaßstäbe unreflektiert an sich anlegt oder anlegen lässt. Wer sich so anpreist, ist entweder krank oder führt etwas im Schild. Krank ist aber nicht nur, wer sich pessimistisch nur auf der Versagerseite ansiedelt, sondern auch der Leistungsneurotiker, der seine neurotische Störung als vorbildhafte Leistungsbereitschaft umetikettiert und damit Eigenwerbung betreibt. Der normale Mensch ist ein gut gemixter Cocktail aus unterschiedlichen Zutaten: opportunistische Anpassungsfähigkeit, Machtgeilheit, Bedürfnis nach Selbstdarstellung, Scheu vor Veränderung und eine eher begrenzte Investitionsbereitschaft für das Gemeinwohl. Der normale Mensch hat sich vielleicht durchaus einen Rest von Mut und Tapferkeit bewahrt, ist aber gleichzeitig weitgehend bestimmt durch die Tugend der Klugheit, die nicht weit entfernt ist von Feigheit und Opportunismus.

Wenn Sie Kandidaten für eine bestimmte Aufgabe suchen, haben Sie die Wahl, auf was Sie dabei schauen: auf die Sonnen- oder auf die Schattenseite oder auf beides. Meine Empfehlung ist klar: Schauen Sie auch auf die Schattenseite. Sondieren Sie die Energien, die dort vergraben liegen. Überlegen Sie, wie diese genutzt werden könnten für das, was Sie mit dem Bewerber vorhaben. Ein Chirurg ist so etwas wie ein sozialisierter Lustmörder. Wofür der eine ins Gefängnis kommt, erhält der andere viel Geld oder zumindest hohe Anerkennung. Ein guter Berater ist vielleicht eine Spezialmischung von fast krankhafter Neugierde (Grundlage seiner späteren Kunst der Diagnose), einem gehörigen Schuss Exhibitionismus (Basis der Fähigkeit, gut auftreten und präsentieren zu können) und einem nicht geringen Maß an Versagensangst (hätte er Letzteres nicht, wäre er wahrscheinlich selbst Manager geworden, statt solche nur zu beraten). Der viel zitierte Beraterwitz – ein Berater ist ein Eunuch, der aber tausend Stellungen kennt – kommt vielleicht nicht von ungefähr. Es geht darum, die Schwächen herauszufinden – und welche Kompensationsenergien im ADLERschen Sinn daraus freigesetzt werden können. Insgesamt sich nach dem Leitsatz verhalten: Von wem Sie lediglich die Sonnenseite kennen, müssen Sie in der späteren Praxis erst nach und nach mühsam herausbekommen, wo die Schwächen sind – und dafür häufig auch noch teures Lehrgeld bezahlen. Der andere hat einen großen Vorteil: »He is the devil you know« – wie die Engländer treffend sagen.

Sollten Sie allerdings selbst in die Lage kommen, sich zu bewerben, seien Sie nicht ungefragt ein tapferer Held. Sondieren Sie vielmehr vorher die Kultur der Unternehmung und finden Sie heraus, was wirklich gefragt ist: Offenheit oder gekonnte Selbstdarstellung. Folgen Sie in Ihrem Verhalten insgesamt der Tugend der Klugheit. Das bedeutet im Übrigen auch, der Aufzählung Ihrer Stärken auch scheinbare Schwächen beizumischen. Eine beliebte Beimischung ist zum Beispiel Ungeduld. Erstens klingt das gut, weil dadurch die Penetranz der Aufzählung von ausschließlich positiven Eigenschaften und Fertigkeiten durchbrochen wird. Zweitens klingt Ungeduld zwar wie das Eingeständnis einer Schwäche, aber jeder halbwegs gebildete Zuhörer weiß, dass Sie etwas ganz anderes meinen: Hinter der Ungeduld wollen Sie eigentlich verdeckt eine weitere Stärke mitteilen, nämlich dass Sie Dinge mit Feuer und Flamme unermüdlich verfolgen und dafür gezielt in Kauf nehmen, von anderen als unruhiger Geist mit unstillbarem, nicht bremsbaren Tatendrang erlebt zu werden – und Sie sind stolz darauf. Und nicht vergessen: Opportunisten und Feiglinge leben länger. Dafür bekommen allerdings Tapfere häufiger ein Denkmal gesetzt – in aller Regel aber erst nach ihrem Heldentod.

KAPITEL 7

Neue Werte braucht das Land

Die Fragestellungen:
- Welches sind die neuen Haltungen und Fähigkeiten, die dazu befähigen, den aktuellen Herausforderungen gerecht zu werden?
- Was passiert mit den alten Wertvorstellungen, die bislang gefragt waren?
- Sind die neuen und die alten Einstellungen miteinander vereinbar oder wird das Neue das Alte verdrängen?

Dieses Kapitel beschreibt:
- die wesentlichen Aspekte, aus denen sich das neue Profil zusammensetzt, und was jeweils dahinter steckt;
- in welcher Form die alten Werte nach wie vor wirksam sind;

Wichtiges in Kürze
- Flexibilität ist ein Wert an sich, insoweit jeder bereit sein muss, sich grundsätzlich immer wieder neu zu entscheiden, wenn sich die Voraussetzungen ändern.
- Nur weil früher getroffene Entscheidungen einen zeitlichen Vorsprung haben, dürfen sie nicht als Grundlage für anstehende Entscheidungen angesehen werden.
- In hierarchischen Systemen findet viel Scheinkommunikation statt.
- Ein guter Unternehmer muss immer das Ganze im Blick haben.
- Zum Unternehmertum gehört auch der Wille zur Macht.
- Das Konzept der employability hat unerwünschte Nebenwirkungen.
- Ambiguitätstoleranz ist die Fähigkeit, Mehrdeutigkeiten zu ertragen und dabei handlungs- und entscheidungsfähig zu bleiben.
- Der clevere Egoist wird in angemessener Form immer auch andere berücksichtigen.
- Die neuen Tugenden sind zwar gefragt, aber durchaus (noch) nicht in ausreichendem Maß vorhanden.
- Die alten Maximen sind vielfach erprobt und haben ihren Nutzen unter Beweis gestellt.

In *Change Management* und *Unternehmenswandel gegen Widerstände* wird beschrieben, wie zeitgemäße Unternehmen heutzutage (um-)organisiert werden müssen. Einige Stichworte rufen das Wesentliche in Erinnerung:

- Strategische Ausrichtung am Markt, am Kunden und an den eigenen Kompetenzen,
- Organisation und Struktur konsequent an den Geschäftsprozessen orientieren statt umgekehrt,
- Verflachung der Hierarchie,
- (teil)autonome Gruppen,
- Führung als Dienstleistung,
- wo immer möglich: Selbstführung und Selbstverantwortung der Mitarbeiter,
- flexible Netzwerke statt starre Strukturen

Wer die neuen Formen nicht nur auf dem Papier oder in Organigrammen schön gezeichnet, sondern als lebendiges System funktionieren sehen will, braucht als Pendant die entsprechenden Menschen. Wie aber müssen diese beschaffen sein?

Neue Tugenden – und ihre Zumutungen

Flexibel sein – auf Biegen und Brechen?

Flexible Strategien und flexible Organisationen erfordern flexible Menschen. Flexibilität ist das Gebot der Stunde, ist geradezu der siamesische Zwilling von Veränderung. Nur wer flexibel ist, kann in Zeiten des Wandels überleben. Jeder muss bereit sein, mehrmals im Leben seinen Beruf oder Job – und auch den Wohnort zu wechseln. Das alles fordern die einen. Flexibilität besagt Ausbeutung, dient in erster Linie der Wirtschaft, bedeutet für die Betroffenen den Verlust von Orientierung, Verlust von Heimat, Verlust sinnvoller Lebensgestaltung – Flexibilität zerstört die Identität, mahnen die anderen.

Was stimmt denn nun? Ist Flexibilität eine grundlegende Gesinnung, unerlässlich sowohl für Unternehmen als auch für Mitarbeiter? Eine Anforderung, die die eigene Entwicklung vorantreibt und stimuliert? Oder simuliert sie dies alles nur? Spielt uns der Zeitgeist eine Wortmelodie vor, die zwar zeitgemäß klingt, aber im Prinzip etwas Schlimmes verschleiert, das hinter den Kulissen passiert? RICHARD SENNETT, ein New Yorker Soziologe, erinnert an die ursprüngliche Ableitung des Wortes »flexibel« aus der Beobachtung der Natur: Ein Baum kann sich zwar im Wind biegen, kehrt dann aber zu seiner ursprünglichen Gestalt zurück. Flexibilität bezeichnet zugleich die Fähigkeit des Baumes zum Nachgeben wie die, sich zu erholen. Flexibilität beinhaltet sowohl die Prüfung als auch die Wiederherstellung seiner Form. Im Idealfall sollte menschliches Verhalten dieselbe Dehnfestigkeit haben, sich wechselnden Umständen anpassen, ohne von ihnen gebrochen zu werden – meint Sennett. Flexibilität dient ihm als Gegenbegriff zu Starre und Leblosigkeit. Genau hier greift Flexibilität im Sinne Sennetts zu kurz. Sein Beispiel mit dem Baum ist verräterisch: Ein Mensch ist eben kein Baum. Ein Mensch muss weder am selben Platz bleiben, noch ist er auf eine bestimmte Art festgelegt. Menschliche Identität heißt: ein Gefühl für sich zu bekommen. Wer bin ich? Was mache ich? Was kann ich? Identität ist aber nicht nur das Beständige. Ich muss mich und meinen Sinn immer wieder neu definieren. Wir reduzieren Identität fahrlässigerweise häufig auf das, was geworden ist, auf das, was bleibt, auf Gravierungen – warum definieren wir nicht auch die Bewegung und die angestrebte Entwicklung, Erwartungen und Hoffnungen, das zukünftige Werden als Identität? Ich kann mich als Mensch immer wieder gleich definieren oder eben auch anders. Wer Identität in Form eines vorhandenen festen Wesenskerns ausschließlich an der Vergangenheit orientiert, setzt der Flexibilität einen engen Rahmen: Identität oder Charakter als feste Bezugspunkte, um die herum nur wenig Bewegungsfreiheit möglich ist. Wird dieser Raum verlassen, droht Entwurzelung.

Könnte es aber nicht eine anders definierte Form von Flexibilität geben? Zum Beispiel Flexibilität als prinzipiell offene Entdeckungsreise, wo sowohl Zielpunkt wie die Art des Erreichens jeweils neu zu entscheiden sind? Wo jede Entdeckung neuer Möglichkeiten zwingt, sich mit diesen neuen Möglichkeiten auseinander zu setzen? Nicht nur die unverbindliche Möglichkeit der Wahl haben, sondern aus Prinzip Zwang zur Wahl – sowohl im Hinblick auf neue Möglichkeiten aus dem Bereich der Naturwissenschaften, der Technologie als auch medizinischer und psychologischer Disziplinen? Wo kein gesicherter Rahmen gesetzt ist – weder durch religiöse Vorschriften, noch ungeprüft übernommene kulturelle Gewohnheiten –, den man ohne weitere persönliche Prüfung übernehmen und sich innerhalb dessen lediglich begrenzt flexibel zu verhalten bräuchte? Es gibt für solche Fragen ein hoch aktuelles Beispiel: Nachdem pränatale Diagnostik mittlerweile Teil der normalen ärztlichen Kunst ist, darf dann ein Elternpaar diese Möglichkeit einfach vernachlässigen und fahrlässig ein schwer behindertes Kind zeugen?

Zwang zur Beweglichkeit und immer neue Suche nach neuer Orientierung, inklusive Suche nach neuen Wurzeln? Jetzt könnte man die Klage der Entwurzelung zum Vorwurf der Haltlosigkeit steigern. Während Entwurzelung immerhin noch die Prämisse oder gar das Postulat der Notwendigkeit einer Wurzel beinhaltet, zu der man irgendwann zurückfinden könnte beziehungsweise sollte, besagt Haltlosigkeit etwas radikal Amoralisches. Es gibt keine Wurzel, wohin man zurückfinden könnte. Es ist nur etwas zu finden, dessen Halte-Wert im Vorhinein überhaupt nicht definiert ist, gar nicht definiert sein kann. Sinn und Orientierung nicht als ein in der Vergangenheit definiertes und für immer fixiertes System von Koordinaten, sondern als ein prinzipiell offenes System, das immer neu zu definieren, neu zu suchen und je nachdem auch wieder aufzugeben wäre. Ist das Modell wurzelzentrierter Flexibilität werteorientiert und deshalb gesellschaftlich vielversprechender? Oder bietet die Dimension der Werte hier keine Unterscheidungsmöglichkeit, oder nur insoweit, als im ersten Fall die Werte vorab definiert sind, während sie im zweiten Fall jeweils aktuell zu definieren wären? Zwei sehr unterschiedliche Seiten beziehungsweise Perspektiven: greifbarer, verlässlicher, handhabbarer, dafür aber möglicherweise auch starrer die eine – volatiler, schlüpfriger, diffuser, dafür vielleicht in der Tat aktueller die andere?

Klar ist: das zuletzt skizzierte Muster ist ein Modell, mit dem wir nicht groß geworden sind. Wir haben es nicht von klein auf gelernt und deshalb auch nicht verinnerlicht. Das neue Modell wäre auf der einen Seite ein freieres Modell, fordert natürlich auch seinen Preis: Man muss seine Sinnfrage selber klären. Es gibt keine absolut gesetzten Sinn-Instanzen, auf die man sich berufen könnte. Man muss sich somit sein Orientierungssystem selber zimmern. Die alten Handgriffe bieten keine Hilfe. Ebenfalls klar ist: Viele werden das Alte bevorzugen, sie werden über die Knechtschaft fluchen, aber in der Knechtschaft ist wenigstens klar, was Oben und was Unten, was gut und was böse ist. Im neuen System gibt es kein oben und kein unten; es ist alles vernetzt und alles eine Sache der Perspektive. Ich muss mich jeweils entscheiden, was ich in der Situation als handlungsrelevant definiere und was nicht. Meine eigene Antwort auf die hier gestellten Fragen ist klar:

- Flexibilität ist ein Wert an sich, insoweit jeder sich grundsätzlich immer wieder neu entscheiden muss, ob, in welche Richtung und in welcher Form er beweglich ist im Rahmen eines sich verändernden, von ihm nicht beeinflussbaren Gesamtrahmens oder dessen, was er davon wahrzunehmen willens und bereit ist.
- Nur weil früher getroffene Entscheidungen einen zeitlichen Vorsprung haben, dürfen sie nicht als normale Grundlage für zukünftig anstehende Entscheidungen angesehen werden. Dies würde sie ungerechtfertigt aufwerten: minimal als Prüfschleife der alten Erfahrungen, die Zeit in Anspruch nimmt, viel häufiger darüber hinaus als moralisches Fundament,

auf dem ohne weitere grundsätzliche Prüfung alles Weitere aufgebaut werden darf.

- Dem möglichen Vorwurf allgemeiner Orientierungslosigkeit und Unverbindlichkeit, der von Menschen gemacht werden könnte, die davon ausgehen, der Mensch bedürfe fester Wurzeln, sollte man zwei Aspekte entgegenstellen: Erstens, grundlegende Werteorientierungen haben in allen Gesellschaften parallel zum Grad ihrer Orientierungssicherheit immer auch zu starren Verhaltensroutinen geführt. Je höher der Grad ihrer inneren Sicherheit, desto stärker das Ausmaß ihrer Reflexionsresistenz. Diese innere Sicherheit hat häufig nur *einen* direkten Nutzwert: nämlich nur für die Gruppe, die diese Werte teilt. Zweitens, es gibt durchaus einen zeitgemäßen, wenn auch anstrengenden Weg, um eine allgemeinere Orientierung zu erreichen: den Dialog. Dieser zeichnet sich allerdings durch zweierlei aus: Die Wahrheit steht nicht von vornherein fest, sondern muss immer wieder neu erfunden oder entdeckt werden – und der Prozess des Dialogs ist von seinem Grundprinzip her ein offener Prozess. Durch Betrug oder jegliche Form von körperlicher oder auch rhetorischer Gewalt können ihn vor allem diejenigen infrage stellen, die ausschließlich eine bestimmte Richtung verfolgen und ihr angestrebtes Ergebnis durch offenes Vorgehen gefährdet sehen.

Kommunikations- und Dialogfähigkeit – trotz Hierarchie?

Out sind Ab-Teilungen, vertikale Bereichs-Silos, tief gestaffelte Führungshierarchien nach dem Prinzip: »Führen nach An- und Zurechtweisung«. Moderne Organisationswelten sind geprägt von horizontalen Prozessketten, flachen Hierarchien, Netzwerken und deutlich mehr Selbststeuerung als früher. Wer diese Welt zum Leben bringen will, benötigt Menschen, die Lust haben und fähig sind, zu kommunizieren. Die Räume, sich zurückzuziehen, werden immer kleiner und insgesamt immer weniger – und vor allem: Wo früher der hierarchische Bereichs- oder Abteilungskäfig vor den Zumutungen fremder Bereiche schützte, ist nun offenes Gelände, in das jeder nach Bedarf eindringen darf und soll. Dialog ist angesagt anstelle von Abgrenzung und Anordnung, Verhandeln statt einseitiger Ansage. Das ist einfacher gesagt als getan. Grundvoraussetzung für Kommunikations- und Dialogfähigkeit ist sicher Kontaktfreude und die Fähigkeit, Kontakt herzustellen. Das ist nicht einfach, beinhaltet aber die Einsicht und Bereitschaft, sich selbst immer auch als Teil von vielen, sehr unterschiedlichen größeren sozialen Gebilden zu sehen – und sich in diesen locker zu bewegen, sie zu erkunden, zu erschließen, selbst neue zu gründen, offen und neugierig auf fremde Menschen und Bereiche zuzugehen. Nun leben wir aber keineswegs in offenen Gesellschaften mit Menschen, die gewillt und gewohnt sind, in gleicher Augenhöhe miteinander zu verhandeln, vielmehr in einem Umfeld, das von Hierarchie geprägt ist, von einem Denken in Oben und Unten. Und das hat Folgen:

Auch Hierarchen laden Mitarbeiter zu *Dialogveranstaltungen* ein. Aber nur in Ausnahmefällen findet tatsächlich ein Dialog statt. Viele kommunikative Events sind zur Sicherung der Oben-Position gezielt überlagert von Ritualen der Anbetung und Selbstdarstellung. Beide Seiten spielen mit: Die oben fordern dieses mehr oder weniger direkt durch die Art der Inszenierung:

- Fragen müssen vorher eingereicht werden und werden nicht selten zensiert,
- die oben sitzen oder stehen vorne, häufig erhöht auf einem Podest, sind sozusagen auf der Bühne, die unten sitzen im Zuschauerraum,
- die Redezeiten sind völlig ungleichmäßig verteilt,
- die oben werden mit Zeichen der Ehrerbietung und Dankbarkeit empfangen und verabschiedet wie eben bei Herrschern üblich (»vielen Dank für die Zeit, die Sie uns zur Verfügung gestellt haben«),
- die Sprache ist gepflegt und entspricht der oberen Klasse. Und *die unten* lassen es sich gefallen und über sich ergehen.

Vorstandsvorlagen. Ein Vorstand hat einmal in einer beiläufigen Bemerkung folgende Steigerungsformel empfohlen: klar – sehr klar – vorstandsklar. Dies in Beziehung gesetzt zur Aussage von Einstein »every theory should be as simple as possible – but not simpler«, führt zur folgenden Erkenntnis: Viele Vorstandsvorlagen sind »simpler as possible«. Und zwar aus folgendem Grund: Die oben wollen Vorlagen so aufbereitet haben, dass sie das Gefühl haben, sie hätten was zu entscheiden. Also muss jede Vorlage in mehrere Alternativen aufbereitet sein. Die unten, also diejenigen, die die Vorlagen erstellen und ihnen für den Vorstand den letzten Schliff geben – ob interne Stabsleute oder externe Berater – denken in dieser letzten Phase nur in Ausnahmefällen noch wirklich eigenständig, mutig und kreativ. In den meisten Fällen denken sie in den Köpfen derjenigen, die entscheiden sollen. Macht man aktuell darauf aufmerksam, so bekommt man leicht die folgende spontane, die eigene Unschuld ausdrückende und zugleich verräterische Reaktion: »Sie kennen doch auch unseren Vorstand. Würden wir das nicht so machen, lehnt er die Vorlage ab oder weist sie insgesamt als für die Diskussion ungeeignet zurück«. Und so nimmt das Ganze seinen typischen Lauf: Die Lakaien erstellen drei bis fünf Alternativen. Eine davon ist so schwachsinnig, dass selbst ein Vorstand sie klar ablehnt. Damit ist schon einmal das Urbedürfnis zu entscheiden grundsätzlich befriedigt. Eine andere Alternative gehört zur Kategorie »Wunschzettel an das Christkind«. Auch deren Schicksal ist in aller Regel klar vorhersehbar. Sollte sie wider Erwarten aus Gründen der Unaufmerksamkeit oder als Ergebnis interner Machtspiele im Vorstand genehmigt werden, wäre man sogar in der peinlichen Lage, irgendwann klammheimlich die in der Regel sehr hohen Ressourcenzuweisungen abspecken zu müssen. Die dritte, jeweils im mittleren Bereich angesiedelte Alternative entspricht dem, wovon man eigentlich denkt, der Vorstand sollte seine Zustimmung geben können. Darüber hinaus kann es von diesen Grundmustern ein bis drei weitere Variationen geben. Allen gemeinsam ist: Es wird vorab in den Köpfen der Vorstände gedacht, die ureigene unverfälschte Meinung der Stabsleute oder Berater kommt überhaupt nicht auf den Tisch. Dadurch wird dem Entscheidungsgremium wichtige Information vorenthalten und die Möglichkeit genommen, sich echt auseinander zu setzen, sich zu streiten – untereinander und mit denen, die die Vorschläge vorlegen –, wenigstens Nein oder Ja zu etwas zu sagen, was sie eventuell vorher überhaupt noch nicht erwogen haben.

Situationsanalyse. Im Rahmen von Unternehmensanalysen wird häufig viel Mühe darauf verwendet, den Zustand des Unternehmens einigermaßen gründlich zu erfassen. Das kann das gesamte Unternehmen betreffen oder einzelne Teilbereiche oder Situationen bei Kunden oder das Zusammenspiel mit anderen Partnern. In der Endphase der Präsentation und Auseinandersetzung mit den Ergebnissen im Hinblick darauf, welche Schlussfolgerungen daraus zu ziehen sind, ist immer wieder folgendes Muster zu beobachten: Die unten bringen die Argumente und die oben nehmen für sich ein einseitiges, nicht reversibles Bewertungsrecht in Anspruch. Manche Dinge »sind dann einfach so ...« und jeder Beteiligte weiß: In der abschließenden Interpretation wird das altbekannte Spiel gespielt »Ober sticht Unter«.

Fazit: In hierarchischen Systemen findet viel Scheinkommunikation statt. Der angebliche Dialog ist als feierliches kirchliches Hochamt zu verstehen, das man als gut erzogener Normalbürger, der nicht der höheren Priesterkaste angehört, nicht zu stören hat. Ergebenheit und Ehrfurcht sind angesagt.

Und weil man das unten alles weiß oder zu wissen glaubt, stellt man sich schon von vornherein opportunistisch darauf ein. Selbst wenn Hierarchen tatsächlich Kommunikation wollten, sie hätten kaum eine Chance – außer, sie würden sehr viel Aufwand darauf verwenden, ihre Zielsetzung glaubwürdig unter Beweis zu stellen.

Warum ist das so? Und vor allem: Muss das so sein? Die Art der Kommunikation hat viel zu tun mit dem Bedürfnis nach Einfluss und Macht. Kommunikation ist als Schaffung von Gemeinsamkeit per se in ihrem Ausgang offen. Die Verhinderung echter Kommunikation ist die psycho-logische Folge des Bedürfnisses, oben zu sein und Einfluss über andere zu haben. Kommunikation wäre per definitionem etwas ganz anderes: Gemeinschaftlichkeit statt Macht über andere. Das aber wäre für das Streben nach Machtaufbau oder Machterhalt bedrohlich. Das ist der Hauptgrund dafür, weshalb Mächtige oder solche, die sich dafür halten, echte Kommunikation scheuen, sie wo immer möglich vermeiden oder versuchen zu unterlaufen.

Out of the box, oder: die Tugend der Frechheit

Die neuen Organisationssysteme sind noch nicht eingespielt. Sie haben sich noch nicht in Form von Verhaltensroutinen quasi automatisiert. In den Köpfen der meisten Menschen sind nach wie vor die alten Organisationsmodelle als das Gewohnte und das eigentlich Normale fest verankert. Wer die neuen Modelle wirklich anwenden will, betritt Neuland und muss mit Widerständen rechnen – bei sich und vermutlich auch bei vielen von denen, mit denen er es zu tun hat. Wer verändern will, muss andere aus dem Gleichgewicht bringen, muss irritieren. Dazu hilft unter anderem die Tugend der Frechheit. Die Formen können unterschiedlich sein: Kleidung, Auftreten, Sprache. Ziel: bewusst und gezielt aus der erwarteten Rolle fallen. »Think out of the box« – lädt HERB KELLEHER seine Mitarbeiter von Southwest Airlines ein. Andere nennen es den Mut und die Kunst, Regeln zu brechen. Wir alle aber wissen, wie Unternehmen häufig mit Regelbrechern tatsächlich umgehen. So, wie man eben auf einen Störenfried reagiert: abmahnen, sanktionieren, isolieren. Wie kann man vermeiden, durch voreiliges Heldentum sich die gelbe oder rote Karte einzuhandeln? Gesucht ist die Kunst, die Tugend der Frechheit mit der Tugend der Klugheit zu verbinden. Man muss nicht immer mit dem Säbel rasseln oder mit Kanonen schießen, häufig reicht das elegantere Florett. Und nicht zu vergessen: Der Witz war noch immer eine der schärfsten Waffen der scheinbar Machtlosen.

Unternehmerisch – ganzheitlich und vernetzt

Natürlich darf in den neuen Organisationsformen der Anspruch nicht fehlen, der Mitarbeiter soll sich als Unternehmer im Unternehmen verhalten. Es versteht sich von selbst: Kleingliedrige, nach dem Prinzip von Netzwerken gebildete Organisationen mit flachen Hierarchien funktionieren nur, wenn die Mitglieder eigenverantwortlich initiativ werden und sich selbst steuern. Das aber allein reicht nicht aus. Ein guter Unternehmer muss immer das Ganze gleichzeitig im Blick haben, er darf sich nicht isoliert und nacheinander mit den einzelnen Aspekten beschäftigen, er muss vielmehr um die vielfache Vernetzung wissen und diese in seinem Handeln berücksichtigen. Und genau hier gerät er möglicherweise mit zwei Dingen aneinander: Einmal mit anderen Betroffenen, die sein Eingreifen als Übergriff in den eigenen Herrschaftsbereich sehen und diesen abzuwehren versuchen. Damit wird ein kluger Mensch normalerweise rechnen und sein Vorgehen entsprechend danach ausrichten. Viel prekärer ist die Auseinandersetzung mit dem eigenen Verständnis von Unternehmertum. Wer gelernt hat, als guter Angestellter zu funktionieren, dem ist eines in Fleisch und Blut übergegangen: Erfülle deine Arbeit genau und pünktlich – und halte dich dabei vor allem an die vorgegebenen Regeln und Verfahren. Das heißt: Bewege dich exakt innerhalb des errichteten Zaunes. Dieses eingezäunte Terrain zu verlassen, erfordert Überwindung und – wenn es denn schon mal gelungen ist – führt nicht selten gerade am Anfang zu etwas unbeholfenem Bewegen im ungewohnten Raum der Freiheit. Menschen, die bislang nur als Angestellte nach Vorschrift gearbeitet haben, müssen erst lernen, dass Unternehmertum keineswegs die Freiheit bedeutet, alles tun zu können, koste es, was es wolle. Es braucht wohl einige bittere Erfahrungen, bis sie erkennen: Das oberste Ziel des Unternehmers besteht darin, Geld einzunehmen, nicht welches auszugeben. Und: ein guter Unternehmer ist kein Zocker. Er sichert sich ab, so weit es nur geht.

Der Wille zur Macht

Zum Unternehmertum gehört auch der Wille zur Macht. Macht ausüben muss man nicht nur können, sondern auch wollen: In andere Gefilde einbrechen, anderen etwas wegnehmen – Besitzstände oder auch Überzeugungen. Sich auf jeden Fall einmischen, um mitzumischen. Das ist nicht jedermanns Sache. Und es müssen nicht immer nur edle Werte sein, die das Handeln antreiben. Im Gegenteil: Gerade das Verlangen nach Selbstverwirklichung und Selbstdarstellung, ausgelöst durch tiefe, oft unbewusste Frustrationen, kann ein starkes Antriebspotenzial in sich bergen und zu entsprechenden Kompensationsleistungen führen. Alles kann und soll genutzt werden, soweit es das Gesamtziel voranbringt, zumindest nicht gefährdet. Wenn es dann heiß hergeht, wenn Machtanspruch Widerstand und Gegenmacht auf den Plan ruft, läge es durchaus nahe, sich in die Komfortzone der Nichtverantwortung zurückzusehnen. Dieser Verlockung nicht zu erliegen und an Deck zu bleiben, ist ein Zeichen von echtem Machtanspruch. Dazu gehört zum Beispiel auch die Bereitschaft, dort, wo es unternehmerisch notwendig scheint, Mitarbeiter zu entlassen – und dies zu tun mit dem guten Gefühl, eine wichtige Managementleistung zu erbringen, auf die man stolz sein kann, ähnlich einem Chirurgen, der Freude an seinem Tun findet, weil sein Handeln insgesamt der Rettung des Patienten dient, auch wenn er ihm ein Organ entfernen muss.

Selbst GmbH statt lebenslanger Identifikation mit dem Unternehmen

Identifikation mit dem Unternehmen war früher ein hoher Wert. Bis in den Anfang der 90er Jahre waren viele Unternehmen darauf erpicht, Mitarbeiter durch allerlei Beteiligungen langfristig an sich zu binden. Identifikation mit und Loyalität zu dem Unternehmen wurden als kostengünstige Verstärker für die Motivation von Mitarbeitern angesehen und entsprechend gepflegt. Mit der Globalisierung und der laufenden Veränderung in und von Unternehmen ging ein Umbruch vor sich, der zunächst kaum wahrnehmbar war, weil er sich in kleinen Schritten vollzog, der sich aber im Endeffekt als sehr radikal und grundsätzlich darstellt.

War es am Anfang nur die feste Funktion oder Position, die nicht mehr auf Dauer gewährleistet wurde, so ist es am Ende der Entwicklung die Zugehörigkeit zur Firma selbst, die niemand mehr lebenslang garantieren will. Die Folgen davon wurden lange schönfärberisch übermalt. Man sprach zunächst von der neuen Aufgabe des Unternehmens, für die employability seiner Mitarbeiter Sorge zu tragen. Im Klartext heißt dies allerdings: Leute stellt euch darauf ein, dass Ihr jederzeit in der Lage sein müsst, euch im freien Arbeitsmarkt zu bewähren. Das Unternehmen kann nur dazu beitragen, zum Beispiel durch geeignete Fortbildung, dass Ihr im Prinzip beschäftigbar seid, aber nicht unbedingt bei uns, sondern auch wo anders. Das war das ehrliche Ende einer längeren Aushöhlung der alten Tugend der lebenslangen Identifikation mit dem

Unternehmen. Allerdings hatten eher wenige der Initiatoren dieser Entwicklung mit der zunehmend radikalen Konsequenz der Betroffenen gerechnet. Wer weiß, was er zu bieten hat, verhält sich, wie sich ein Söldner eben verhält: Er bringt die erforderliche Leistung, für die er bezahlt wird – und keinen Deut mehr – und ist immer auf der Suche nach neuen interessanten Herausforderungen mit entsprechend attraktiven Angeboten. Was als vorsorgliches Heilmittel im Interesse höherer Flexibilität des Unternehmens gedacht war, entpuppt sich nun als Medikament mit erheblichen unerwünschten Nebenwirkungen: Die Söldner offenbaren sich mehr und mehr als vaterlandslose Gesellen und suchen ihren Einsatz dort, wo er sich für sie am meisten lohnt. Nur die Unbeweglichen und in irgendeiner Form in ihrer Leistung Geminderten hängen aus eben den gleichen egoistischen Motiven der alten Tugend der unbegrenzten Loyalität weiter an.

Ambiguitätstoleranz

In Zeiten der Unsicherheit ist die Fähigkeit, sich Entwicklungen flexibel anzupassen, eine hohe Tugend. Damit ist zwar das Überleben keineswegs garantiert, aber immerhin wahrscheinlicher. Dafür bedarf es allerdings einer grundlegenden inneren Haltung: Es geht darum, alles – Menschen, Dinge, Entwicklungen – nicht als feste Tatsachen zu sehen beziehungsweise sehen zu wollen, die es lediglich zu erkunden und zu erkennen gilt, sondern als Sichtweisen, die je nach Perspektive ihre Bedeutung verändern können. Konsequenz: Die Dinge sind mehrdeutig, und Ambiguitätstoleranz ist die Fähigkeit, dies zu ertragen und dabei handlungs- und entscheidungsfähig zu bleiben. Diese Fähigkeit ist nicht allzu weit verbreitet. Sie kommt einem Grundbedürfnis des Menschen ins Gehege nach Klarheit, Eindeutigkeit, Ordnung und Sicherheit dieser Ordnung (Heinrich Popitz). Ohne diese innere Souveränität, die es ermöglicht, sich nicht an scheinbare Klarheiten und Wahrheiten klammern zu müssen, werden wir mit der Flexibilität von Prozessen und Strukturen nicht weit genug kommen.

Sozialer Egoismus

Flexibilität, Selbst GmbH und Out-of-the-Box-Denken zielen alle auf den selbstverantwortlichen Menschen ab. Damit ist immer wieder das Ego im Spiel. Geht es also in Zukunft nur noch darum, den eigenen Vorteil zu sehen und zum Zweck allen Handelns zu machen? Das würde meines Erachtens viel zu kurz greifen. Alles ist mit allem vernetzt. Wer also etwas gestalten oder bewirken will, wird dies in den seltensten Fällen im Alleingang erreichen können. Er ist immer auch auf andere angewiesen. Deshalb gibt es auch und gerade für die Verwirklichung egoistischer Interessen eine grundlegende Maxime: Der clevere Egoist wird in angemessener Form immer auch andere berücksichtigen. Das ist wie bei der Marktwirtschaft. Als freie Marktwirtschaft, die nur nach dem Prinzip »freie Bahn dem Stärkeren« folgt, kann sie ganze Volkswirtschaften auf Dauer zerstören. Es gibt viele Verlierer und nur wenige, die nahezu alles gewinnen. Als soziale Marktwirtschaft werden ihr zur Bändigung Zügel angelegt, die sie zwingen, die allgemeine gesellschaftliche Bedürfnislage in genügend starkem Ausmaß zu berücksichtigen. Und somit gewinnen zwar immer noch relativ wenige relativ viel, aber es ist eben alles relativ. Auch die vielen gewinnen immerhin einiges – mehr als sie isoliert zu gewinnen in der Lage gewesen wären, wenn ausschließlich das Prinzip »der Stärkere soll gewinnen« handlungsleitend gewesen wäre, mehr übrigens auch, wenn als Prinzip gelten würde, »alle Macht geht vom Volk aus«. Was auf dieser Basis ein Funktionärsstaat (nicht) zu leisten in der Lage ist, dafür gibt es vielfältige aktuelle Belege.

Wohin mit den alten Wertvorstellungen?

Die neuen Tugenden sind zwar gefragt, wahrscheinlich sogar unverzichtbar, um die neuen Organisationsformen ins Leben zu bringen. Sie sind aber durchaus noch nicht im Überangebot, oder in ausreichendem Maß vorhanden. Was früher gelernt und bis vor kurzem offiziell gefordert war, und unter der Hand auch heute noch belohnt wird, sind Haltungen und Fertigkeiten, die an der alten Organisation – Prinzip der Hierarchie, durchgängige Trennung der Funktionen, Einhaltung von klar definierten vertikalen Zuständigkeiten – ausgerichtet sind: Anpassung, Opportunismus und innere Bereitschaft zum Gehorsam denen gegenüber, die oben sind und das Sagen haben – auch gegen jegliche innere Überzeugung; Suche und Anerkennung von Vorbildern, denen man sich anvertrauen möchte, um auf Nummer sicher zu gehen, sich richtig zu verhalten; Glaube und Hoffnung auf eine einigermaßen stabile Welt, die zwar vorübergehend ab und zu in Turbulenzen gerät, deren grundsätzliche Ausrichtung aber von denen gewährleistet werden muss, die oben und letztlich dafür verantwortlich sind, weil sie dafür bezahlt werden; persönlicher Arbeitseifer und Engagement bis zur Bereitschaft der Selbstausbeutung im Rahmen höherer Werte, wie Identifikation und Loyalität mit dem Unternehmen; rein egozentrisches Verhalten, ausschließlich orientiert an den Notwendigkeiten der eigenen Funktion oder den Vorteilen für die persönliche Karriere; Nutznießer der gemeinschaftlichen Errungenschaften, ohne selbst investiert zu haben, sogar ohne Scheu als Sozialschmarotzer etikettiert zu werden. Alle diese Verhaltensmaximen sind vielfach erprobt und haben ihren Nutzen unter Beweis gestellt – über eine sehr lange Zeit, in allen Teilen dieser Welt. Es gibt keine Anzeichen, dass sich daran grundsätzlich etwas ändern wird. Wo immer Unternehmen und Organisationen nach dem Prinzip gesteuert werden, andere Menschen bis zur Ausbeutung zu benützen, sind diese Wertvorstellungen äußerst kostbar und geradezu unverzichtbar.

Wer freilich die neue Organisationsform will – nicht nur als Muster ohne Wert, sondern in ihrer skizzierten Grundsubstanz –, der wird mit den alten Eigenschaften nicht weit kommen. Umrüstung ist angesagt. Man darf allerdings nicht überrascht sein, wenn dabei Folgendes passiert: Die neuen Haltungen und Verhaltensmaximen werden wie Rollen und Kostüme bei der Einübung eines außergewöhnlichen Theaterstückes mehr oder weniger vorsichtig an- oder ausprobiert. So richtig wohl fühlen sich darin zunächst nur wenige. Die alten Rollen und Verkleidungen werden deshalb nicht völlig entsorgt; sie werden vielmehr regelmäßig gepflegt und griffbereit gehalten. Es könnte ja sein, dass doch wieder das alte Stück auf den Spielplan gesetzt wird, entweder weil die Zuschauer danach fragen, oder weil die Akteure mal wieder das tun wollen, was sie am besten können. »Vorsicht ist die Mutter der Porzellankiste« sagt ein deutsches Sprichwort. Ähnlich sollte man mit der Unsicherheit darüber umgehen, wie substanziell die angesagten Veränderungen denn nun wirklich gemeint sind, auch wenn es im Moment den Anschein hat, dass sie nicht nur propagiert, sondern konsequent und nachhaltig umgesetzt werden sollen.

KAPITEL 8

Veränderung und Identität, oder: die Kunst zu bleiben, wer man ist

»Ein Mann, der Herrn K. lange nicht gesehen hatte,
begrüßte ihn mit den Worten: Sie haben sich gar nicht verändert.
Oh, sagte Herr K. und erbleichte.«
BERT BRECHT Geschichten vom Herrn Keuner

Die Fragestellungen:
- Was bedeutet Identität und wozu soll sie gut sein?
- Kann die gleiche Person mehrere Identitäten haben?
- Was passiert mit der Identität in Zeiten der Veränderung? Verändert sich dann auch die Identität?

Dieses Kapitel beschreibt:
- das Wesen und die Funktion von Identität(en);
- den allgemeinen Zusammenhang zwischen Identität und Veränderung ;
- die Idee von Identität als Selbstkonzept, die Elemente eines stabilen inneren Kerns und der eher variablen Anteile;
- das Dilemma mit der so genannten Andockfähigkeit und die Kunst der angemessenen Irritation, um Veränderungen anzuregen;

Wichtiges in Kürze
- Identität ist eine bewusste, andauernde und stabile Übereinstimmung mit sich selbst.
- Wir können mehrere Identitäten gleichzeitig haben.
- Wir unterscheiden einen engeren Kern, das so genannte Selbstkonzept, das im Prinzip durchgängig stabil bleibt, und variable Anteile, die je nach neuer Lage der Dinge zur Disposition stehen.
- Verändern kann sich jedes System nur selbst von innen heraus.
- Eine zu starke oder für das System nicht angemessene Irritation von außen kann dazu führen, dass das System sich völlig abschottet.

Wer sagt mir, wer ich bin?

Flexibilität, Anpassung, neue Tugenden, Veränderung, immer auf Überraschungen gefasst sein – gibt es auch etwas, das bleibt? Gibt es etwas, das bei aller Notwendigkeit von Veränderung unbedingt bleiben sollte? Keine einfache Frage – und schon gar keine einfache Antwort.

Ob gut oder schlecht – Hauptsache beständig

Es dauert lange und benötigt nicht selten einen gehörigen Aufwand, bis Menschen eine innere Vorstellung von sich selbst haben, davon, wer sie sind, was und wer sie werden oder sein wollen, an was und an wem sie sich orientieren. Viele in unserem Umfeld sind daran interessiert, ihren mehr oder weniger geschätzten Beitrag dazu zu leisten beziehungsweise ihren Tribut zu fordern. Das alles geht über viele Jahre, führt bei den einen zu einer stabilen inneren Sicherheit über sich selbst, und ist bei anderen auch mit dem Erreichen der so genannten Volljährigkeit nie richtig abgeschlossen. Manche kämpfen noch im Erwachsenenalter um ihre Selbstdefinition – und einige davon kämpfen einen verlorenen Kampf. Es gibt Eltern, die sich noch aus dem Grab heraus als die Stärkeren erweisen. Selbst diese andauernde Instabilität ändert nichts daran: Jeder Mensch hat ein Gefühl und einen Eindruck von sich selbst, der die einzelnen Lebenssituationen, in denen er sich befindet, überdauert. Er hat ein Bild von sich – mit guten und mit weniger guten Elementen. Vielleicht liebt er sich, vielleicht hasst er sich, auf jeden Fall weiß er, soweit er seelisch gesund und nicht gerade betrunken ist, jeden Tag neu um die Beständigkeit seines Ich, egal, was ihm daran gefällt oder auch nicht. Philosophen würden sagen, er ist sich seiner selbst bewusst oder seiner selbst sicher. Er wacht heute nicht als ein anderer auf, als der er gestern eingeschlafen ist. Diese Übereinstimmung mit sich selbst macht Identität aus.

Vielfalt von Identitäten

Identität gibt es in vielerlei Variationen und in allen Dimensionen, die für uns von Bedeutung sind: als eigenständige Persönlichkeit, als Mitglied einer Familie mit einer bestimmten Rolle, als Angehöriger einer Nation oder einer bestimmten Kultur, als Angehöriger einer Berufsgruppe, als Mitarbeiter eines Unternehmens, als Kollegin in einem bestimmten Tätigkeitsbereich oder Kompetenzfeld, als Anhängerin einer Überzeugung oder Religion. Wir können also mehrere Identitäten gleichzeitig haben. Diese können miteinander verträglich sein, können sich schlüssig aufeinander beziehen – oder eben auch

nicht. Und vor allem – sie müssen nicht alle den gleichen Grad an Übereinstimmung aufweisen und schon gar nicht das gleiche Ausmaß an Beständigkeit. Womit wir beim Kern unseres Themas angekommen wären: Identität
und Veränderung – was haben beide miteinander zu tun? Worauf müssen wir
achten als Menschen, die von Veränderungen betroffen sind, oder auch als
solche, die anderen Menschen Veränderungen zumuten?

Wesenskern und Variables

Wesenskern – eine Frage der Weltanschauung

Wer sich mit dem Thema Verhaltensänderung beschäftigt, muss sich darüber
klar werden, wie er es mit der Identität zu halten gedenkt. Im Grunde geht es
um die Frage: Was ist der Mensch und wie soll beziehungsweise darf man mit
ihm umgehen? Reden wir von einem mehr oder weniger zufälligen Gebilde,
einer seltsamen Mischung aus Genen, aus dem Produkt von Erziehung und
anderen Umwelteinflüssen und einem nicht genau kalkulierbaren Ergebnis eigener Willenssteuerung, dem wir ohne Skrupel jegliche Veränderung zumuten
können, soweit Zweck und Ziel der Veränderung gesellschaftlich vertretbar
sind, oder ist mehr im Spiel? Sollen wir den Menschen nicht als ein willkürlich
veränderbares Werkzeug ansehen, sondern als ein Wesen mit einem Selbstkonzept, das zu verändern immer auch mit Risiko behaftet ist? Die Antwort
ist klar, aber insgesamt eine Sache der philosophischen und weltanschaulichen
Perspektive: Für mich gibt es einen Kern, der die eigentliche Identität ausmacht, an der nicht gerüttelt werden darf, die sozusagen unter Naturschutz
steht, es sei denn, der Kern selbst ist therapiebedürftig. Um ihn herum gibt es
mehr oder weniger zahlreiche Schichten, die je nach Lage der Dinge einer Veränderung unterzogen werden können.

Das Selbstkonzept als Kern

Der Kern ist sozusagen das persönliche Selbstkonzept, das jemand im Lauf
seines Lebens von sich entwickelt hat. Alles, wodurch sich jemand von anderen
abgrenzt, was sein unverwechselbares Profil ausmacht, was seinem Leben einen eigenen Sinn verleiht – seien es Herkunft, Lebensbedingungen, Empfindungen, Fertigkeiten oder auch Ziele. Ausschlaggebend ist nicht, dass alles, was zu
diesem Kern gehört, gesellschaftlich anerkannten Gütekriterien entspricht.
Entscheidend ist allein: Es ist Teil des Selbst – einschließlich des unbewussten
Bereiches aus Überich und Es. Es ist keineswegs so, dass bei den meisten Men-

schen der größere Teil des inneren Kerns aus Stärken, Hoffnungen oder überhaupt aus positiven Elementen besteht. Ich glaube, mehr als wir uns träumen lassen, finden wir dort Kränkungen, Enttäuschungen, Unsicherheiten, Gefühle der Minderwertigkeit, Verlust- und Versagensängste – wenn wir uns nur gestatten würden, genauer hinzuschauen. Wie dem auch sei – diesen Wesenskern des Menschen gilt es zu respektieren. Um uns dazu in die Lage zu versetzen, müssten wir uns allerdings der Mühe unterziehen, auf Entdeckungsreise zu gehen – ob als Betroffene oder als Menschen, die andere beeinflussen wollen. Und diese Reise führt häufiger als man denkt im Endeffekt in ein unbekanntes Land, für dessen Erkundung kaum standardisierte Navigationsinstrumente zur Verfügung stehen. Das macht es zwar schwierig, aber auch umso interessanter.

Was alles verändert werden kann

Alles, was nicht Kernbereich ist, was quasi nicht zur Grundausstattung unserer Selbst-Konstruktion gehört, steht prinzipiell zur Disposition. Dazu gehören in den meisten Fällen

- berufliches Wissen, spezielle Fähigkeiten und Entwicklungsperspektiven,
- generelle Werthaltungen, die aus dem jeweiligen gesellschaftlichen Umfeld entstanden sind: was gut und was weniger gut und deshalb bevorzugt zu tun oder eben eher zu lassen ist,
- aus der Vergangenheit heraus fortgeschriebene Annahmen über zukünftige Entwicklungen,
- prinzipielle innere Annahmen (mental models) über das Wesen und die Gestalt solcher Lebens-, Organisations-, Führungs- und Verhaltensmuster, die für unser berufliches und privates Leben von Bedeutung sind,
- Rollen, die wir bevorzugt einnehmen und gelernte Sicherheiten in Bezug auf Verhaltenserwartungen,
- gelernte Routinen, mit bestimmten Ansprüchen und Zumutungen an uns umzugehen, inklusive sie abzuwehren.

Auch wenn wir den Ich-Kern für eine nicht berührbare Zone erklären – es bleibt immer noch ein sehr weites Feld, was wir auf potenzielle Veränderungs- und Anpassungsnotwendigkeit hin zu durchforsten haben, um uns überlebensfähig zu halten.

Grauzonen

Kern oder Nicht-Kern – das ist keine Frage, die mit einem klaren Ja oder Nein zu beantworten ist. So genau sind nämlich Kernbereich und Variables nicht voneinander zu trennen. Es gibt keine schlüssigen objektiven Unterscheidungskriterien. Von Mensch zu Mensch, von Kultur zu Kultur kann es zum Teil gravierende Unterschiede geben. Bei dem einen Menschen mag die besondere Lebensform unverzichtbarer Ausdruck seines inneren Wesenskerns sein – ob sie nun als Ordensschwester im Kloster ihr Leben einem höheren Zweck aufopfert, oder ob er als zeugungsfähiger Vater seine Ahnenlinie erfolgreich fortsetzen will, für einen anderen mag der Wechsel der persönlichen Lebensform nicht viel mehr bedeuten als ein Wechsel der Kleidung. In der einen Kultur spielen individuelle Leistungen eine entscheidende Rolle, in einer anderen sind diese völlig verpönt: Wer eine besondere Rolle spielen will, für den ist totale Ein- und Unterordnung in die jeweilige Gruppe das absolute Maß aller Dinge. Das heißt nicht, dass solche Grundmuster in sich sakrosankt wären. Sie sind aus bestimmten zeitgeschichtlichen Hintergründen und Rahmenbedingungen heraus zu erforschen und zu verstehen. Wenn sich daran etwas ändert, stehen auch die Muster selbst zur Disposition. Aber den Zusammenhang zwischen persönlichen Selbstkonzepten und ihren geschichtlichen und gesellschaftlichen Zusammenhängen zu verstehen, ist eine gute Voraussetzung, besser einschätzen zu können, was man bestimmten Menschen im Hinblick auf Veränderung zumuten kann und was eher nicht.

Das Dilemma mit der Andockfähigkeit

Mit der Frage nach einem stabilen und schützenswerten inneren Kern und veränderbaren Anteilen des Selbstkonzeptes stellt sich auch die Frage nach der Stärke und Reichweite der Zumutungen, mit denen wir uns und andere im Hinblick auf Veränderungen konfrontieren sollen beziehungsweise können. In diesem Zusammenhang taucht das Wort *andockfähig* auf. Die Bezeichnung kommt aus der Systemtheorie und behauptet folgende Wechselbeziehung zwischen dem System, das sich verändern soll und dem, der diese Veränderung fordert oder betreibt. Verändern kann sich jedes System nur selbst, sozusagen von innen heraus. Von außen her sind wir lediglich in der Lage, ein System, von dem wir gerne hätten, dass es sich verändert, zu irritieren. Die Kunst der Irritation besteht darin, ein System so weit von außen durch entsprechende Anreize zu verunsichern, dass in ihm selbst ein innerer Impuls entsteht, sich einem entsprechenden Check zu unterziehen, um sich gegebenenfalls eine Veränderung zu verordnen. Wie aber muss ein solcher Impuls gesetzt werden? Er soll andockfähig sein. Das heißt, er soll einerseits am Denken und an den Verstehensmustern, also an der Eigensprache des Adressatensystems ansetzen, und soll andererseits in seiner Stärke richtig dosiert sein: nicht zu schwach, damit er überhaupt wahrgenommen wird, nicht zu stark, damit ihn das System nicht wegen zu hoher Bedrohlichkeit abwehrt. Diese Theorie wirkt auf den ersten Blick durchaus plausibel. Macht man sich allerdings den Hintergrund deutlich, auf dem sie formuliert ist, können Zweifel kommen:

Wer immer um die Andockfähigkeit bemüht ist, stabilisiert unter Umständen, ohne es zu merken, die gewohnte Komfortzone – und macht sie zum Maß aller Dinge. Er wird vielleicht nicht mutig genug sein, radikal neue Wege einzuschlagen. Möglicherweise unterfordert er sich selbst und andere. Wer bis an die Grenzen gehen will, muss das Unmögliche versuchen. Wie bei einer Expedition in ein unbekanntes Land. Es handelt sich auch nicht darum, einem ungezügelten Aktivismus und Optimismus das Wort zu predigen. Optimismus macht blind, verdrängt die Vorsicht, verleugnet möglicherweise die Angst – und verzichtet damit auf wichtige Helfer. Gesucht ist eher Cleverness, Schläue, nicht ausgeschöpfte Kompensationsenergie. Gesucht ist Leidenschaft – Bereitschaft zum Leiden und zur Unvernunft – statt wegweisender Ausgewogenheit. Zu viel Rücksichtnahme und Bedacht könnten die vorherrschende Stimmung verstärken, Veränderungen am Anfang immer erst einmal abzuwehren. Irritation dagegen könnte die eigene Neugierde anzünden, Lust machen, den Sprung über die Grenze der gewohnten Vorsicht zu wagen, sich in einem gruppendynamischen Duett von Impulsgeber und angepeiltem Adressaten gegenseitig steigern und bislang verdeckte Kräfte freisetzen.

Um den Veränderungsprozess vom Stadium eines anfänglichen Strohfeuers zur soliden Energiezufuhr überzuleiten, bedarf es wahrscheinlich weiterer Faktoren, die noch geschaffen, erkämpft, vielleicht auch freigeschaufelt werden müssen. Die Quintessenz lautet: Zukunft ist nun mal nicht im Vorhinein beweisbar oder belegbar. Sie ist immer ein Risiko, ähnlich wie Vertrauen. Mit zu viel Vorsicht werden wir vieles nicht entdecken, weder in uns, noch in anderen.

KAPITEL 9

Beschleuniger und Bremser des Wandlungsprozesses

»Der Philosoph Ko, der einige Wochen lang mit einem gefälschten Pass, der ihn als Beamten auswies, Minister in einer kleinen Provinz war, erließ an seine Beamten Vorschriften, durch die eine Ablehnung von Bittschriften oder eine Verurteilung unvergleichlich mehr Arbeit verursachte als eine Bewilligung oder Freisprechung. Die Wohlfahrt der Provinz hob sich in diesen wenigen Wochen.«

BERT BRECHT Der Tuiroman

Die Fragestellungen:

- Gibt es in der Praxis bewährte Prinzipien, die Verhaltensänderung ermöglichen oder fördern?
- Gibt es Beschleuniger oder Katalysatoren, die den normalerweise eher langwierigen Veränderungsprozess drastisch forcieren könnten? Welche Rolle spielt Angst in diesem Prozess?

Dieses Kapitel beschreibt:

- das Erfolgsgeheimnis einer Einrichtung zur Verhaltensänderung;
- einige in der Praxis erprobte Erfolgsprinzipien;
- die Rolle von Angst als bedingter Erfolgsfaktor;

Wichtiges in Kürze

Verhaltensänderung ist keine Sache guter Absichten und frommer Ermahnungen, sondern das Ergebnis der Einhaltung folgender Grundprinzipien:

- genetische Programmierungen oder gelernte Muster einkalkulieren, die für unser Überleben früher von existenzieller Bedeutung waren,
- das Unbewusste nutzen,
- ganzheitlich und integriert handeln,
- individuelle Ausgangslagen erkunden,
- Konsequenz in der Umsetzung,
- das neue Verhalten und den Prozess der Veränderung attraktiv machen und Ausflüchte erschweren sowie
- maßgeschneidertes Marketingkonzept;

Bedingt empfehlenswert ist der Faktor Angst.

Delancey Street, oder: Die eiserne Konsequenz

Drogenabhängige Schwerverbrecher sind auch in Kalifornien eine Klientel, deren Chancen zur Resozialisierung nicht allzu üppig sind. Kommt doch bei dieser Zielgruppe oftmals fast alles zusammen: Zugehörig zu einer unterprivilegierten Volksgruppe, zerrüttetes Elternhaus, die Straße als Mittelpunkt des Lebens, Mitgliedschaft in einer berüchtigten Gang und Straftaten als nahezu einziges Mittel der Profilierung, Null-Chance und Null-Bock auf Schule und (Aus-)Bildung, körperlicher Verfall, psychische Labilität, immer auf der Hut vor Angriffen und bereit zurückzuschlagen, intimer Kenner von Gefängnissen von Kindesbeinen an, volle Konzentration auf sich selbst mit dem einzigen Verlangen: irgendwie zu überleben und immer anderen die Schuld geben an diesen Lebensumständen. Joe ist der typische Vertreter dieser Gattung: farbig, groß, schlaksig, mit tiefen Narben am Hals – Überbleibsel einer lebensgefährlichen Messerstecherei. Wir treffen ihn – nein, nicht als Insasse eines Gefängnisses, sondern als Mitglied des Direktoriums von Delancey Street. Er führt uns stolz durch diese Einrichtung, die ihn vor dem völligen Untergang gerettet hat, deren Co-Leiter er mittlerweile ist. Was ist passiert? Joe hatte bereits mit neunzehn Jahren mehr als die Hälfte seines Lebens im Knast verbracht. Nach einer erneuten Straftat wurde er vom Richter vor die Alternative gestellt: Entweder erneut für mindestens zehn Jahre ins Gefängnis zu wandern oder Delancey Street. Er wusste nichts über Delancey Street, also klärte man ihn auf. Delancey Street ist eine Lebens- und Erziehungsgemeinschaft für Menschen am absolut unteren Ende der Gesellschaft, gegründet von einer Psychologin, kaum professionelle Helfer, aber gesteuert von vier radikalen Grundprinzipien, die zu missachten den sofortigen Ausschluss aus der Gemeinschaft nach sich zieht: Keine Drogen, keine Gewalt, jeder muss jedem helfen nach der jeweils erreichten Stufe seiner eigenen Fähigkeiten, Zwang zur Zusammenarbeit und zur offenen Kommunikation – kein Rückzug in sich selbst gestattet. Der Name ist abgeleitet von der Straße, in der die Einrichtung liegt. Die Eintrittskarte für Delancey Street: Sein Wort geben, sich an diese vier Grundprinzipien zu halten und der ernsthafte Wille, sich selbst mithilfe dieser Einrichtung aus dem Sumpf herausziehen zu wollen. Joe war zutiefst misstrauisch gegenüber allen hehren Versprechungen, aber vom Richter vor die Wahl gestellt, entschied er sich für Delancey Street, ohne sich sehr viel davon zu erhoffen. Sein einziger Gedanke war: Schlimmer kann es nicht kommen. Und nun, etwa fünfzehn Jahre nach diesem Ereignis erzählt Joe uns seine Lebensgeschichte, berichtet von einer geradezu unglaublichen Quote gelungener Resozialisierungen, gibt Beispiele von ehemaligen Insassen, die mittlerweile selbstständige Unternehmer, bewährte Angestellte oder sogar Rechtsanwälte sind – und führt alles auf die konsequente Verfolgung der

Grundprinzipien zurück – mit einem ganz wichtigen durchgehenden Leitsatz: die Bereitschaft, für alles, was man tut oder nicht tut, niemand anderen verantwortlich zu machen als einzig und allein sich selbst. Ich habe ihn später wieder getroffen, immer noch voller Stolz auf seine Entwicklung, gemeinsam mit einigen seiner Kollegen, ebenfalls ehemalige Gangmitglieder, Drogenabhängige und Gefängnisinsassen, heute vollwertige Mitglieder der Gesellschaft, fähig, sich jederzeit wo immer sie wollen, beruflich niederzulassen, zurzeit immer noch voll entschlossen, ihre gewonnene Kraft der Einrichtung und den neuen Bewohnern zur Verfügung zu stellen. Was kann uns dieses Beispiel lehren?

Grundprinzipien

Verhaltensänderung ist keine Sache frommer Absichten oder ebensolcher Ermahnungen. Zweierlei gilt es zu berücksichtigen, wenn wir nicht Flickwerk betreiben, sondern professionell an die Sache herangehen wollen: Erstens, was wir sind und wie wir dies geworden sind, damit wir wissen, worauf wir uns einlassen und womit wir rechnen müssen und zweitens die gesamte Menge der Einflussfaktoren und keinen wesentlichen auszulassen.

Das Fundament: Vom Opfer zum Täter

Ein Alkoholiker ist erst ab dem Moment behandlungsfähig, wenn er anerkennt, dass er Alkoholiker ist. Solange er sich gegen diesen Befund sträubt, sich und anderen vormacht, er würde nur ab und zu oder nur bei ganz speziellen Gelegenheiten etwas trinken – und er könne jederzeit aufhören – ist er therapieresistent. Denn wie soll etwas geheilt werden, was doch gar nicht krank ist. Nicht anders, wenn es um Verhalten geht. Es gibt sicher viele Faktoren, die unser Verhalten beeinflussen: gute und schlechte, bekannte und unbekannte, angenehme und unangenehme, temporäre und fortwährende. Jeder von uns hätte wie Joe gute Argumente, um seine Situation mit derartigen Umständen zu begründen – und sich selbst als Opfer solcher Einflussgrößen darzustellen. Was wäre die Folge? Wofür man nichts kann, dafür wird man auch keine Verantwortung übernehmen, und so fehlt jeglicher eigene Antrieb, sich für die eigenen Handlungen und Unterlassungen verantwortlich zu sehen und sich entsprechend darum zu bemühen, das Beste zu tun. Fazit: Regelmäßig sein Verhalten zu überdenken und prinzipiell zu Veränderungen bereit ist nur, wer für seine Existenz und die Art seiner Existenz die volle Verantwortung übernommen hat – unabhängig von anderen Faktoren. Die Bereitschaft, zu handeln und dafür entsprechend Energie aufzuwenden, ist eine natürliche Folge.

Genetische Programmierungen einkalkulieren

Es wäre nicht unvorstellbar, wenn wir in den Jahrmillionen menschlicher Existenz einige grundlegende Anlagen in unseren Genen verankert hätten, die für unser Überleben früher von existenzieller Bedeutung waren. Dazu gehörten vermutlich

- das Bedürfnis, einer Gruppe anzugehören,
- die Angst, isoliert dazustehen,
- der Drang, sich gegenüber anderen beweisen, mit ihnen konkurrieren zu müssen,
- sich Zugang verschaffen zu lebens- oder auch Status erhaltendem Besitz und der Drang, diesen zu verteidigen,
- ein begrenztes Maß an Bereitschaft, andere in unserer Nähe zu unterstützen, wohl wissend um unsere potenzielle gegenseitige Abhängigkeit,
- ein geradezu automatisches Schutz- und Schonverhalten gegenüber sehr schwachen und hilfsbedürftigen Wesen, die entsprechende Reize, wie Kindchen-Schema aussenden, oder die uns mit einer eindeutigen Geste der Unterwerfung begegnen,
- eine grundsätzliche Neugierde, Unbekanntes zu erkunden, auch wenn dies nicht unbedingt angstfrei, sondern mit einem gewissen prickelnden Angstschauer geschieht,
- die prinzipielle Bereitschaft zu flüchten, wenn Gefahr droht,
- das Bedürfnis, uns von Fremdem und von Fremden abzugrenzen, nicht zuletzt, um dadurch die Attraktivität, vielleicht auch Einzigartigkeit der eigenen Bezugsgruppe hervorzuheben,
- das Bestreben, mit der eigenen Energie ökonomisch umzugehen.

Wenn nicht genetisch programmiert, dann werden auf jeden Fall solche Muster sehr früh als normal und natürlich gelernt. Ob angeboren oder anerzogen – dieser Grundsatzstreit interessiert in diesem Zusammenhang nicht – entscheidend ist eines: Wer Verhalten stabilisieren oder verändern will, sollte nicht ohne Not gegen den Strom solcher Grundhaltungen schwimmen, er sollte vielmehr alles daransetzen, sich ihrer als Verstärkung zu bedienen.

Die inneren Triebe berücksichtigen

Speziell, wo es um Verhaltensänderung geht, sollten wir uns in Erinnerung rufen, was uns S. Freud ins Stammbuch geschrieben hat: Im Haus des Ich sind noch andere Gäste, die sich zum Teil völlig unerzogen und unberechenbar aufführen. Oder was uns A. Adler erklärt, dass Minderwertigkeitskomplexe ein manchmal unglaubliches Energiepotenzial freisetzen können, wenn es gelingt, eine bestimmte Leistung zum Handlungsziel zu machen, die die Minderwertigkeit voll zu kompensieren vermag. Wer Verhalten ändern will, benötigt Antriebskraft: Zum einen, um das bestehende Verhalten auszulöschen, zum anderen, um an dessen Stelle neues Verhalten einzuüben. Ohne ein ausreichendes Maß an Energie wird nichts passieren. Dieser unterschwellige, zum Teil unbewusste Bereich ist eine geradezu unerschöpfliche Energiequelle. Man mag die Nase rümpfen über die unrühmliche Herkunft dieser Quelle und es peinlich finden, sich ihrer zu bedienen. Zwei Gründe sprechen eindeutig dafür, dies trotzdem zu tun: Die Wirksamkeit ist exzellent, und statt diesen Bereich zu tabuisieren, wäre es ehrlicher, ihn als Teil der Realität zu akzeptieren und ihn als potenzielle Schatztruhe auszuschlachten.

Ganzheitlich herangehen

Und sei ein Vehikel noch so schön, wir werden es nicht als Fahrzeug nutzen können, wenn auch nur ein einziges wesentliches Teil fehlt. Nicht anders ist es, wenn es um die Veränderung von Verhalten geht. Immer wieder können wir beobachten, wie einseitig, ja geradezu blauäugig an Vorhaben herangegangen wird. Die einen setzen ausschließlich an den einzelnen Menschen an, beschwören, ermahnen oder bepredigen sie, um sie zu Veränderungen ihres Verhaltens zu bewegen; andere schaffen radikal neue Strukturen, wandeln zum Beispiel vertikale Funktionssilos in horizontale Prozessketten um, und versprechen sich davon das neue Verhalten; wieder andere schaffen ein maßgeschneidertes Belohnungssystem, hängen quasi den Mitarbeitern nachdrücklich die passende Wurst vor die Nase, die sie zum gewünschten Ziel steuern soll, und räumen vielleicht sogar noch alle bisherigen Belohnungen und Anreize aus dem Weg, die für das aktuell gewünschte Ziel kontraindiziert wären. Eher selten wird ein nicht unerheblicher Aufwand betrieben, mit den Betroffenen intensiv daran zu arbeiten, warum und wozu Veränderung überhaupt angesagt ist, ihnen zu helfen, die eigene Programmierung zu entdecken, um draufzukommen, was beibehalten und was geändert werden muss, wenn die Veränderung eine Chance haben soll. Selbstverständlich gibt es auch Menschen und Unternehmen, die der Weisheit letzten Schluss darin sehen, durch emotionale Erlebnisse Menschen so zu erschüttern, dass sie daraus ausreichend Energie freisetzen, sich auf den Weg der Veränderung zu machen. Die Ansätze mögen im Einzelnen gut oder weniger gut sein – eines ist auf jeden Fall mangelhaft: Keiner dieser Ansätze wird als Einzelner grundsätzlich etwas Dauerhaftes bewirken. Wer wirklich Verhaltensänderung bei sich herbeiführen oder bei anderen initiieren will, muss an mehreren Stellschrauben simultan drehen:

- eine innere Einstellung entwickeln, die das gewünschte Verhalten grundsätzlich fordert und fördert,
- herausfinden, welche Basisannahmen dem Verhalten im Weg stehen,
- Wissen schaffen, das dem gewünschten Verhalten einen Sinn gibt,
- Fertigkeiten, die das neue Verhalten ermöglichen,
- das gewünschte Verhalten emotional positiv belegen, damit es akzeptiert wird,
- Geschäftsprozesse und Strukturen einführen, die es erforderlich machen und Alternativen erschweren,
- ein Belohnungs- und Anreizsystem schaffen, das es lohnenswert macht, sich so zu verhalten, das aber zumindest nicht konträres oder abweichendes Verhalten belohnt.

Wer sich der Mühe nicht unterziehen will, ein integriertes ganzheitliches Konzept zu entwickeln, sollte es lieber ganz sein lassen. Stückwerk schafft im Endeffekt nur Frust – und vergeudet Energie.

Ausgangslage erkunden, verlernen und Boden bereiten

An anderer Stelle wurde schon darauf hingewiesen: Erwachsene sind immer quasi bebaut. Es gibt keine grüne Wiese, es gibt nicht die Situation, dass man unvoreingenommen wie auf einem Reißbrett den neuen Menschen designen und ihn anschließend genau nach Plan modellieren könnte. Der erwachsene Mensch muss immer erst genau erforscht werden: Wie sieht und wie beurteilt er die Lage? Was steuert sein Verhalten? Von welchen unbewussten Faktoren lässt er sich beeinflussen? Was ist sein Selbstkonzept, was hat ihn bisher geprägt? Wo liegen die Urquellen seiner Energie, und wie können diese angezapft werden? Was ist sein Lebensentwurf – und wie flexibel oder rigide ist seine Ausrichtung? Welchen Aufwand würde es benötigen, seine innere Festplatte zu löschen oder zu modifizieren, und mit welchem Programm könnte das vorhandene ersetzt werden? Welche Verstärker könnten möglicherweise wirksam eingesetzt werden? Diese Voraussetzungen und Ausgangslage zu erkunden ist kein wertneutrales Geschehen. Es bringt Dinge in Bewegung, rührt an Dinge, die bisher wohl verpackt und weggeräumt oder auch völlig verdrängt waren, wühlt eventuell über Gebühr auf. Vor allem aber ist dreierlei nötig: Echtes Interesse am anderen, wirkliches Einfühlungsvermögen und in jedem Fall Zeit. Wer auf diese Vorprüfung verzichtet, verhält sich wie ein Bauherr, der kurzerhand drauflos baut, ohne den Baugrund einer genaueren Untersuchung zu unterziehen. Mögliche Probleme der Statik können nicht erkannt, eventuelle Kontaminierungen nicht entdeckt, und somit auch nicht beseitigt werden. Wer zum Beispiel in seinen Erwartungen mehrfach enttäuscht wurde, von dem kann man nicht ohne weiteres verlangen, dass er sich mit vollem Engagement auf eine neue Herausforderung einlässt, zumal, wenn diese von den gleichen Menschen kommt, die für die alten Frustrationen verantwortlich waren. Da müsste gegebenenfalls vieles weggeräumt werden, bevor ein neuer Anlauf sinnvoll wäre.

Konsequenz

Es fällt beileibe nicht schwer, sich etwas neu vorzunehmen. Das eigentlich Schwierige besteht darin, etwas ganz konsequent durchzuführen. Die Verlockung ist groß, unterwegs das Tempo zu drosseln oder die Richtung opportunistisch zu wechseln. Häufig ist folgende Situation zu beobachten: Sobald ein Vorhaben wirklich mühsam wird, sobald massive Widerstände auftreten und die Initiatoren und Promotoren Gefahr laufen, in eine unpopuläre Ecke gestellt zu werden, werden die Scheinwerfer heruntergedimmt oder auch ganz ausgemacht, das heißt die Aufmerksamkeit des Managements wird abgezogen, das Thema wird mehr oder weniger stillschweigend unter der Hand mit guten Gründen anders priorisiert und somit aus dem Verkehr gezogen. Wenn das zugrunde liegende Bestreben tatsächlich von besonderer Bedeutung ist, passiert bestenfalls noch Folgendes: Das gleiche Thema wird unter einem anderen Etikett neu auf die Reise geschickt, in der Hoffnung, dass es dieses Mal an den Stromschnellen der internen Widerstände besser vorbeikommt. So kann es durchaus geschehen, dass ein Unternehmen mit dem Anspruch von *Total Quality Management* alle Prozesse und das entsprechende Verhalten der Mitarbeiter ganzheitlich und radikal unter die Lupe nehmen und konsequent ausrichten will, bei auftretendem ernsthaften Widerstand das Projekt versickern lässt, um es dann kurz darauf unter dem Etikett *Total Productivity Maintenance* (TPM) oder auch unter der Bezeichnung *Kontinuierlicher Verbesserungsprozess* (KVP) wieder aufleben zu lassen. Allerdings sollte man eines nicht vergessen: Mitarbeiter merken so etwas sehr schnell. Sobald sie feststellen, dass bei größerem Widerstand ein Umweg eingeschlagen oder das ursprüngliche Ziel vollständig aufgegeben wird, ist die Reaktion vorhersehbar: Nicht zu viel investieren, sondern genügend Energie bereithalten für das nächste Projekt. Alexander der Große hat ein anderes Beispiel gesetzt: Um zu verhindern, dass die Schlachttruppen auch nur auf die Idee hätten kommen können, davonzulaufen, statt mit aller Kraft den Feind zu bekämpfen, hat er jeweils sofort, nachdem die Truppen das Schlachtfeld erreicht hatten, die Schiffe verbrennen lassen. Der Rückweg war definitiv abgeschnitten. Es gab nur einen einzigen Weg, wenn man wieder zurück nach Hause gelangen wollte: den Sieg.

Attraktiv machen und Ausflüchte erschweren

Mit Drohungen kann man einschüchtern, aber niemanden so richtig hinreißen. Ich halte es für weitaus vielversprechender, sich Gedanken darüber zu machen, wie man das gewünschte Verhalten attraktiv machen und den Weg zu Ausflüchten versperren könnte. Was macht man, wenn man ernsthaft vorhat, mit dem Rauchen aufzuhören? Für einen passionierten Raucher wahrlich keine einfache Angelegenheit, ist doch das Rauchen häufig ein geradezu feierliches Ritual, nicht selten zusätzlich verbunden mit dem Genuss eines bevorzugten Getränkes als Ausklang einer guten Mahlzeit oder auch als Abfuhr von einem Stress, den man ansonsten kaum glaubt aushalten zu können. Um dieses eingeschliffene bewährte Handlungsmuster zu knacken, muss man sich schon etwas Besonderes einfallen lassen. Vielleicht helfen dem einn oder anderen tatsächlich Horrorbilder einer Lunge, schwarz von Teer. Vielleicht hilft einer jungen Frau der drohende Hinweis, dass Rauchen die Gesundheit ihres ungeborenen Kindes gefährdet. Die generelle Wirksamkeit von drohenden Hinweisen à la »Rauchen schadet Ihrer Gesundheit« ist, wie wir alle wissen, eher begrenzt. Denn was verboten ist, macht uns gerade scharf. Zumal solche Hinweise eher nicht ernst gemeinte Pflichtübungen für diejenigen sind, die mit umso perfideren verdeckten Mitteln alles versuchen, die potenziellen Konsumenten zu locken und zu verführen. Wer wirklich aufhören will zu rauchen, wird sich etwas anderes einfallen lassen müssen. Wie wäre es denn zum Beispiel mit folgendem Weg: Als Erstes mache ich mich mit dem Gedanken vertraut, vielleicht aus längerfristigen gesundheitlichen Überlegungen heraus auf das Rauchen zu verzichten. Was könnte ich zweitens tun, um mich dafür so zu belohnen, dass ich unter dem Verzicht auf diese Belohnungen mehr leiden würde als unter dem Verzicht auf das Rauchen selbst? Ich könnte zum Beispiel den Verzicht selbst als neues Lustmodell etablieren, nach dem Motto: Sich Schmerz zufügen, turnt an. Oder nach der Devise: Wenn schon, dann aber richtig, könnte ich beschließen, gleichzeitig abzuspecken – natürlich überhaupt nicht mit dem Hintergedanken, eine mögliche kompensatorische Lusterfüllung durch übermäßiges Essen bereits im Keim durch einen prophylaktischen Gegenangriff zu ersticken. Nicht mehr nach Rauch stinken und eine für das eigene Körperempfinden bessere Figur – das sind schon mal zwei nicht schlechte Motivatoren. Als Drittes könnte ich mir ein neues lustvolles Laster »arm an unerwünschten Nebenwirkungen« überlegen oder ein längst bekanntes neu aktivieren, was in diesem gereinigten Gesamtzustand wahrscheinlich umso mehr Spaß machen dürfte, zum Beispiel Sex. Gerüstet mit diesem Lust-Leidens-Programm bin ich nun startfähig, sobald noch eine wichtige Bedingung erfüllt ist: Ich muss mich entscheiden, einen Weg ohne Rückkehrmöglichkeit einzuschlagen. Und hier kann noch mal alles scheitern: Ich kann es ja mal versuchen – notfalls, wenn alle Stricke reißen, wenn die Versuchung zu groß, der Stress zu stark wird, kann ich mir ja eine Auszeit gönnen und eine Ausnahme zulassen. So oder so ähnlich lauten die vielen Relativierungen, die große Absichten von vornherein zum Scheitern verurteilen. Nein, es gibt nur *eine* erfolgversprechende Programmierung: Ich höre auf und werde nie wieder rückfällig, selbst wenn ich im Angesicht des Todes wüsste, Rauchen wäre so unschädlich, wie in ein lichterloh brennendes Haus ein Streichholz zu werfen. Und dann anfangen und erst mal am besten gar nicht viel darüber reden. Alle Rückfragen dazu herunterspielen, zuerst einmal unversehrt durch die ersten Stunden »ohne« und über die ersten Tage kommen. Land gewinnen, um im Blick zurück sich an der ersten Teilstrecke zu erfreuen, die man bereits erfolgreich zurückgelegt hat.

Going Public – die Rolle einer Erfolgsstory

Das ist der Erfolgsstory zweiter Teil: das Marketingkonzept. Bisher ging es darum, sich selbst anzugehen und die Veränderung auf den Weg zu bringen, dadurch die inneren Voraussetzungen für den Erfolg zu schaffen. Jetzt geht es darum, für sich selbst und für das, was man vorhat, gezielt Öffentlichkeitsarbeit zu betreiben. Schließlich will man ja, dass das eigene Umfeld einen unterstützt, zumindest nicht unnötige Hürden aufbaut, ohne es zu wollen. Es ist nicht viel anders als wie beim Gang an die Börse: Ausschlaggebend für die Analysten ist eine gute Erfolgsstory. Und unabhängig davon: Erfolg produziert Erfolg. Wir sollten es nicht der politischen und wirtschaftlichen Oberklasse überlassen, Erfolgsstorys verfassen oder schreiben zu lassen und für diese auch noch zu bezahlen. Jeder Mensch hat seine eigene Identität und etwas Aufregendes zu erzählen. Also soll er sich etwas zurechtlegen, was illustriert, wo er herkommt, was er bislang erlebt, geschaffen, durchlitten und erreicht hat, was er jetzt ist und was er noch vorhat. Die Story muss allerdings locker einen Plausibilitätstest überstehen – auch vonseiten solcher Zeitgenossen, die nicht angekränkelt sind vom Keim, alles nur positiv sehen zu wollen, sondern durchaus realistisch-kritisch die Dinge unter die Lupe nehmen. Mit seiner Erfolgsstory kann sich jeder eine eigene persönliche Aura schaffen. Das festigt das eigene Selbstwertgefühl und macht andere auf ihn aufmerksam. Die Aufmerksamkeit der anderen und das eigene Selbstwertgefühl stabilisieren sich gegenseitig und lassen quasi ein Energiefeld entstehen, in dessen Strömung auch anstrengende und aufreibende Vorhaben leichter zu bewältigen sind. Und niemand soll sagen, er habe für eine Erfolgsstory zu wenig Material. Es ist alles eine Sache des Blickwinkels – und Wertschätzung beginnt immer bei jedem Einzelnen sich selbst gegenüber.

Bedingt empfehlenswert: der Faktor Angst

Verhaltensänderung wird nur dort auf Dauer gelingen, wo Menschen ein inneres Programm dafür installieren. Und das braucht ausreichend starke Treiber, sonst wird es immer wieder abstürzen. Wir sollten alles dafür tun, dass die Energie für diese Treiber positiver Natur ist. Denken wir an den ungeheuren Elan von kleinen Kindern, mit dem sie neue Dinge erkunden oder die Verbissenheit, mit der sie versuchen, ihren Willen durchzusetzen – und die nahezu archaische Lust, die sie dabei zu empfinden scheinen, wenn man ihre Gestik, Stimmlage und ihren Gesichtsausdruck beobachtet. Auf die nahezu unerschöpflichen unbewussten, unter Umständen verdrängten Energiequellen, die uns prinzipiell dafür auch zur Verfügung stehen, wurde bereits hingewiesen. Aber häufig scheint das nicht auszureichen. Und das hat zwei Gründe: Erstens, wenn es zutrifft, dass der Mensch grundsätzlich ein Energiesparer ist, liegt es auf der Hand, dass er zunächst auf Sparflamme kocht und versucht, um Veränderungen drum herum zu kommen. Zweitens spielt der Faktor Zeit eine wesentliche Rolle. Unternehmen sind in den letzten Jahren immer stärker unter Druck gekommen. Die Anpassungs- und Veränderungsgeschwindigkeit ist enorm gestiegen. Die Veränderungen beziehen sich zwar in erster Linie und vordergründig auf Strategien, Produkte, Strukturen und Geschäftsprozesse, sie wirken sich aber alle immer auch auf das Verhalten der betroffenen und beteiligten Personen aus. Und da wird ein grundlegendes Dilemma deutlich: Verhaltensänderungen brauchen normalerweise Zeit, viel Zeit, zu viel, meinen die zuständigen Veränderungsarchitekten. Alles muss ganz schnell gehen, weil sonst das so genannte »window of opportunity« geschlossen ist. Dies mag im Einzelfall nicht immer stimmen, aber ganz von der Hand zu weisen ist es nun mal auch nicht. Was also tun? Gibt es Beschleuniger oder irgendeine Art von Katalysatoren, die den normalerweise eher langwierigen Veränderungs-, weil gleichzeitig Lösch- und Umerziehungsprozess drastisch forcieren könnten? Und hier genau kommt die Angst ins Spiel. In Unternehmen wird gerne und sehr schnell mit der Angst gearbeitet – Angst um das angepeilte Betriebsergebnis, Angst um den Arbeitsplatz, Angst um das Unternehmen insgesamt. »Wer fürchtet sich vorm schwarzen Mann?« Dieses Spiel kennen alle kleinen Kinder und die Erwachsenen noch besser. Mit der Angst wurde schon immer gearbeitet, wenn es darum ging, möglichst schnell Verhalten zu beeinflussen und die alternativen möglichen kleinen oder großen Bestechungsgeschenke gerade nicht zur Verfügung standen oder zu teuer waren. Mit der Angst als Antreiber für gewünschte Verhaltensänderungen wurde viel Schindluder getrieben – und das ist allen noch in guter, besser gesagt schlechter Erinnerung. Und das hat eine unerwünschte Konsequenz bis in die Tage unseres Erwachsenenalters hinein: Angstparolen gegenüber sind wir zunächst einmal aus Erfahrung misstrauisch. Zu häufig wurde uns als Kindern etwas vorgemacht, wurde mit unseren Ängsten gespielt, nur damit die Erwachsenen ihre Ruhe hatten – auf unsere Kosten sozusagen auf ihre Kosten kamen. Warum sollte das heute anders sein? Sicher, manche Unternehmen, ja ganze Branchen sind immer mal wieder hart an der Grenze eines totalen Zusammenbruchs, ohne es selbst als Erste zu merken. Da wäre es durchaus angebracht, den betroffenen Mitarbeitern die notwendigen Informationen zu geben, Hintergründe und Zusammenhänge zu erläutern, um daraus regelrechte Überlebensangst entstehen zu lassen. Diese könnte tatsächlich zu verstärkten Anstrengungen antreiben, das eigene Verhalten zu verändern. Und so könnte jeder auf seine Weise dazu beitragen, dass das Unternehmen eine echte Überlebenschance bekäme. Allerdings sind zwei Klippen zu überwinden: Erstens, es wird ganz viel davon abhängen, welche Glaubwürdigkeit die Mitarbeiter dem Überbringer der bedrohlichen Botschaft zuschreiben. Dies sollte unter allen Umständen mit ins Kalkül gezogen werden – und zwar vor der geplanten Aktion und nicht erst dann, wenn das Kind bereits in den Brunnen gefallen ist. Zweitens, weil vernünftigerweise grundsätzlich mit Abwehr in der Art von »es wird schon nicht so schlimm sein ...« gerechnet werden muss, eben wegen der früheren Erfahrungen, ist für diesen Ansatz nur ein strikt kommunikatives Konzept mit garantiertem unmittelbaren Feedback zu empfehlen. Es nutzt überhaupt nichts, Menschen mit bedrohlichen Informationen zu überschütten. Sie haben – teilweise schon als Kinder – gelernt, sich für alles, was sie nicht in sich hineinlassen wollen, geradezu hermetisch abzuschotten und undurchlässig zu machen. Die einzige Chance besteht darin, einen dialogischen Prozess zu inszenieren und diesen schrittweise nach allen Regeln der Kunst anzulegen:

- Zunächst muss man feststellen, wo die Menschen mit ihren einschlägigen inneren Einstellungen und Erfahrungen zurzeit stehen, welche Empfindungen und Fragen sie haben. Dies geschieht am besten und eindrücklichsten durch projektive Verfahren, wie zum Beispiel durch gezielte Selbst- und vermutete Fremdeinschätzungen im Hinblick auf die relevanten Dimensionen oder durch ein Bild ohne Worte, wie wir sie in anderen Publikationen beschrieben haben.

- Dann gilt es, die Betroffenen auf der Basis der Analyse genau dort abzuholen, wo sie innerlich sind, mit Informationen und Antworten – maßgeschneidert auf ihre Fragen, auf die Art ihres Denkens und ihrer Sprache sowie auf ihre inneren Empfindungen.

- Im unmittelbaren Anschluss an diese erste Aktion geht es darum, sehr exakt zu erkunden, wie die Botschaft angekommen ist, und was sie konkret an Empfindungen und Verhaltensbereitschaften ausgelöst hat. Dies kann man in gut geleiteten Gruppendiskussionen oder durch eines der im ersten Schritt genannten Verfahren.

- In aller Regel wird man noch eine mehr oder weniger hohe Anzahl von Missverständnissen, Lücken oder auch Skeptikern finden, die nun in einer intensiven offenen Diskussion weiter bearbeitet werden können.

Auf diese Weise professionell gesteuert kann der Faktor Angst durchaus hilfreich in Veränderungsprozessen eingesetzt werden.

TEIL II

Denk- und Werkzeuge: Wie wir uns auf die Sprünge helfen können!

Wissen um Zusammenhänge, Hintergründe verstehen, sich selbst sensibilisieren im Hinblick darauf, welche Rolle das eigene Verhalten spielt, wie sich Verhalten oder auch »Ent-halten« auswirkt, welche Alternativen es prinzipiell gäbe und was von bestimmten Gesichtspunkten her zu verändern wünschenswert wäre – das ist das Eine. Vielleicht führt es zu bestimmten Erkenntnissen, vielleicht auch zur inneren Einsicht, vielleicht sogar noch zu einer grundsätzlichen inneren Bereitschaft, sich mit diesen Dingen intensiv auseinander setzen zu wollen. Aber Wissen und Wollen heißt noch lange nicht Tun. Man muss noch nicht einmal Bequemlichkeit unterstellen, was allerdings durchaus der Fall sein kann. Gemäß unserer Theorie kann es sehr wohl auch daran liegen, dass es am Können mangelt. Und es ist eine verlockende Kombination: Etwas prinzipiell einsehen und grundsätzlich wollen, gibt schon mal ein gutes Gefühl und erleichtert das Gewissen. Dann aber festzustellen, dass man nicht genau weiß, wie es anzupacken ist, mag zwar im Augenblick eine Enttäuschung sein, könnte aber gleichzeitig auch eine Erleichterung bedeuten: Das nicht vorhandene Gewusst-wie, das fehlende Können dient als Entschuldigung, sich tatsächlich an die sicher nicht leichte Auseinandersetzung mit sich selbst zu wagen. Schwierige Aufgaben verzögern oder verschieben ist eine nahe liegende Reaktion – zumal wenn man eine gute Ausrede hat.

Das ist der Grund, weshalb ich Ihnen im zweiten Teil eine Reihe von ganz konkreten Übungen anbiete. Keine dieser Aufgaben erfordert eine besondere Vorkenntnis oder eine fachliche Betreuung. Es reichen der gesunde Menschenverstand und die Entschlossenheit, sich selbst zum Thema zu machen. Es ist nicht sinnvoll, alle Übungen der Reihe nach durchzuführen. Bewegen Sie sich in diesem Teil wie in einer Cafeteria: Schauen Sie sich das Angebot an, lassen Sie es insgesamt auf sich wirken – und entdecken Sie, was Sie besonders anspricht. Machen Sie die Übungen, die Sie machen möchten! Hierzu können Sie sich die Formulare aus dem Buch kopieren (bzw. vergrößern). Oder schreiben Sie Ihre Anmerkungen entsprechend auf ein Blatt Papier. Und noch etwas: Wie in der Cafeteria ist es auch hier so, dass einzelne Angebote teilweise aus ähnlichen Zutaten bestehen, zum Teil auch ähnliche Zielsetzungen haben. Solche Überschneidungen, Wiederholungen und Vermischungen sind gewollt. Denn manchmal sind es nicht die inhaltlichen Substanzen, sondern die Kombination beziehungsweise die genaue Mixtur, die die eigentliche Wirkung ausmachen. Falls Sie eine eigene Spezialmixtur für sich entwickeln und dafür das angebotene Material umgruppieren wollen – gerne! Hauptsache, es hilft Ihnen, sich selbst zu entdecken, sich selbst besser zu verstehen – und sich selbst konsequenter und vor allem in Eigenverantwortung zu steuern.

KAPITEL 1
Trainieren, aber wie?

>»Man kann anderen nichts beibringen.
>Man kann ihnen nur helfen bei ihren Entdeckungen.«
>GALILEO GALILEI

Anlass, Ziele und inhaltliche Schwerpunkte

Die Zeiten sind manchmal gut, manchmal schlecht, entsprechend reagiert der Trainingsmarkt. Aber insgesamt wird für Training viel Geld ausgegeben. Ob wirklich zu viel oder vielleicht immer noch zu wenig, das hängt davon ab, welche Kriterien man jeweils für wichtig erachtet. Einzelne Faktoren werden im Folgenden intensiv ausgeleuchtet. Eine Einschränkung vorab: Ich beschränke mich in diesem Buch auf die Arbeit mit so genannten psychisch gesunden Menschen, die Verfahren unterzogen werden können, die eine durchschnittliche psychische Belastbarkeit voraussetzen. So genannte psychotherapeutische Verfahren werden hier nicht berücksichtigt. Dies sagt allerdings nichts über ihre prinzipiell mögliche Wirksamkeit im Hinblick auf unser Thema »Änderung des Sozialverhaltens« aus.

Training – ein uraltes Geschäft

Training war wohl immer schon ein wesentliches Instrument, um bestimmtes Verhalten anzustreben und um bestehendes zu verändern. Sprüche wie »früh übt sich, was ein Meister werden will«, »es ist noch kein Meister vom Himmel gefallen« (dieser Spruch stammt allerdings aus der Zeit vor der Entdeckung der kommerziellen Fliegerei) und »ohne Fleiß, kein Preis« geben Zeugnis von dieser grundsätzlichen Einstellung.

Mögliche Schwerpunkte

Der radikale, schnelle und immer häufigere Wandel in der Wirtschaft macht Druck auf die politischen und gesellschaftlichen Institutionen, sich entsprechend anzupassen, um die notwendigen Unterstützungsleistungen erbringen zu können. Das alles hat natürlich Auswirkungen auf das Verhalten, wie im letzten Kapitel ausgeführt – und daraus ergibt sich ein immenser Bedarf an Training. Wegen der immer kürzeren Verfallszeiten von Wissen wird eine immer schnellere Qualifikation erwartet. Konkrete Ziele und Inhalte? Es kann nahezu nichts ausgenommen werden. Es ist einfach alles in Bewegung, alles zu überprüfen und gegebenenfalls vieles auszumustern, zu verändern oder neu aufzubauen:

- *strategische Kompetenz*, um besser zu verstehen, was im Markt abläuft und was zu tun ist, um sich erfolgversprechend zu positionieren,
- *Fachwissen* und *fachliches Können* aller Art,
- *soziale Kompetenz* entsprechend den Anforderungen in den neuen, teilweise ungewohnten Feldern kleingliedriger Organisationsformen, horizontaler Prozessketten und Netzwerken aller Art,
- *eigenes Rollenverständnis* im neuen Spiel der Kräfte als Ich AG oder Selbst GmbH und die *Konsequenzen für Handlungsräume und Verantwortungsübernahme* bis zum Selbstmarketing, um sich im Kampf um Arbeitsplätze und Positionen zu behaupten,
- *Basiskompetenz im Bereich von Sozialtechniken*, wie zum Beispiel Präsentations-, Moderations-, Visualisierungstechniken, die Kunst des Fragens, Rhetorik, brainstorming, mind-mapping: alles, was dazu dient, kommunikative Prozesse steuern zu können – und sich dabei selbst zu profilieren,
- *interkulturelle Kompetenz*, um in Zeiten der globalen Vernetzung und der horizontalen Verkettung völlig unterschiedlicher Funktionsbereiche Bescheid zu wissen über die Knotenpunkte, wo sich mögliche Konfliktfelder ergeben können – um zumindest eine Notausstattung dafür zu haben, vorausschauend handeln zu können und bei Kulturcrashs in der Lage zu sein, wenigstens erste Hilfe zu leisten,
- *Organisationsentwicklung* und *Change Management*, um auf der Basis einer ganzheitlichen Betrachtung die Unternehmensstrategie mit zu entwickeln, zumindest aber zu verstehen, in der Markt, Kunden, Finanzen, Anteilseigner, Mitarbeiter, neue Technologien, Geschäftsprozesse – eben alle relevanten Einflussgrößen ihren angemessenen Platz haben und auf der Basis dieser immer lebendigen Strategie entsprechend flexible Geschäftsprozesse und Strukturen zu definieren, für ihre laufende Anpassung Sorge

zu tragen – und dabei nach allen Regeln der Kunst Betroffene zu beteiligen und Widerstandsmanagement zu betreiben,

- *Persönlichkeitsentwicklung*, die befähigt, in einer Zeit des laufenden Wandels, geprägt durch vielerlei Unwägbarkeiten, Widersprüche und Vieldeutigkeiten mit den daraus resultierenden Verunsicherungen und in deren Folge mit Angst umzugehen,
- *Coaching*, um als Vorgesetzter, Netzwerkkollege oder Berater in der Lage zu sein, andere bei solchen Entwicklungs- und Veränderungsprozessen halbwegs professionell zu begleiten,
- und, und, und ...

Das Reservoir von Zielen und inhaltlichen Schwerpunkten ist nahezu unerschöpflich. Entsprechend stark sind der Druck und die Hoffnung auf Unterstützung durch einschlägige Trainingsleistungen.

Ein Markt boomt

Kein Wunder, dass in Zeiten allgemeiner Verunsicherung und dem Gerangel um Arbeitsplätze, immer auch verbunden mit der Angst, letztendlich doch nicht aufgestellt oder im Spiel urplötzlich durch einen anderen ersetzt zu werden, viele auf Training setzen. Die einen, weil sie sich selbst fit machen oder fit halten wollen, andere, weil sie es als ihre Aufgabe ansehen, Mitarbeiter gut zu qualifizieren, wieder andere, weil sie vielleicht außer Training nicht viel zu bieten haben, es sei denn, vage Hoffnungen auf späteren Einsatz – und schließlich die vielen Trainingsanbieter, weil sie darauf aus sind, gut im Geschäft zu bleiben oder ins Geschäft zu kommen. In Zeiten der Not kommt manches auf den Markt, das nicht unbedingt allen Qualitätskriterien entspricht. Wie die Spreu vom Weizen trennen? Wie unterscheiden zwischen wirksamen Heilmitteln und Placebos, zwischen neuen zeitgemäßen Ansätzen und flink neu etikettierten alten Hüten, zwischen seriösen Anbietern und Scharlatanen?

Was nichts fordert, ist nichts wert

Speziell in Zeiten der Not, des Mangels und knapper Ressourcen haben Wundermittel und Wunderheiler Hochkonjunktur. Das gilt auch für den Trainingsmarkt. Vor einseitiger schneller Verurteilung soll man sich allerdings hüten: Die betrügerischen Absichten der Anbieter paaren sich in diesem Fall optimal mit der Dummheit und Leichtgläubigkeit der Adressaten. Anders kann man es wirklich nicht bezeichnen. Denn eines ist klar: Verhaltensänderung zum Nulltarif gab es noch nie und wird es auch nicht geben. Nur wer diesen Grundsatz außer Acht lässt, sucht nach Wunderdrogen oder fällt auf sie herein. Und ein zweiter Grundsatz ist damit verbunden: So, wie man sich nur selbst ändern kann – andere können dazu lediglich den Anstoß geben oder dabei unterstützen –, so kann jeder auch nur sich selbst trainieren. Das Gleiche gilt beim Lernen. Auch hier können andere nur eine Unterstützungsleistung erbringen. Die eigentliche Arbeit liegt beim Trainierenden. Wer dieser Sachlage glaubt entkommen zu können, frei nach dem Leitspruch: Trainier mich mal! kann nur scheitern. »Außer Spesen nichts gewesen« oder noch schlimmer, man kann jetzt die Schuld beim Trainingsanbieter suchen, der scheinbar nicht optimal gearbeitet hat. Eine doppelte Entmythologisierung steht ins Haus: Neben der Erkenntnis, dass es keine Wunderdrogen gibt, um sich Trainingsarbeit und Trainingsschmerzen zu ersparen, eben auch die Erkenntnis, dass Verhaltenslernen in aller Regel nicht nur ein lustvoller Akt ist: »Erziehung ist Krieg« – das mag für die heutige Kindererziehung eine falsche Beschreibung sein. Dahinter steht aber der deutliche Anspruch, das Kind den Maßstäben der Erwachsenenwelt zu unterwerfen. Aber für Erwachsenenlernen und Umlernen gilt allemal: Echtes Training ist ein permanenter Kampf mit sich selbst, mit den eingeschliffenen alten Gewohnheiten, der Sperrigkeit des Neuen – und ganz generell mit der immer vorhandenen Bequemlichkeit, an anderer Stelle in diesem Buch neutral als »Energiesparmodell« bezeichnet. Jeder, der schon mal versucht hat, sich regelmäßig eine Sonderleistung abzuverlangen, ob Schwimmen, Joggen oder Ähnliches, kann davon ein Lied singen.

Training als geplante Folgenlosigkeit?

Und so ist es kein Wunder, dass es viele Trainingsprogramme gibt, die man getrost als geplante Folgenlosigkeit bezeichnen darf. Drei Parteien sind die Ursachen dafür – allein oder in jeweiligem Eigeninteresse gemeinsam verbunden: die Adressaten, die Anbieter und diejenigen, die die Ware »Training« bestellen, einkaufen oder in sonst einer Weise dafür die Verantwortung mittragen. Unwissenheit schützt vor Strafe nicht und Unkenntnis nicht vor Mitschuld an der Misere, falls diese überhaupt eine solche ist. Denn ich rede von *geplanter* Folgenlosigkeit. Das heißt, es ist beileibe nicht so, dass Nichtkönnen oder Nichtwissen der Einkäufer und Adressaten sich mit dem Nichtkönnen, Nichtwissen oder Nichtwollen der Anbieter verbünden. Im Gegenteil, ich möchte geradezu unterstellen: Nicht selten machen beide Seiten sehr wohl gemeinsame Sache, um die Folgenlosigkeit gezielt zu produzieren und sie auch in gezielter Absprache falsch zu etikettieren.

Training als Abenteuerspielplatz für Erwachsene

Ob Outdoortraining, Höhlenworkshop, Überleben in der Wildnis, Wildwasserrafting – eine ganze Branche hat sich mittlerweile darauf spezialisiert, Menschen, mit Vorliebe Teams, die im Unternehmen zusammenarbeiten müssen, dem Abenteuer in der Natur auszusetzen. Ziel: Den Zusammenhalt und die Rollenverteilung in der Gruppe zu erproben und die Mitglieder für ihr Zusammenspiel am Arbeitsplatz fit zu machen. Das ist für die einen Erinnerung an ferne Kindheitstage, für andere ein Nachholen von Erlebnissen, die sie in der Kindheit gerne gehabt hätten. Für nicht wenige ist das schlichtweg körperlicher und psychischer Stress. Die physischen und emotionalen Erlebnisse sind sicher eindrücklich. Aber inwieweit eine Übertragung der Erfahrungen in den Arbeitsalltag gelingt, ob diese überhaupt möglich ist, darf infrage gestellt werden. Zusammenarbeit und Rollenverteilung haben nicht unmaßgeblich damit zu tun, was man miteinander zu tun hat, welche Kompetenzen dazu erforderlich sind, welche Erfahrungen bislang miteinander gemacht wurden, in welchem Rahmen diese Zusammenarbeit zurzeit geschieht und in welchem sie in Zukunft geschehen soll. Und dies alles unterscheidet sich in aller Regel mehr oder weniger drastisch von den körperlichen Herausforderungen in der freien Natur, die es zu bewältigen gilt, und was dabei alles eine Rolle spielt. Darüber hinaus bedarf es einer nicht zu unterschätzenden psychologischen Kunst, die Geschehnisse auf dem Hintergrund der betrieblichen Situation und der individuellen Blickwinkel der beteiligten Personen professionell zu beobachten, sie zu deuten und sie schließlich gemeinsam mit den Betroffenen auszuwerten und zu versuchen, in generalisierbare Lernprozesse umzusetzen. Insgesamt bestehen viele Möglichkeiten, zu kurz zu greifen – unter dem alles überstrahlenden eindrucksvollen echten Abenteuererlebnis.

Übungen und Spiele im Training

Etwas anders ist es bei Übungen und so genannten Spielen. Es gibt für nahezu alle Verhaltensaspekte, die trainiert werden sollen, maßgeschneiderte Übungen. Auch hier besteht generell das Problem, was im Spiel gesehen und erlebt wurde, auf die betriebliche Realität zu übertragen. Eins zu eins wird dies nie möglich sein, umso weniger, je ausgeprägter und intensiver der Spielcharakter der jeweiligen Übung ist. Das ist ein richtiges Dilemma: Je spannender und aufregender das Spiel, umso weiter weg wahrscheinlich von der Realität, auf die die Erfahrungen aus dem Spiel übertragen werden sollen.

Am wirksamsten scheinen das aus dem Psychodrama hervorgegangene Rollenspiel und die Fallstudien, die möglichst exakt auf die Ausgangssituation

der Teilnehmer zugeschnitten sind, am besten wäre eine Kombination von
beiden: zuerst die Fallstudie, die dann in einer zweiten Phase in spontane Rol-
lenspiele übergeleitet wird. Dort können in wechselnden Konstellationen und
mit unterschiedlichen Schwierigkeitsgraden, exakt auf das Können der Teilnehmer zugeschnitten, bestimmte Verhaltensaspekte gezielt geübt und weiter-
entwickelt werden.

Der begrenzte Wert von Sozialtechniken

Eine nicht unbeträchtliche Menge an Mitarbeiterzeit und Geld wird in das
Training von so genannten Sozialtechniken gesteckt. Heerscharen von Multi-
plikatoren, Gruppensprechern oder Koordinatoren, Fach- und Prozessbera-
tern, internen Change Agents, so genannten Nachwuchsführungskräften –
und zu einem nicht unerheblichen Ausmaß auch das mittlere Management
werden geschult in der Kunst der Präsentation, Moderation, Visualisierung,
des brainstormings, mind-mappings, der freien Rede, des Projektmanage-
ments, von Führungstechniken sowie in der Kunst der Konfliktlösung und
Mediation. Alle diese Trainingsprogramme sind zumindest unschädlich – und
das sollte das Erste sein, was man bei einem Medikament zu überprüfen hat.
Die nachgewiesene Unschädlichkeit ist ja schon mal etwas in einem Gesamt-
markt, der voll ist mit Angeboten, die sehr wohl nicht unerheblichen Schaden
anrichten können. Inwieweit diese für den Mitarbeiter und für das Unternehmen aber auch nützlich sind, hängt von drei Faktoren ab: Zum ersten davon,
ob, wie schnell und wie intensiv das, was im Training gelernt wurde, direkt im
Anschluss an das Training in der Arbeitspraxis erprobt werden kann. Jedermann weiß: Nur »Übung macht den Meister« und »wer rastet, der rostet«.
Nur die regelmäßige Ausübung der gelernten Kunst gewährleistet, dass sie
nicht schneller vergessen wird als sie gelernt wurde. Das trifft auf Fremdspra-
chen zu, auf alle möglichen Sportarten – und auf Sozialtechniken. Ein zweites
Element ist allerdings genauso ausschlaggebend: Techniken werden nie isoliert im luftleeren Raum angewandt, sondern immer in einem konkreten Umfeld von Personen und Gruppen mit jeweils unterschiedlichen, zum Teil nicht
miteinander kompatiblen Befindlichkeiten und möglicherweise kollidierenden
Interessen. Nur wer dieses möglicherweise auch turbulente gruppendynamische Umfeld einigermaßen beherrscht, zumindest seine Selbstsicherheit nicht
verliert, dem wird es möglich sein, seine sozialtechnische Kompetenz professionell von der Theorie in die Praxis zu transportieren. Drittens, Techniken sind
Instrumente, die immer den Menschen als Vehikel benötigen. Ob eine Technik
ihre volle Wirkungskraft entfaltet oder nicht, hängt nicht zuletzt davon ab,
wie und von wem sie angewendet wird. Man kann rein technisch gesehen

perfekt moderieren oder auch visualisieren, aber zugleich eine solche Kühle und Distanz denen gegenüber ausstrahlen, die man eigentlich mobilisieren soll, dass diese nicht umhinkönnen, das persönliche Desinteresse oder das Fehlen von persönlicher Wertschätzung zu spüren und mit entsprechender Enthaltsamkeit zu reagieren, was das geforderte Mitmachen angeht. Hier wird nochmals deutlich, was die bereits zitierte Aussage von HERB KELLEHER eigentlich meint: »hire for attitudes train for skills«. Wem gewisse Persönlichkeitsmerkmale fehlen oder nur völlig verkrüppelt zur Verfügung stehen, wem damit die wichtigsten inneren Haltungen abgehen, die soziales Verhalten ausmachen, der kann diese Defizite auch nicht mit noch so vielen und noch so perfektionierten Techniken kompensieren. Wer Menschen nicht mag oder wem Dienstleistung nicht ein tiefes inneres Anliegen ist, der soll sich jedes Training in Sozialtechniken ersparen. Die fehlende Grundhaltung ist wie ein fehlender fester Untergrund: Besser, man sucht sich einen anderen Bauplatz, um seine Bleibe zu errichten. Oder man ist bereit, zuallererst in die Sanierung des Bodens zu investieren. Das kann allerdings aufwändig werden.

Verhaltenstrainings im engeren Sinn

Es gibt keine absolute Trennschärfe zwischen Sozialtechniken und Sozialverhalten. Stattdessen prägen Grauzonen und Übergänge das Bild. Trotzdem: Sozialtechniken lernen kann jeder, sie auf dem Trainings-Trockendock ausüben auch; Sozialverhalten gehört insofern einer anderen Kategorie an, als das Soziale am Verhalten nicht einseitig definiert werden kann. Entscheidend ist, wie das jeweilige Verhalten beim Adressaten ankommt, wie es erlebt wird, was es beim Adressaten an Reaktionsbereitschaft auslöst – und wie diese Reaktionsbereitschaft wiederum im weiteren Verhalten berücksichtigt wird. Die dazu notwendigen Informationen können nur über entsprechende Rückmeldungen gewonnen werden. Insofern sind Feedback und der angemessene Umgang damit ein substanzieller Bestandteil von Sozialverhalten – im Unterschied zu Sozialtechniken. Es gibt eine ganze Reihe von gruppenorientierten Methoden und Verfahren zur Überprüfung und Einübung von Sozialverhalten mithilfe von Feedback: Gruppendynamik, Gruppenanalyse, themenzentrierte Interaktion, systemische Familientherapie, um nur einige zu nennen. Eines ist allen Verfahren, so unterschiedlich sie auch sein mögen, gemeinsam: Keinem ist bisher die allgemeine wissenschaftliche und damit auch gesellschaftliche Reputation zuteil geworden – im Gegensatz zum Beispiel zur Medizin. Alle diese psychologischen, psycho- oder gruppendynamischen Verfahren werden von den nicht eingeweihten »normalen Menschen« als mehr oder weniger exotisch eingestuft. Und weil die generelle Akzeptanz (noch) fehlt, ist es nicht verwunderlich, dass sich die Anbieter einen Streit der Schulen liefern, um sich in einem insgesamt noch wenig stabilen Gesamtfeld durch individuelle Prominenz die jeweils bessere Ausgangssituation zu verschaffen.

An dieser Stelle wird von einer Bewertung der einzelnen Verfahren abgesehen. Zumal mir als Betroffenem durchaus mit Recht Befangenheit unterstellt werden könnte. Ganz generell sind die folgenden Aspekte wesentlich: Erstens, ohne Gruppe geht nichts. Ein wie auch immer geartetes Gruppenverfahren ist unverzichtbar für die Entwicklung von Sozialkompetenz, soweit Feedback als konstituierender Bestandteil zur Entwicklung von Sozialkompetenz betrachtet werden muss. Das soziale Ich kann sich nur im Umfeld und Zusammenspiel mit anderen überprüfen und weiterentwickeln. Zweitens, wie gut ein Training im Endeffekt für den Teilnehmer ist, hängt von einer ganzen Reihe von Faktoren ab, die sich in ihrem Einfluss weder voneinander isolieren, noch genau messen lassen, wie

- die direkte Wirkkraft des Verfahrens,
- die Verfassung des Teilnehmers,
- die Qualifikation des Trainers,
- die Zusammensetzung und die Qualität der Gruppe.

So kann ein suboptimales Verfahren durchaus zu einem insgesamt hervorragenden Ergebnis für den Teilnehmer führen, wenn die anderen Faktoren stimmen. Und das beste Verfahren nützt wenig, wenn einer der anderen Faktoren nicht stimmt. Drittens, aus Mangel an eindeutigen objektiven Kriterien führt wohl kein Weg daran vorbei, sich mit einem Mix subjektiver Ansätze zu behelfen:

- gezielt Erkundungen bei verschiedenen Menschen einholen, die entweder direkte Erfahrungen als Teilnehmer gewonnen haben oder von Menschen, die Teilnehmer vor und nach ihrer Teilnahme erlebt haben,
- sich auf subjektive Empfehlungen einlassen, nicht darauf hoffen, dass ein Seminarprospekt eine bessere Qualität haben könnte als ein Urlaubskatalog,
- sich durch Mehrfachempfehlungen nach mehreren Seiten hin absichern, damit man weder der Euphorie eines Einzelnen auf den Leim geht, die sehr wohl durch ein geschicktes Design vom Trainer erzeugt werden kann, aber nichts über die mittel- und längerfristige Wirkkraft des Trainings aussagt, oder umgekehrt, dass man Leidtragender einer schlechten Beurteilung eines eigentlich guten Seminars wird, die sehr wohl darauf beruhen kann, dass der Teilnehmer mit Themen in Berührung kam, die ihm im Moment nicht in sein Selbstkonzept passten, die aber sehr wohl in ihm etwas in Gang ge-

bracht haben könnten, was aber seine Zeit braucht, um sich tatsächlich auswirken zu können,
- sich darüber im Klaren sein, dass letztendlich ein nicht unerhebliches persönliches Restrisiko bleibt, das nur durch persönliches Engagement in der Veranstaltung selbst gemindert werden kann – mit dem Bestreben, die Veranstaltung zur eigenen zu machen und das Beste für sich herauszuholen.

Modisches Potpourri von einzelnen Methoden

Im allgemeinen Rahmen von Trainingsprogrammen zur Verbesserung des Sozialverhaltens, oder auch davon getrennt, gibt es eine Reihe von Ansätzen, die nicht direkt den oben definierten Kriterien (Gruppe und Feedback) entsprechen, sehr wohl aber dazu dienen sollen, die Sensitivität der Teilnehmer im Allgemeinen auszubauen oder ganz bestimmte Problemstellungen gezielt anzugehen. Die Auswahl der Methode ist weniger eine Sache der eindeutigen sozialen Indikation, sondern hängt weitgehend vom Können der Trainer oder auch von aktuellen Modetrends ab. Dazu gehören zurzeit Verfahren aus dem Gebiet der Neurolinguistischen Programmierung (NLP) und Familien- beziehungsweise Organisationsaufstellungen. Andere Ansätze, wie zum Beispiel Transaktionsanalyse, Bio-Feedback, Körperarbeit, haben eher das Individuum im Fokus. Die Trennschärfe zu therapeutischen Verfahren ist gering. Entscheidend sind hier folgende Aspekte:

- Die Arbeit kann nicht besser sein als die nachgewiesene Qualifikation des Trainers. Hier gibt es nur ein Motto: »Trau, schau wem ...«
- Je intensiver und therapienäher das einzelne Verfahren, um so stärker die Gefahr, dass es den Teilnehmer süchtig und vom Medizinmann abhängig macht. Was in einer längeren Therapie ein gewünschtes Zwischenstadium sein kann, ist, speziell wenn es um Sozialverhalten geht, geradezu kontraindiziert. Es steht nämlich im direkten Widerspruch zur Zielsetzung: Selbstverantwortung und Mündigkeit.
- Die Aneinanderreihung von populären Methoden sagt unter Umständen viel über die Cleverness des Trainers aus, sich im Psychomarkt hervorragend zu positionieren, und hat eventuell relativ wenig damit zu tun, ob genau dieses Verfahren für den Teilnehmer in seiner aktuellen Situation und für das Unternehmen das Bestmögliche ist. Es hat noch nie geschadet, auch in heißen Situationen nicht den Kopf zu verlieren und die eigene Urteilsfähigkeit zumindest noch halbwegs aufrechtzuerhalten. Und heiß können eben auch solche Situationen sein, wo alles in eine Richtung zu rennen scheint und entsprechend starker sozialer Druck ausgeübt wird, sich diesem Trend anzuschließen.

Flucht in den Wunderglauben, oder: Training als Beruhigungspille

Es war immer so, und daran wird sich auch in Zukunft nichts ändern: Menschen lieben – zumindest vorübergehend – die Flucht in die Abhängigkeit und glauben nur zu gerne an Wunder. Lotto und Spielbanken leben schon Jahrhunderte davon. Warum soll es gerade im Psychomarkt anders sein? Umso mehr gilt dies in Zeiten, wo alles immer unübersichtlicher und immer weniger berechenbar wird. MARX erklärte auf einem solchen Hintergrund die Religion zum Opium für das Volk. Opium vermag immerhin Schmerzen zu stillen, die sonst vielleicht unerträglich wären. Natürlich gibt es nicht nur den Konsumenten als Nutznießer, sondern vor allem diejenigen, die das Opium gezielt unter das Volk bringen oder bringen lassen. Sind sie dafür zu tadeln – oder sollten wir uns vorher nach dem Zweck erkundigen, weshalb sie dies tun, um erst dann zu entscheiden, ob der Zweck die Mittel heiligt? Auch die Machthaber des alten Rom wussten, was sie bieten mussten, um sich das Volk gefügig zu machen: Brot und Spiele. Das war es dann schon, damit man einigermaßen ungestört genau dieses Volk für die persönlichen Herrschaftszwecke ausnutzen konnte. Zurück zum Psychomarkt und zur Frage von Volksverdummung. Es gab und gibt ja nun unübersehbar immer wieder effektheischende Inszenierungen von selbsternannten Gurus – professionell gestaltet nach allen Regeln des Marketingmixes: Großveranstaltungen, Bücher, Videos, CDs, Fernsehauftritte. Unübersehbar ist auch der Anspruch, einen wichtigen Beitrag zur Verhaltensänderung zu leisten. Egal, ob es um das Thema Sozialverhalten, Persönlichkeitsentwicklung oder auch um körperliche Fitness geht, die sich unmittelbar auf die seelische Verfassung auswirken soll. Was soll man davon halten? Sind diese Inszenierungen minimal ungefährlich, weil folgenlos und damit nur ärgerlich, oder muss man davor warnen, wenn auch wie beim Rauchen mit wenig Aussicht auf Erfolg, weil riskante Wirkungen nicht ausgeschlossen werden können?

Auf der einen Seite liegt es in der Verantwortung der Teilnehmer zu entscheiden, wofür sie ihr Geld ausgeben. Wunderglaube und Lottospielen sind nicht strafbar. Heißt es doch schon bei GOETHE: »Wie glücklich würde sich der Affe schätzen, könnt er nur auch ins Lotto setzen«. Und warum nicht der Aufforderung Folge leisten: »Mach dir ein paar schöne Stunden und geh ins Kino.« Einfach mal abschalten und für ein paar Stunden wenigstens in eine Traumwelt eintauchen, aus der man sowieso schnell genug wieder erwacht oder herausgerissen wird. Stellt sich darüber hinaus ein Placebo-Effekt ein – umso besser! Soweit die positive, zumindest aber unschädliche Seite.

Es gibt aber auch eine andere Seite: Wer sich in diesem Markt auf diese Weise mit großmundigen Versprechungen bewegt, muss damit rechnen, mit

Recht als Bauernfänger angesehen zu werden. Wer sich dabei auch noch quasi wie ein Zauberer verhält und seine Teilnehmer fast in einen Trancezustand versetzt, muss mit dem Verdacht leben, dass irgendeine Art von Schwindel im Spiel ist. Vielleicht stört ihn das alles wenig, weil er es als Neid der Besitzlosen abtut, im Endeffekt es aber selbst weiß, soweit sein Narzissmus noch eine halbwegs realistische Selbsteinschätzung zulässt – und er nicht in Selbstanbetung und Betroffenheit geradezu badet – Zugkraft mit Wirksamkeit verwechselnd. Sei's drum! Diejenigen allerdings, die solche Vorstellungen im angeblichen Unternehmensinteresse für Mitarbeiter einkaufen oder beschicken, würde ich weniger schonend behandeln: Entweder sie setzen gezielt Sedative ein als Ersatz für echte Beteiligung der Mitarbeiter, einschließlich aller Zumutungen, wie es einer mündigen Partnerschaft geziemt, dann sind sie tatsächlich gemeingefährlich gemessen an der Zielsetzung: der mündige Mitarbeiter als Unternehmer im Unternehmen. Oder sie sind bodenlos dumm. Und da bleibt wahrscheinlich nur der uralte Trost: Gegen die Dummheit kämpfen selbst die Götter vergebens.

Der Sekundärnutzen von Trainingsveranstaltungen

Die offiziellen Ziele und Inhalte von Trainingsprogrammen mögen passend oder unpassend, die Qualität der Veranstaltung, der allgemeinen Rahmenbedingungen und der Trainer mögen gut oder weniger gut sein – unabhängig davon gibt es eine Reihe von Nebeneffekten, die nicht außer Acht gelassen werden sollten: Erstens, es gibt immer noch die Erkenntnisse aus den HAWTHORNE-Experimenten, die vor ungefähr 70 Jahren durchgeführt und wohl bislang nicht widerlegt wurden: Die Unternehmensleitung hatte in einem bestimmten Produktionsbereich die Ausstattung der Räume mit Farben und Licht geändert, dies aber nicht in einem konsistenten, nachvollziehbaren Aufbau, sondern in zum Teil sich widersprechenden Aktionen. Trotzdem: Nach jeder einzelnen Aktion stieg zur Überraschung des Managements die Produktivität der Mitarbeiter messbar. Schließlich kam man auf des Rätsels Lösung: Die Mitarbeiter hatten den Eindruck, das Management interessiert sich für uns und unsere Situation. Hauptsache, es geschieht etwas für uns – gleichgültig was. Diese Aufmerksamkeit wurde als Wertschätzung erlebt und trug zur Eigenmotivation bei. Fraglich ist allerdings, ob die Menschen heute nicht über bessere Informationen verfügen, insgesamt anspruchsvoller sind und alles in allem auch besser in der Lage sind, zu unterscheiden zwischen Unterstützungen, die ihnen und dem Unternehmen wirklich weiterhelfen und solchen, die nur dazu dienen und sie verführen sollen, noch mehr zu leisten, ohne sich Gedanken darüber zu machen, ob der Nutzen des Unternehmens, der Nutzen des Managements und der Nutzen der Mitarbeiter halbwegs im Einklang miteinander stehen. Insofern kann man auch bei Trainingsprogrammen, die eigentlich nur der Beruhigung der Mitarbeiter dienen sollen, damit rechnen, dass die Mitarbeiter dies als willkommenes Geschenk sehen, weil sie sich mal wieder außerhalb der Arbeitsroutine ohne unmittelbaren Leistungsdruck begegnen – und die Veranstaltung insgesamt als Motivationsfaktor für sich abbuchen, vorausgesetzt, das Umfeld (Unterbringung, Essen, Räume, Trainer, Wetter) stimmt. Zweitens, speziell Zusammenkünfte außerhalb der regulären Arbeitssituation, mit Menschen, denen man sonst kaum begegnet, die man üblicherweise höchstens mal am Telefon spricht oder mit denen man sonst nur per E-Mail verkehrt, an denen man vielleicht ab und zu im Casino freundlich grüßend vorbeigeht, sind ideal zum näheren Kennenlernen. Ab jetzt verbindet sich mit der Stimme, dem knappen Text oder dem Casino-Passanten ein konkreter Mensch, von dem man einiges weiß, mit dem man vielleicht in späteren Abendstunden einiges vertraulich ausgetauscht hat – und hat damit, ohne vielleicht überhaupt gezielt dies vorgehabt zu haben, die Grundlage für etwas geschaffen, was eine der Schlüsselgrößen moderner Organisationsarchitektur ist: Netzwerke. Drittens, clevere und hoch motivierte Menschen sind im Endeffekt nicht daran zu hindern, überall eine Lernchance zu sehen, diese zu nutzen und möglichst viel für sich herauszuholen, und sei das Angebot noch so minderwertig. Das mag diejenigen trösten, die in allem, was sie tun, immer noch dasjenige Quäntchen finden, das sie hätten noch besser machen können.

Rolle und Einfluss der Trainer

Was heißt Können?

Was ist schon ein gutes Training ohne Trainer? Das ist wie beim Kochen: Das schönste Restaurant, die beste Speisekarte und die tollste Küche – alles ist relativ. Für den Gast ist im Endeffekt entscheidend, was der Koch zuwege bringt. Was für den Friseur gilt – er schneidet nicht wie er soll, sondern wie er kann –, gilt für den Koch, und gilt schließlich auch für den Trainer: Er trainiert, wie er kann, nicht unbedingt, wie er soll. Können meint aber hier nicht nur, nicht einmal in erster Linie technisches oder methodisches Können. Das könnte man ja weitgehend lernen. Es geht vielmehr darum, wie weit jemand sich etwas zutraut, sich rantraut an andere Menschen – auch in schwierigen Situationen, welches Menschenbild er zur Grundlage seiner Trainingsarbeit macht, wie weit ein Trainer es schafft, zu seinen Teilnehmern eine tragfähige persönliche Beziehung herzustellen, die ihn für sie vertrauenswürdig macht, wie ehrlich ein Trainer zu sich selbst ist im Hinblick auf das, was er kann und was er nicht kann – und im Hinblick auf das, was ihn bewegt, diesem Beruf nachzugehen. Gefragt sind wieder mal Haltungen, weniger die Fertigkeiten.

Das Hauptziel des Trainers

Es gibt ein grundlegendes Ziel jedes Trainers, das kein Trainer nicht haben kann – und zwar für jedes Training, das er durchführt:

Das Training ist dazu da, dass es dem Trainer gut geht.

Und hier könnte man mit Klaus Wowereit hinzufügen: » – und das ist gut so!« Gut gehen muss es ihm nämlich in zweifacher Hinsicht: Zunächst einmal übt er seinen Beruf aus und erwartet dafür einen hinreichenden Gegenwert. Ähnlich wie ein Arzt an der Krankheit seiner Patienten verdient der Trainer sozusagen an den Unvollkommenheiten seiner Teilnehmer. Nur wenn im Endeffekt die Relation zwischen Aufwand und Ertrag stimmt, wird ein Trainer auf Dauer sein Bestes – was hoffentlich gut genug ist – geben. Wie so oft, gibt es unterschiedliche Währungen, in denen bezahlt werden kann: Geld, Wertschätzung, berufliches Prestige, persönliche Entfaltung. Auf jeden Fall gilt hier die Umkehrung eines Sprichwortes: »Ohne Preis kein Fleiß!« Aber das ist beileibe nicht alles. Es gibt noch eine andere Art des Gutgehens, das für einen Trainer von existenzieller Bedeutung ist: Er muss sich wohl fühlen. Er muss das Gefühl haben, bei den Teilnehmern anzukommen. Er will die Sicherheit nicht verlieren, alles im Griff zu haben, er will »nicht vom Seil fallen«, wie es früher die Dozenten eines großen Computerherstellers zu formulieren pflegten. Ähnlich wie ein Manager will er den Eindruck haben, alles unter Kontrolle zu haben. Nur dann wird er seine Kompetenz souverän »auf die Schiene bringen« können. Und weil das so ist, wird ein Trainer alles dazu tun, um diese Situation zuwege zu bringen und das erreichte Wohlfühlniveau zu halten.

Formen des Trainings-Designs und ihre psycho-logische Funktion:

Das Design eines Trainings sagt im Grunde zumindest ebenso viel über den Trainer aus wie über die Zielsetzung, die er im Hinblick auf die Teilnehmer verfolgt. Etwas forsch formuliert könnte man folgende Typen unterscheiden:

- das *Verhütungsdesign*: es kann nichts passieren, was nicht genauestens vom Trainer geplant und unter Kontrolle zu halten ist,

- das *Droh-Design*: der Trainer ist der große Zampano – und alle haben ihm zu folgen,
- das *Club-Animateur-Design* : die Leute bei Laune halten ist oberstes Prinzip
- *Selbstversorger-Design*: jeder muss selbst schauen, wo er bleibt,
- das *Caritas-Betreuungs-Design*: man wühlt und fühlt sich wohl in seinen Schwächen, zumal der Trainer eifrig bemüht ist, jedem zu helfen,
- das *Therapeuten-Design*: es gibt einen großen Meister, der alle Hintergründe kennt; man muss nur an ihn glauben und ihm folgen,
- das *experimentelle Expeditions-Design*: Trainer und Teilnehmer sind bereit, sich auf Überraschungen einzulassen, die sich aus der Gruppendynamik der Situation ergeben
- und selbstverständlich gibt es alle möglichen Mischvarianten.

Der integrierte Trainingsansatz

Das Thema Training steht natürlich in einem ganz engen Zusammenhang mit dem Thema Bedingungen und Wege von Verhaltensänderung, worum es im Kapitel vorher ging. Um ein Training so zu gestalten, dass es zur Verhaltensänderung einen wesentlichen Beitrag leisten kann, muss man einigen Grundprinzipien folgen:

Vier tragende Säulen: Selbstverantwortung, Selbstverpflichtung, Energie und ownership

Der Teilnehmer trainiert, so wie der Schüler lernt oder jemand sich ändert. Trainer, Lehrer und sonstige an der Erziehung oder Entwicklung Beteiligte können zwar Rahmenbedingungen schaffen, aber das eigentliche Geschehen liegt in den Händen der Betroffenen selbst. Gerade ein Training könnte einerseits den Trainer verführen, zum Zwecke der Eigenprofilierung eine zu dominante Rolle zu spielen und die Teilnehmer dadurch zu folgsamen, nahezu willenlosen Objekten von Belehrungen und Übungen zu machen – und könnte andererseits die Teilnehmer verlocken, derartige verantwortungsfreie Entmündigung, wie im Krankenbett, auch noch zu genießen. Und genau diese Rollenaufteilung wäre die sichere Garantie dafür, dass das nicht erreicht werden kann, was eigentlich das Hauptanliegen jedes Trainings ist: Der mündige Mensch, der die Verantwortung für sich und die Umstände, in denen er sich bewegen muss ohne Einschränkung übernimmt – und der bei allem, was er tut, an sich und an sein Handeln glaubt.

Die Menschen dort abholen, wo sie sind

Menschen sind unterschiedlich und haben deshalb unterschiedliche individuelle Ausgangspunkte, was ihre Erwartungen, Ziele, Fertigkeiten, Einstellungen und Befindlichkeiten betrifft. Wer maßgeschneidert trainieren will, muss diese Verschiedenheit der Ausgangspunkte in seinem Konzept ernst nehmen. Er muss sozusagen die Menschen erst einmal bei ihrer Unterschiedlichkeit abholen, muss verstehen, was sie bewegt, auch im Hinblick auf ihre unbewussten Erfahrungen und verdrängten Energien. Nur so wird er entscheiden können, welche Aspekte als Antrieb genutzt werden können und was zu verlernen ist, um Boden für Neues zu bereiten.

Ausgeprägter Praxisbezug

Ein Training ist ein ganz spezielles zeitlich begrenztes Geschehen mit speziellen Voraussetzungen, das nicht dem entspricht, womit es der Teilnehmer in seinem Arbeitsalltag zu tun hat. Insofern bezeichnen und erleben Teilnehmer Trainingssituationen immer auch als theoretisch und nicht real. Der Teilnehmer soll aber Dinge verstehen lernen und einüben, die sich im Endeffekt in seiner realen Lebens- und Arbeitspraxis abspielen. Dadurch existiert in jedem Training das so genannte Transferproblem: Wie kann es gelingen, das im Training Gelernte in die reale Praxis zu übertragen? Um dieses Problem von vornherein nicht zu groß werden zu lassen, hat es sich bewährt, relevante Situationen aus der Arbeitssituation in das Training hineinzuholen: Wo und warum klemmt es konkret? Worin bestehen die neuen Herausforderungen? Inwieweit sind die Probleme eine Sache fehlenden Wissens, fehlenden Verstehens, zu geringer Akzeptanz, mangelnden Könnens, zu dürftiger Unterstützung im direkten Arbeitsumfeld? – um diese Fragestellungen dann so praxisnah wie möglich zu bearbeiten. Sonst besteht die Gefahr, dass zwar theoretisch gelernt, das Gelernte aber nicht in die Realität umgesetzt wird.

Feldkompetenz des Trainers

Dazu ist aber nur ein Trainer in der Lage, der sich eine halbwegs konkrete Vorstellung davon machen kann, in welchen Rahmenbedingungen die Teilnehmer leben und arbeiten, der Interesse hat, sich in diesen Rahmen wirklich hineinzudenken und der sich in diesem Milieu auch sprachlich so bewegen kann, dass die Teilnehmer ihn akzeptieren. Er muss beileibe kein Fachmann sein. Aber die Teilnehmer müssen den Eindruck haben, er versteht sie und er interessiert sich für sie. Er ist zwar nicht direkt einer von ihnen, aber er ist auch nicht allzu weit weg.

Ganzheitliches Trainingskonzept

Was für Verhaltensänderung insgesamt gilt, gilt in gleicher Weise für ein Training, das den Anspruch verfolgt, sich in der konkreten Arbeitsrealität niederzuschlagen. Es reicht nicht aus, beim Teilnehmer einzelne Aspekte isoliert zu fokussieren. Gefragt ist, sowohl bei der Konzeption wie in der Durchführung verschiedene Dimensionen immer gleichzeitig im Blick zu haben:

- innere Einstellung,
- Wissen,
- Fertigkeiten,
- emotionale Befindlichkeit,
- unterstützende und hindernde Faktoren im Arbeitsumfeld.

Antriebsfaktor Lust oder Angst?

Ein Training, das nicht herausfordert, kann nicht dazu beitragen, eine Spitzenleistung zu erreichen. Nur, worin besteht die Herausforderung? Was schon in der Schule bei Kindern gilt, gilt bei Erwachsenen umso mehr: Lernen kann man nicht erzwingen. Wer das tut, mag zwar im Moment scheinbar Erfolg haben, aber die Nebenwirkungen sind hoch. Im Hinblick auf Training plädiere ich eindeutig für ein Energie- und Lustprinzip. Die allgemeinen Rahmenbedingungen und die Ausgangssituation in den Unternehmen – warum sich etwas ändern muss, warum Mitarbeiter sich in ihren Fertigkeiten und in ihrem Verhalten ändern müssen, und dass trotzdem das Überleben des Unternehmens dadurch nicht auf Dauer gesichert sein wird – das alles mag Unsicherheit und Angst auslösen. Diese Angst kann man in vielen Fällen weder abmildern, schon gar nicht wegreden, und man sollte es gar nicht erst versuchen. Aber so ernst der Rahmen selbst unter Umständen ist, wenn wir das, was wir lernen wollen, um trotzdem zu überleben, auch nur mit Angst angehen würden, würden wir uns jeglicher Kreativität berauben. So muss also ein Spagat gelingen zwischen durchaus angstbesetzter Gesamtsituation und einer Atmosphäre im Training, die von Energie und Lust geprägt ist.

Zeitgemäße Trainingsansätze – vier Beispiele

Die Lernfirma

Das ist nicht etwas, was erst in jüngster Zeit entwickelt und ausprobiert wurde und sich als erfolgreich erwiesen hat. Aber umso verwunderlicher ist, dass es sich noch immer um Einzelfälle handelt, dass diese Form noch nicht den Status einer allgemeinen Norm erhalten hat: Lehrlingsausbildung nach dem Prinzip einer eigenen Firma. Eigentlich ist die zugrunde liegende Erkenntnis relativ simpel: Am besten lernt man durch Tun. Noch stärker: Am besten lernt man, wenn man etwas tun muss – und, weil man eben nicht alles kann, dann schauen muss, wo und wie man rausbekommt, was an Wissen und Fertigkeiten fehlt. Und so wird im Unternehmen eine eigene kleine Firma gegründet mit allen Funktionen, die von Bedeutung sind, um eine Firma erfolgreich zu machen – Einkauf, Verwaltung, Finanz und Controlling, Marketing und Werbung, Verkauf, Logistik, Geschäftsführung. Es gibt ein Unternehmensziel und eine klare Ertragsvereinbarung und natürlich ein Produkt- beziehungsweise Leistungsangebot. Und in gewissen Abständen werden die Funktionsträger in andere Bereiche überwechseln. Und so sind insgesamt drei Dinge garantiert: Erstens, man lernt wirklich aus der Praxis für die Praxis. Es bleibt einem schließlich nichts anderes übrig, da man die Dinge direkt in der Anwendung benötigt. Zweitens, man erlebt, wozu das Gelernte wirklich taugt oder eben nicht, weil man sieht, wie sich die Dinge mittelfristig auswirken. Denn gemessen wird man nicht an dem, was man weiß oder kann, oder eben vorgibt, zu wissen oder zu können, sondern ausschließlich an dem, was man tatsächlich zuwege bringt. Drittens, jeder erlebt die Situation nicht – wie manche Angestellte ihr ganzes Leben lang – aus einer einzigen Funktionsperspektive, sondern ganzheitlich als Unternehmer.

Selbst verantwortetes Trainings-Budget

Auch Trainingsprogramme bedeuten eine Investition – in Zeit und meistens auch in Geld. Ob diese Investition sich je rechnet? Wer weiß? Üblicherweise entscheiden die Führungsverantwortlichen oder auch der Personalbereich über solche Investitionen. Anders in diesem Fall: Die Unternehmensleitung stellt einer Gruppe von so genannten Nachwuchsführungskräften eine fixe Summe zur Verfügung, die diese für ihre Weiterbildung investieren kann. Aber es gibt Bedingungen – und die sind nicht ohne: Die Gruppe muss dem Investor ein Fortbildungskonzept vorlegen, das nicht nur den Teilnehmern einen Trainingsnutzen, sondern auch in irgendeiner messbaren Form einen direkten Nutzen für das Unternehmen verspricht. Wenn das Konzept gebilligt ist, kann Geld abgerufen werden. Die Gruppe muss aber in regelmäßigen Abständen von zwei bis drei Monaten – in Sonderfällen natürlich auch außerhalb dieser Regelung – den Entscheidern die Wirksamkeit ihres Konzeptes nachweisen, beziehungsweise neue Konzepte vorschlagen, wenn es neue Erkenntnisse oder Entwicklungen gibt, die für die zugrunde liegende Zielsetzung von Bedeutung sind. Die Gruppe ist im Übrigen frei, sich im Rahmen ihres Budgets und kalkulierter Hoffnung auf Wirksamkeit auch Unterstützung von außen zu holen – in Form von Training oder Beratung. Auch bei diesem Ansatz spürt man sehr klar, welche Annahmen zugrunde gelegt werden, und welche Ziele die Geschäftsführung mit diesem Vorgehen verfolgt: Verantwortung für die eigene Entwicklung, Vernetzung und Ausgleich zwischen Unternehmens- und Mitarbeiterinteressen, Orientierung an der erfolgreichen Anwendung und Umsetzung, also am Tun statt nur am theoretischen Wissen und prinzipiellen Wollen und Können.

Eine entscheidende Reihenfolge: Zuerst die Infrastruktur, dann die Hilfe

Wenn in einem von seiner Grundbeschaffenheit her trockenen Gebiet Wassermangel herrscht, so kann man diesen durchaus erfolgreich beheben, indem man von Zeit zu Zeit je nach Bedarf Wassertransporte organisiert mithilfe von Tankwagen oder speziellen Flugzeugen. Das ist allerdings in aller Regel eine nicht billige Angelegenheit. Die Alternative: Man schafft eine entsprechende Infrastruktur, indem man zum Beispiel Brunnen bohrt oder eine Wasserleitung legt. Dann hat man zwar zunächst einen wahrscheinlich höheren Ausgangsaufwand zur Schaffung der Infrastruktur. Sobald diese aber existiert, reduziert sich der anschließende Aufwand drastisch, der nötig ist, um regelmäßig in ausreichenden Mengen das gewünschte Gut in der gewünschten Menge in die gewünschte Gegend zu schaffen. Nach einem ähnlichen Prinzip ist vor einigen Jahren die Sozialbehörde in Teilen Kaliforniens vorgegangen: Es wurde schon immer sehr viel Geld ausgegeben, um den bedürftigen Teil der Bevölkerung auf einem Lebensniveau zu halten, das leidlich menschenwürdig ist. Ziel dieser Sozialhilfe war es eigentlich schon immer, Menschen zu befähigen, sich selbst in einer Weise weiter zu qualifizieren, dass sie im regulären Arbeitsmarkt eine Stelle finden würden. In den meisten Fällen handelte es sich um nicht oder nicht genügend gut qualifizierte Arbeitslose, häufig gekoppelt mit anderen Erschwernissen: alleinerziehend, mehrere kleine Kinder, eine viel zu kleine Wohnung – jeder kann sich diesen Elendskreislauf vorstellen. Das Sozialbudget stieg und stieg, die Erfolge im Sinne von Hilfe zur Selbsthilfe folgten aber der Anstiegskurve der Ausgaben nicht, sondern wurden immer geringer. Viele Sozialhilfeempfänger hatten gelernt, die Sozialhilfe schlicht als festes monatliches Einkommen anzusehen, entsprechend einzuplanen, und sie hatten auch gelernt, damit mehr schlecht als recht auszukommen. Und dann wagte man vonseiten des Staates eine Radikalreform, von deren Erfolg man zunächst überhaupt nicht überzeugt war: Die regelmäßigen Sozialmittel wurden gestrichen. Es wurde eine grundsätzlich neue Spielregel eingeführt: Zuerst muss sich jemand einen Arbeitsplatz besorgen beziehungsweise einen angebotenen Arbeitsplatz annehmen. Ohne Arbeitsplatz keine Sozialhilfe! Um einen Arbeitsplatz erfolgreich zu halten und sich dort auch weiterzuentwickeln, ist die Sozialbehörde bereit, jede sinnvolle Unterstützung zu gewährleisten – angefangen von Fahrzeugen, um in zumutbarer Zeit überhaupt an den Arbeitsplatz zu gelangen, über gezieltes Training von Fertigkeiten in modernen Techniken oder auch notwendigem Verhalten, Hilfe bei der Suche nach Kindergartenplätzen oder auch nach einer geeigneteren Wohnung. Soweit ich diesen Versuch verfolgen konnte, ist er erfolgreich verlaufen: Die Kosten stiegen nicht weiter, die eigentlichen Ziele, nämlich echte Eingliederung in ein normales Arbeitsleben und Hilfe zur Selbsthilfe, werden deutlich besser erreicht. Auch hier sind die zugrunde liegenden Prinzipien eindeutig: Selbstverantwortung und Eigeninitiative statt sich zurücklehnen und auf andere hoffen; Lernen aus der Praxis für die Praxis statt präventives Lernen, wie man es von der Schule gewöhnt war – und wie es nachgewiesenermaßen schon dort nicht erfolgreich war.

Sich selbst vermarkten

Ein letztes Beispiel mag die grundsätzlichen Prinzipien, um die es hier geht, untermauern. Gehen wir von folgender Situation aus: Junge Menschen in einem Unternehmen wollen sich weiterbilden und weiterkommen. Die Firma bietet dafür ganz bewusst weder ein obligatorisches Trainingsprogramm, noch eines der häufig praktizierten Trainee- oder Personalentwicklungsprogramme an, in deren Verlauf sichergestellt ist, dass der Trainee verschiedene Funktionen und Funktionsträger des Unternehmens als Beobachter und Unterstützungsleister hautnah persönlich erleben, dadurch lernen und einen Einblick in das Unternehmen bekommen kann. Nein, das Unternehmen geht einen völlig anderen Weg. Die Geschäftsführung fordert ihre entwicklungswilligen Mitarbeiter auf, besser gesagt, sie lädt sie ein, die Dinge selbst in die Hand zu nehmen. Fünf Spielregeln dienen als Wegweiser: Erstens, suche dir selbst ein Thema beziehungsweise eine Problemstellung, von der du annimmst, das Unternehmen hätte einen Nutzen davon, wenn dieses Thema angegangen oder dieses Problem gelöst werden würde. Zweitens, suche dir für dieses Thema unter deinesgleichen Mitstreiter. Drittens, finde einen, der in diesem Unternehmen bereits etwas zu sagen hat, der euch mit diesem Thema beauftragt. Viertens, besorgt euch die für dieses Thema und das von euch vorgeschlagene Vorgehen die notwendige Unterstützung – Ressourcen (Zeit, Geld, sonstige Mittel), Beratung, einen mikropolitischen Machtschirm beziehungsweise Promotoren, die dieses Projekt eurer Meinung nach benötigt.

Macht fünftens mit dem Vorgehen und dem erreichten Ergebnis im Unternehmen in einer Weise auf euch aufmerksam, wie es der Kultur des Unternehmens entspricht und eurer Weiterentwicklung dient. Sollte der geschilderte Ansatz nicht ganz den betrieblichen Realitäten der Firma entsprechen, die ich bei diesem Beispiel im Kopf habe, so entspricht dieses Vorgehen aber zumindest meinen eigenen Vorstellungen, wie Training lustvoll, wirksam und erfolgversprechend angelegt werden kann.

Falls Sie Trainings weder als allgemeine Beruhigungspille, noch als geplante Folgenlosigkeit, sondern als substanzielle Unterstützung für notwendige Veränderungen verstehen, können Sie mit Hilfe der folgenden beiden Checklisten Ihre Trainingsmaßnahmen so auswählen bzw. so gestalten, dass sie möglichst passgenau dem entsprechen, was Sie erwarten.

Abbildung 1: Trainings-Check für Veranstalter

Checkliste Verhaltenstraining

Ziele

- Klar und messbar;
- Den Teilnehmern bekannt und von ihnen akzeptiert;
- Für das Unternehmen und für die Teilnehmer von Bedeutung;
- Prinzipiell erreichbar und an realistischen Erwartungen orientiert (keine Wunderdroge);
- Übergreifende Ziele:
  - Sozialkompetenz auf- und ausbauen,
  - den Ausbau von Netzwerken fördern sowie
  - Entspannung aus dem beruflichen Alltagsstress bieten;

Inhalt

- Für die Aufgabe und Arbeit der Teilnehmer relevant;
- In die Arbeit und Aufgabe der Teilnehmer übertragbar und dort umsetzbar:
  - direkt und unmittelbar oder
  - indirekt;

Methoden

- Ganzheitlich, d.h. es wird gleichzeitig auf unterschiedlichen Dimensionen trainiert und gelernt:
  - Innere Einstellung/Haltung der Teilnehmer,
  - Wissen,
  - Fertigkeiten,
  - emotionale Befindlichkeit sowie
  - unterstützende bzw. hindernde Faktoren im Arbeitsumfeld;

- »State of the art«;

- An der Arbeitspraxis der Teilnehmer orientiert und übertragbar;

- Interaktiv:
  ⇒ Die Teilnehmer werden aktiv in die Trainingsgestaltung einbezogen, statt ausschließlicher »Musik von vorn«.

- Die Gruppe wird aktiv als Resonanzboden für Feedback und Verstärkung genutzt;

Trainer

- Fachliche Kompetenz;

- Feldkompetenz:
  ⇒ Die Trainer kennen die spezifischen Anforderungen des Unternehmens bzw. der Branche und das Umfeld der Teilnehmer.

- Pädagogisch-didaktische Kompetenz und soziale Akzeptanz;

- Praxisbezogen:
  ⇒ Die Trainer orientieren sich in ihrem Konzept an der Umsetzung des »Gelernten« am Arbeitsplatz?

Rolle der Teilnehmer

- Mit verantwortlich dafür, dass ein Training und dass es auf diese Weise stattfindet;

- Mit verantwortlich für den Erfolg und die Umsetzung in die Praxis;

- Im Training verantwortliche und aktive Mitgestalter, nicht passive Zuschauer auf der Tribüne;

Vorbereitung

- Durch die zuständige Führung:
  - Gespräch mit dem Teilnehmer zur Einstimmung und Abklärung der Erwartungen;
  - Schaffung der Rahmenbedingungen, die für eine spätere Umsetzung des Gelernten in die Praxis förderlich sind;
  - Ggf. Gespräch mit den Trainern zur Information über relevante Rahmenbedingungen und zur Klärung der eigenen Rolle bei der Umsetzung in die Praxis;
- Durch die Teilnehmer:
  - Auseinandersetzung mit den Zielen und Inhalten;
  - Klärung der Erwartungen der Führung im Hinblick auf das Training;
  - Persönliche Einstimmung in die Rolle als Mitunternehmer der Veranstaltung;

Nachhaltigkeit sichern

- Durch persönliches Engagement und Selbstverantwortung der Teilnehmer;
- Durch praxisrelevante Fallstudien und Projekte aus dem Arbeitsumfeld der Teilnehmer im Verlauf des Trainings;
- Durch Controlling und Coaching, sowohl von Teilnehmer untereinander als auch von Seiten der zuständigen Führung;
- Durch Schaffung der eventuell für eine dauerhafte Umsetzung notwendigen Rahmenbedingungen (Strukturen, Prozesse, Incentive-Systeme, Ressourcen, etc.);

Aufwand – Nutzen – Relation/Benchmark

- Was würde dem Unternehmen fehlen, wenn es dieses Training in dieser Form nicht gäbe?
- Könnte man das gleiche Anliegen nicht innovativer, gezielter und kostengünstiger erreichen?
- Gibt es in anderen Unternehmen noch bessere Ansätze?

Abbildung 2: Trainingsmaßnahme: Selbst-Check

Selbst-Check für die Teilnehmer

Was liegt mein Bedarf und mein persönliches Interesse an dieser Maßnahme?

- Beruflich;
- Privat;

Welchen konkreten Nutzen verspreche ich mir – direkt und indirekt?

- Für mich;
- Für das Unternehmen;

Wie kann ich mich optimal vorbereiten?

- Das Angebot überprüfen im Hinblick auf
  - Ziele, Inhalte, Methoden und Leistungsversprechungen,
  - Fach-, Feld- und Sozialkompetenz der Trainer,
  - Ernsthaftigkeit des Unternehmens (mit der Maßnahme wirklich etwas zu erreichen) sowie
  - bessere Alternativen im Markt.
- Die richtige innere Einstellung entwickeln;
- Eventuelle Trainings- und Lernblockaden lokalisieren und bearbeiten;

Wie kann ich Anwendung und Nachhaltigkeit bereits vorab und im Anschluss sichern?

- Austausch mit dem Vorgesetzten, Kollegen, Mitarbeitern, internen und externen Kunden über ihre Sicht der Dinge und ihre Erwartungen an meine Teilnahme;
- Öffentlichkeit herstellen über die Trainingsmaßnahme, um die eigene Verbindlichkeit und den Druck zu Umsetzung zu erhöhen;
- Persönliches Controlling, Coaching und sonstige Elemente eines maßgeschneiderten Stützsystems gezielt aufbauen und nutzen;

KAPITEL 2

Selbstführung: das innere Leitbild erkunden

Wer andere führt, übernimmt Verantwortung für sie; wer sich führen lässt, gibt Verantwortung ab an den, der ihn führt. Das ist in sich weder gut, noch schlecht. Vor dem Hintergrund einer Führungsphilosophie, die vom Leitbild eines mündigen, möglichst selbstständigen Mitarbeiters ausgeht, ist es aber umso wichtiger zu überprüfen, ob Verantwortung nicht vorschnell oder fahrlässig abgegeben beziehungsweise übernommen wird. Die Übung, die im Folgenden vorgeschlagen wird, verfolgt drei Ziele: Erstens, sich darüber klar zu werden, wie das eigene Führungskonzept aussieht, aus welchen Quellen es sich speist, in welchem Verhältnis es eher selbst- oder eher fremdbestimmt ist, und worauf es hinausläuft, wenn es so bleibt, wie es ist. Zweitens, eventuell ein alternatives Konzept zu entwerfen, das stärker die eigene Handschrift trägt, dabei aber geschickt an die vorhandene innere Programmierung anknüpfen und dadurch die Chancen auf seine Realisierung vergrößern kann. Drittens, in Eigenregie Rahmenbedingungen zu schaffen, die es attraktiv machen, von einem gegebenenfalls eher fremdbestimmten auf ein selbstbestimmteres Konzept umzusteigen.

Die innere Festplatte erkunden

Jeder Mensch hat so etwas wie eine innere Festplatte, auf der Programme abgespeichert sind, nach denen er sein Verhalten ausrichtet. Wir verstehen uns selbst umso besser, je besser wir diese Programme und ihre ursprünglichen Verfasser kennen. Was wir nicht kennen, können wir übrigens auch nicht verändern, weil wir nicht wissen, wo wir ansetzen könnten. Die Programme beginnen häufig mit Formulierungen wie »Werde ja nicht wie … niemals darfst du … schau nur, was aus X geworden ist … wer nicht (das und das tut), der wird immer … nur wer (das und das tut), der wird … nie im Leben wirst du … aus dir wird sicher … aus dir wird nie …« Hören Sie einen Moment in sich hinein und versuchen Sie zu erkunden, was über das Thema Führung gespeichert ist:

Erster Schritt: Maßgebliche Programmierung

Machen Sie sich zunächst bewusst, nach welchen inneren Modellen und Anweisungen Sie Ihr Führungsverhalten im Wesentlichen ausrichten:

Abbildung 3: Wesentliche Leitbilder

Wesentliche Leitbilder, Befehle oder Prognosen
Wen aus Ihrer früheren Jugend erkennen Sie als berechtigt an, gültige Aussagen zum Thema Führung zu machen (Das können Vater, Mutter, Geschwister, andere Angehörige, Lehrer, sonstige Autoritätspersonen sein):   •   •   •   •   •
Von welchen beispielhaften Aussagen über Führung sind Sie persönlich überzeugt?   •   •   •   •

Welche Rolle war Ihnen früher im Hinblick auf Führung zugedacht?	Von wem?
•	⇨
•	⇨
•	⇨
•	⇨
•	⇨

Zweiter Schritt: Nicht realisierte Alternativen

Erst bei einem zweiten Blick kommt manchem in Erinnerung, dass es auch noch andere Aussagen gab, die mit denen, die eingraviert wurden, überhaupt nicht konform gehen – sowohl allgemeine Aussagen zum Thema Führung als auch Aussagen über Sie oder welche Rolle Sie diesbezüglich einmal spielen werden. Tragen Sie solche Aussagen in die folgende Abbildung ein. Bewerten Sie dann diese Aussagen und ziehen Sie ein Zwischenresümee.

Abbildung 4: Anti-Leitbilder

Personen, die mit ihren Aussagen in krassem Gegensatz zu den Leitbildern stehen	
Personen	Aussagen / Prognosen

Dritter Schritt: Bewertung auf dem Hintergrund bisheriger Erfahrungen

Abbildung 5: Erfahrung bewerten

- Welche Aussagen beziehungsweise Bilder haben sich im Verlauf Ihrer bisherigen Erfahrungen bewährt, welche eher nicht?
  Machen Sie in den zwei vorhergehenden Abbildungen Häkchen hinter diese Aussagen.

- Inwieweit folgen Sie noch heute diesem Programm (Aussagen/Bilder?

- Welche Rolle teilen Sie sich heute im Hinblick auf Führung zu?

- Wie weit deckt sich Ihr Rollenverständnis mit dem überkommenen Bild?

- Wo sehen beziehungsweise erleben Sie Brüche?

Vierter Schritt: Zwischenresümee

Abbildung 6: Zwischenresümee

Ziehen Sie aus den bisherigen Erkenntnissen die Schlussfolgerung: Beschreiben Sie mit wenigen Stichworten Ihr inneres Programm, dem Sie im Hinblick auf Führung noch heute (mehr oder weniger) folgen.

Dieses Programm kann sich aus Eigenschaften, Geboten oder Verboten zusammensetzen:

Bewertung Ihres Programms

Schauen Sie sich nun Ihr Resümee an und analysieren Sie dieses im Rahmen der folgenden Kriterien:

Abbildung 7: Bewertung Ihres Programms

Neigung zu Selbstständigkeit		Neigung zur Unselbstständigkeit
Ich treffe gerne eigenständig Entscheidungen.	1 2 3 4 5 6	Ich stütze mich bei Entscheidungen gerne auf andere.
Ich nutze Entscheidungsfreiräume bis hart an die Verbotsgrenze.	1 2 3 4 5 6	Ich hole sehr früh die Meinung derer ein, die wahrscheinlich mitbestimmen wollen.
Ich lasse mir nicht gerne hineinreden.	1 2 3 4 5 6	Jeder Rat ist mir willkommen.
Ich ergreife gerne Initiative auch bei völlig neuen Themen.	1 2 3 4 5 6	Ich warte lieber auf klare Beauftragungen.

Freude an Verantwortung		Scheu vor Verantwortung
Ich übernehme gerne Verantwortung.	1 2 3 4 5 6	Ich sehne mich nicht nach Verantwortung.
Was ich selbst tun kann, gebe ich nur ungern an andere ab.	1 2 3 4 5 6	Ich lasse gerne anderen den Vortritt, wenn sie das wollen.
Speziell in schwierigen Situationen führe ich gern.	1 2 3 4 5 6	Wenn es schwierig wird, soll der ran, der es besser kann oder mehr Erfahrung hat.
Auch bei Misserfolg stehe ich klar zu meiner Verantwortung.	1 2 3 4 5 6	Ich versuche, möglichst schnell den schwarzen Peter loszuwerden.

Überzeugung von der eigenen Wirksamkeit		Innere Unsicherheit im Hinblick auf die eigene Wirksamkeit
Ich fühle mich häufig durchdrungen von Tatkraft und Unternehmungsgeist.	1 2 3 4 5 6	Ich fühle mich nur gut, wenn ich Dinge besonders gut beherrsche.
Bei dem, was ich tue, bin ich innerlich voll von mir überzeugt.	1 2 3 4 5 6	Mitten im Handeln überfällt mich oftmals tiefer Zweifel an mir.
Alles ist relativ – und deshalb bin ich von mir trotz einiger Schwächen überzeugt.	1 2 3 4 5 6	Ich vergleiche mich fast immer mit Menschen, die etwas besser können als ich.
Ich bin überzeugt, dass mein Umfeld an mich glaubt.	1 2 3 4 5 6	Ich bin mir sehr unsicher, was andere von mir halten.

Kostenrechnung der anderen Art

Was immer wir tun oder nicht tun und wie wir dies tun – die Gretchenfrage lautet: Wem nutzt es? Nutzen gilt es nicht nur kurzfristig zu überprüfen, sondern auch mittel- und längerfristig. Manchmal scheinen Dinge am Anfang hervorragend zu laufen, zeigen aber auf Dauer unerwünschte Nebenwirkungen – und umgekehrt. Nur wer die Frage nach dem Nutzen halbwegs ehrlich beantworten kann, kann sich gezielt damit auseinander setzen, ob er etwas ändern soll oder nicht. Also: Wer ist der Nutznießer Ihres Führungsverständnisses und der Führungsrolle, nach der Sie Ihr Handeln ausrichten?

Abbildung 8: Nutzen von Führung

Inwieweit nütze beziehungsweise schade ich mir selbst?	
Nützlich	Eher nachteilig
Was haben die Menschen in meinem engeren Umfeld von meinem Führungskonzept?	**Wie geht es ihnen damit?**

Diejenigen, die mich führen?

Diejenigen, die ich führe?

Wie nützt mein Führungskonzept insgesamt dem Unternehmen?

Wie gut geht es mir mit meinem Führungskonzept?

Fremdbilder einholen

Unsere Wahrnehmung ist nicht objektiv. Sie hilft uns, die Dinge in dem Licht zu sehen, wie wir sie gerne sehen möchten.

Deshalb ist es unverzichtbar, Ihre eigene Wahrnehmung und das Bild, das Sie im Hinblick auf Führung von sich selbst haben, mit einigen ausgewählten Rückmeldungen aus Ihrem näheren Umfeld zu vergleichen.

Es steht Ihnen natürlich frei, sich nur solche Menschen auszusuchen, die Ihnen gerne nach dem Munde reden. Wenn Sie das jedoch nicht wollen, dann wählen Sie erstens die richtigen Leute aus – Menschen, die sagen was sie denken, und die zumindest eine innere Unabhängigkeit haben – und zudem zur Absicherung aus jeder Kategorie vielleicht zwei:

- zwei Menschen, die Ihnen vorgesetzt sind;
- zwei in etwa gleichgestellte Kollegen aus der Linie oder Projekten;
- zwei Menschen, die Sie selbst zu führen haben;
- zwei Freunde aus dem privaten Umfeld, die sich von Ihnen ein Bild machen können.

Vergleich zwischen Selbstbild und Fremdbildern

Was immer andere Ihnen mitteilen und was immer Sie davon halten – versuchen Sie nicht, die Dinge so lange zurechtzuerklären, bis sie Ihnen wieder in Ihr Bild passen.

Sie sind sicher nicht so, wie andere Sie sehen – genauso wenig sind Sie wirklich so, wie Sie sich selbst sehen. Alles ist subjektiv und hängt von der Perspektive dessen ab, der sich etwas anschaut.

Es ist für Sie viel spannender, Ihr Eigenbild mit diesen Fremdbildern zu vergleichen – und zu überlegen, wo überraschende Diskrepanzen sind – und wie Sie mit diesen umgehen wollen.

Abbildung 9: Eigen- und Fremdbilder

Resümee Eigenbild	*Resümee Fremdbilder*

Überraschende Diskrepanzen und die Konsequenzen:

Ein alternatives Führungskonzept? Vom Wollen zum Tun

Wenn Sie jetzt alles zusammennehmen – Ihre frühe Programmierung, die heutigen Herausforderungen, Ihr Selbstbild, die Fremdbilder, Ihre Analysen: welche Schlussfolgerungen ergeben sich daraus?

Möglicherweise kann alles so bleiben, wie es ist. Möglicherweise spüren Sie aber auch den Wunsch, einiges zu ändern. Wenn dem so wäre, dann gibt es nur eines, sich einen genauen Plan zu machen. Ansonsten wird die innere Sensibilisierung folgenlos bleiben. Bei diesem Plan gilt eine Regel: Weniger ist mehr! Bei Ihren Notiezn hilft Ihnen das Schema von Abbildung 10.

Abbildung 10: Veränderungsplan

Was werde ich unbedingt beibehalten?

-
-
-
-
-

Was werde ich ersetzen?	Wodurch?
•	⇨
•	⇨
•	⇨
•	⇨
•	⇨

Wie werde ich die Veränderung für mich so attraktiv machen, dass ich sie in Angriff nehme?

-
-
-
-
-

KAPITEL 3

Sich selbst auf die Spur kommen: das wahre Persönlichkeitsprofil

»A charismatic and compelling force
Who made impossible hopes and dreams come true.«
JAMES P. GRANT Unicef executive director from 1980 to 1995

Vielleicht denken viele Jubilare ähnlich, aber einer hat offen ausgesprochen, was ihn bewegte, als er sich die ganzen Festreden anlässlich seines Ehrentages angehört hatte: »Meine Damen und Herren, ich musste mir nun eine ganze Menge Übertreibungen, ja sogar fromme Lügen über mich anhören. Aber, das Fatale daran ist: Ich fürchte, ich habe es trotz allem genossen.« Ähnlich mag es Mr. Grant ergehen. Wir alle kennen das. Es gibt drei unterschiedliche Bilder von uns: Erstens, eine Vorzeigeseite, mit der wir uns gerne der Öffentlichkeit präsentieren oder der wir nicht widersprechen, wenn wir so gesehen werden; zweitens, eine Rückseite oder auch Unterwelt, die wir nur allzu gern – manchmal sogar vor uns selbst – verstecken; und drittens vielleicht gibt es noch ein drittes Bild, in dem beide Seiten miteinander verbunden sind. Es ist nicht schlimm, dass das so ist. Es gibt gute Gründe, nicht immer und nicht jedermann gegenüber das Innerste nach außen zu kehren. Und manchmal bedeutet es eine große, sogar notwendige Entlastung, wenn wir uns hinter einer annehmbaren Fassade teil- oder zeitweise verbergen können. Trotzdem: Es ist gut zu wissen, was eigentlich in uns drin ist, und es ist von Vorteil, wenn wir einen verlässlichen Zugang zu uns haben, der es uns ermöglicht, bewusst darüber zu entscheiden, wem und wann wir was zeigen und wem und wann wir was lieber verbergen sollten. Die weniger gute Alternative: Wir sind mehr oder weniger unbewusst gesteuert und müssen deshalb immer mit Überraschungen leben. Mithilfe der folgenden Übung können Sie sich selbst auf die Spur kommen.

Vorbilder und Leitbilder

Jeder Mensch hat persönliche Vorbilder oder auch Leitbilder in Form von Maximen, Geboten oder Verboten. Es kann sich um Personen oder Grundsätze handeln, die wir selbst erlebt oder am eigenen Leib erfahren haben oder solche, von denen uns berichtet wurde, von denen wir gehört, etwas gesehen oder auch gelesen haben. Das Besondere daran ist – unabhängig davon, ob die Vorbilder oder Verfasser von Leitbildern noch am Leben sind oder nicht: Wir richten unser Verhalten teilweise nach ihnen aus. Zumindest beurteilen wir unser Verhalten ab und zu im Lichte dieser Standpunkte.

Abbildung 11: Vorbilder und Leitsätze

Vorbilder	Ihre spezielle Haltung oder Taten	Was ich mir von ihnen »abschneide«
Leitsätze Gebote / Verbote		Wo und wie wende ich diese tatsächlich an?

Mein Soll-Profil

Jeder Mensch hat so etwas wie ein Idealprofil, nach dem er sich ausrichtet – ein Soll-Bild, nach dem er strebt. Das heißt nicht, dass wir dies immer in vollem Umfang erfüllen. Trotzdem, wir haben den Anspruch, uns an diesem Maßstab grundsätzlich zu messen und messen zu lassen.

Die vorgegebene Gliederung ist ein Vorschlag. Falls Sie Aspekte haben, die nicht in das Raster hineinpassen, verhalten Sie sich bitte »out of the box«. Entscheidend ist, keine wesentlichen Stärken zu vergessen, die Sie für Stützpfeiler Ihrer Kompetenz halten.

Abbildung 12: Soll-Profil

Haltungen/Einstellungen
•
•
•
•
•

Besonderes Wissen
•
•
•
•
•

Herausragendes fachliches Können (Fertigkeiten)
•
•
•
•
•

Überdurchschnittliche soziale Kompetenz
•
•
•
•
•

Mein Rollenrepertoire

-
-
-
-
-

Meine dunkle Seite – und wie ich sie nutzen kann

Die meisten Bodenschätze liegen in der Unterwelt – in der Natur, wie auch beim Menschen. Dort liegen ganz frühe Erfahrungen von Geborgenheit oder Verlassenheit, von Verletzungen, von Verlässlichkeit, Vertrauen oder Misstrauen. Solche Ur-Erfahrungen sind die Basis für grundlegende Prägungen und mehr oder weniger tabuisierte Triebe: Bedürfnis und Sehnsucht nach Liebe, Wertschätzung, Macht und Einfluss; Lust auf Konkurrenz, Vergeltung, Zerstörung; Gefühle von Hass und Angst; Lust zu führen oder sich zu unterwerfen und vieles mehr. Hier liegt die Quelle für überraschende Dynamik und Energie oder für Blockaden, unheimliche Ruhe oder Lethargie. Wollen und Nicht-Wollen, Gestaltungsfreude und Widerstand haben oft ihre eigentliche Ursache in diesem Bereich – und sind häufig nicht zu verstehen, wenn wir uns nur an der sichtbaren Oberfläche bewegen. Jeder hat seinen persönlichen Eis-

Abbildung 13: Mein persönlicher *Eisberg*

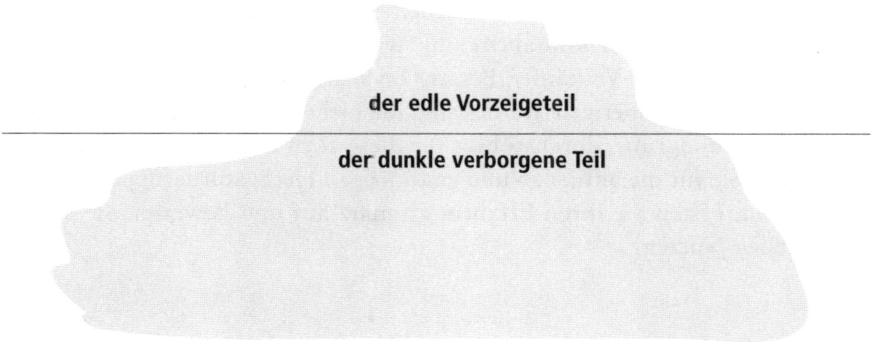

der edle Vorzeigeteil

der dunkle verborgene Teil

berg (Abbildung 13). Auch hier gilt: Es ist nicht schlimm, dass es so ist. Es ist nur dann von gehörigem Nachteil für uns, wenn wir dazu keinen Zugang haben. Listen Sie die Aspekte aus der Unterwelt auf und bewerten Sie deren potenziellen Nutzen.

Abbildung 14: Meine dunklen Seiten

Aspekte aus der Unterwelt	Möglicher Nutzen für mich

Nachlese, oder: Stöbern im Schatz der bisherigen Lebenserfahrungen

Fragt man Menschen nach ihren Fähigkeiten und Stärken, so sind sie häufig fixiert auf Aspekte, die sich direkt und unmittelbar als Stärken vorzeigen lassen. Sie vergessen nicht selten, wie viel sie im Leben bereits gemacht und erfahren haben, was sie als indirektes Grundmaterial nutzen könnten, um daraus sozusagen Stärken zweiter Hand abzuleiten. Wer zum Beispiel als Jugendlicher bereits aktiv in einem Verein als Jugendführer oder als Organisator von Freizeiten tätig war, hat damit auch als Erwachsener eine gute Basis für ähnliche Tätigkeiten im beruflichen Umfeld. Wer schon als Kind generell sehr neugierig und kontaktfreudig war, zeigt dadurch vielleicht seine gute Veranlagung als Verkäufer, Berater oder als Führungskraft zu arbeiten. Nutzen Sie Ihren bisherigen Werdegang, die bisherigen Erfahrungen und Erlebnisse als Fundgrube, durchstöbern Sie diese akribisch – und überlegen Sie, was davon Sie für die aktuellen und zukünftigen Herausforderungen verwerten können. Listen Sie Ihren Erfahrungsschatz auf und bewerten Sie dessen potenziellen Nutzen.

Abbildung 15: Erfahrungsschatz

Frühere Tätigkeiten, Erfahrungen und Erlebnisse	Mittelbarer Nutzen für aktuelle oder zukünftige Anforderungen

Das wahre Persönlichkeitsprofil

Lassen Sie nun alle Aspekte aus den unterschiedlichen Bereichen nochmals auf sich wirken: die Vorzeigeseite, die dunkle Seite und den Nutzen, den Sie daraus ziehen können, sowie die Anregungen, die Sie gewonnen haben. Versuchen Sie sich an der Aufgabenstellung, ein Profil von sich zu entwerfen, das nicht nur die Zuckerseite von Ihnen beschreibt, sondern Elemente aus den beiden anderen Bereichen mit einbezieht. Ein derartiges Profil hat zwei Vorteile: Es ist insgesamt reifer, reichhaltiger und es ist glaubwürdiger.

Sich selbst als Firma planen: ein Konzept für die Unternehmensentwicklung der Selbst GmbH

»The buck stops here.«
Motto auf dem Schreibtisch von HARRY S. TRUMAN

Jedes gute Unternehmen hat ein Unternehmensentwicklungskonzept und einen Businessplan, entweder formuliert und nachlesbar oder zumindest in den Köpfen der entscheidenden Manager. Beides, sowohl das Unternehmensentwicklungskonzept als auch der Businessplan sind keine starren Machwerke – schon gar nicht in diesen Zeiten des Wandels, sondern Positionslichter, die regelmäßig auf ihre Aktualität hin gecheckt und gegebenenfalls angepasst werden müssen. Das kleinste Unternehmen ist das Individuum. Was sich im Großen bewährt, müsste doch auch im Kleinen gelten?! Also lade ich Sie ein, nach allen Regeln der Kunst ein Unternehmensentwicklungskonzept beziehungsweise einen Geschäftsplan für Ihre Ich AG oder Selbst GmbH zu entwerfen. Was wir in *Change Management* im Kapitel »Strategieentwicklung« für größere Unternehmen formuliert haben, können Sie jetzt auf das kleinste Unternehmen, nämlich sich selbst anwenden. Falls Sie so etwas Ähnliches bereits haben, lade ich Sie ein, Ihr Konzept über die Rüttelstrecke zu fahren. Im Endeffekt sollten Sie sich über Folgendes im Klaren sein: über Ihre Stärken und Schwächen verglichen mit dem Wettbewerb, Ihre Chancen im Markt, Ihre USP (unique selling proposition), Ihre Art, wie Sie sich organisieren, sowie über Ihr Überlebens- und Zukunftskonzept. Diese Übung gilt für jeden, ob selbstständig oder angestellt, ob voll im Beruf oder Privatier, ob jung oder alt. Tatsache ist allerdings: Es kommt häufig anders als geplant und erhofft. Deshalb haben sich nicht wenige entschlossen, einfach auf den so genannten natürlichen Lauf der Dinge oder auf ihr vorgesetztes Management im Unternehmen zu vertrauen. Sicher, irgendetwas wird sich immer ergeben, aber nicht unbedingt das, was Ihren persönlichen Interessen entspricht. Diejenigen, die gerne andere für sich arbeiten lassen, werden sich über jeden freuen, der sich selbst nicht positioniert, und somit ihre Kreise nicht stört. Ziel dieser Übung ist es, sich selbst als Unternehmen zu begreifen, sich die aktuelle Lage des ICH-Unternehmens ungeschminkt zu vergegenwärtigen und damit den Startpunkt potenzieller Veränderungen klar definieren zu können. Im Amerikanischen gibt es den Ausdruck »to pass the buck«. Das kann in der Alltagssprache zweierlei bedeuten: einen Dollar rüberschieben oder sich von der Verantwortung drücken, die Verantwortung abschieben. Auf diesem Hintergrund ist das Motto zu verstehen, das Harry S. Truman sich auf den Schreibtisch stellte, gut sichtbar für alle seine Gesprächspartner: »The buck stops here!« Das heißt, hier wird die Verantwortung nicht weitergeschoben. Warum soll dieses Motto nur für einen amerikanischen Präsidenten gelten, warum nicht auch für die Selbst GmbH?!

A. Meine aktuelle Unternehmensidentität – eine Bestandsaufnahme

Um sich die Ist-Situation des Unternehmens zu vergegenwärtigen, um festzustellen, wo Sie heute stehen, gilt es die richtigen Fragen zu bearbeiten:

- Welche Ziele verfolge ich?
- Was habe ich zu bieten – und was ist mein Leistungsangebot im Markt (noch) wert?
- Inwieweit entspricht mein Handeln meiner strategischen Ausrichtung?

1. Zielsetzung

Wofür stehe ich? Was strebe ich an? Was ist mein Ziel oder mein Bukett von Zielen? Schon bei dieser Frage kommen auch große Firmen ganz schön ins Schwitzen. Viele haben keine klare Ausrichtung. Sie tun das, was sie schon immer getan haben, oder was sich gerade so ergibt, oder was sich als günstig erweist. Oder sie machen einfach nach, was andere machen. Manchmal haben sie damit sogar Erfolg – zumindest eine Zeit lang. Nicht wenige verfolgen eine Vielzahl von zum Teil widersprüchlichen Zielen: Will ich nur Geld verdienen und Karriere machen – oder will ich auch glücklich sein? Was kommt an erster, was an zweiter Stelle? Wie definiere ich eigentlich Zufriedenheit oder Glück? Ist es Selbstbestimmung? Kreativität? Erfolg? Angenehmes Leben? Gesellschaftliches oder soziales Engagement? Was davon muss zu welchem Grad verwirklicht sein, damit ich zufrieden bin? Und nicht zu vergessen: Will ich das für mich allein, oder will ich das gemeinsam in einer Partnerschaft oder in und mit einer Familie? Dann müsste ich mich nämlich darüber mit den Betroffenen verständigen – und dürfte es nicht einseitig festlegen. Und nicht zuletzt: Was soll Ihr Unternehmen für die Allgemeinheit bewirken beziehungsweise beitragen?

Abbildung 16: Meine Ziele

Ziele	Priorisierung
•	
•	
•	
•	
•	
•	

2. Produkt- und Leistungsangebot

Sie müssen Ihr Produkt- und Leistungsangebot klären: Was habe ich zu bieten? Was ist mein Markt? Was bin ich im Markt wert? Mit wem stehe ich im Wettbewerb? Was sind meine Kernkompetenzen? Wodurch bin ich unverwechselbar? Hier setzt sich möglicherweise die Unsicherheit fort. Was alles gehört zu meinem Angebot? Sicher alles, was ich weiß und kann – zumindest soweit mein Wissen und meine Fertigkeiten auf dem neuesten Stand und im Markt gefragt sind.

Aber das ist bei weitem nicht alles. Wissen und Fertigkeiten können vergehen oder ihren Wert verlieren. Auf Dauer wichtiger ist die innere Haltung. Also: Bin ich Pessimist oder Optimist? Bin ich von meinem Naturell her eher ein freundlicher oder ein unfreundlicher Mensch? Kann ich andere mit meiner Ruhe, Zuversicht oder Fröhlichkeit anstecken, oder bin ich ein Energieabsauger, ein Entsafter – oder gar ein geistiger Umweltverschmutzer, der immer alles schlecht machen muss? Für jeden, der etwas verkaufen will, ist die innere Haltung ein entscheidender Erfolgsfaktor.

Abbildung 17: Mein Leistungsangebot

Produkt/ Leistungsangebot	Markt/Zielgruppe	Konkurrenz	Bewertung A/B/C/D*

* A auf dem neuesten Stand und im Markt gefragt
  B auf dem neuesten Stand, aber kaum gefragt
  C nicht mehr auf dem neuesten Stand, aber immer noch gefragt
  D nicht mehr auf dem neuesten Stand und wenig gefragt

3. Strategische Ausrichtung

Der Duden bezeichnet Strategie als einen *Plan, wie man sein Ziel am besten, günstigsten oder schnellsten erreichen will, und in dem man diejenigen Faktoren oder Ereignisse, die in die eigenen Aktionen – positiv oder negativ – hineinspielen könnten, von vornherein einzukalkulieren versucht.* Zwei Faktoren sind für Ihre strategische Ausrichtung entscheidend: Wie konsequent Sie Ihr tatsächliches Handeln nach Ihrer Strategie ausrichten und die Art, wie Sie sich organisieren, um Ihr Produkt- und Leistungsangebot zu erstellen.

Entspricht das, was ich tue und wie ich es tue, dem, was ich vorgebe anzustreben, was ich in meiner Strategie formuliert habe? Viele Unternehmen sind hier Musterbeispiele von Inkonsequenz. Sie werden Ihr blaues Wunder erleben, wenn Sie zum Beispiel die Übung machen, die später beschrieben ist, nämlich sich selbst eine längere Zeit rund um die Uhr beobachten und feststellen, womit Sie Ihre Zeit verbringen und das Ergebnis mit Ihren eigentlichen Zielvorstellungen vergleichen. Sie werden typische Zeitfresser entdecken, die zur Erreichung Ihrer Ziele nicht das Geringste beitragen und Ihnen einen Großteil Ihrer Energie und Arbeitsfreude rauben.

Abbildung 18: Strategie und Handeln

Zusammenhang zwischen Strategie und konkretem Handeln		
Mein Handeln ist konsequent an meiner Strategie ausgerichtet.	1 2 3 4 5 6	Ich lasse mich stark von anderen Interessen/Bedürfnissen steuern.

	Wesentliche Unstimmigkeiten zwischen	
Strategie	und	konkretem Handeln

Zur strategischen Ausrichtung gehört aber noch etwas anderes: die Art, wie Sie sich organisieren. Clevere Firmen bilden zum Zweck übergreifender Prozessketten Netzwerke und Allianzen. Wie steht es mit Ihnen? Sind Sie ein Einzelgänger? Oder haben Sie ein Netzwerk von Bekannten, Freunden und beruflichen Kontakten? Wie gut pflegen Sie dieses Netzwerk? Entspricht Ihr Netzwerk ihren aktuellen Zielvorstellungen, oder stammt es aus längst vergangenen Zeiten? Wann haben Sie die letzte Flurbereinigung durchgeführt?

Abbildung 19: Organisationskonzept

Netzwerkpartner	Aktuell?	Gepflegt/intakt?

B. Inspektion der aktuellen Ausrichtung im Hinblick auf mögliche Zukünfte

Den festgestellten Ist-Zustand gilt es nun daraufhin zu untersuchen, inwieweit er den aktuellen und voraussehbaren zukünftigen Anforderungen entspricht. Vier Perspektiven bilden das Gerüst für diese Untersuchung:

1. Blick nach außen: Der Wandel im Umfeld

Um der Gefahr von Nabelschau zu entgehen, richten Sie zunächst einmal Ihren Blick nach außen. Die entscheidenden Fragen dazu lauten:

- Was tut sich für mein Unternehmen Bedeutsames im Hinblick auf
  - Märkte,
  - Kundenbedürfnisse und Kundenverhalten,
  - Technologien, die für meine Wertschöpfungskette relevant sind,
  - Konkurrenz,
  - politische Rahmenbedingungen sowie
  - gesellschaftliche Trends?
- Wie wirkt sich dies alles konkret auf mich und mein Unternehmen aus?

Abbildung 20: Wandel im Umfeld

Für mein Unternehmen relevante Entwicklungen im Umfeld	Mögliche Auswirkungen auf mein berufliches Wirken

2. Szenarien – oder Vorgriff auf die Zukunft

Es gibt immer verschiedene mögliche Zukunftsentwicklungen – darunter solche, die wahrscheinlicher, und andere, die weniger wahrscheinlich sind. Es geht schlicht darum, sich auf unterschiedliche mögliche Zukünfte einzustellen und vorzubereiten. Die Leitfragen sind hier:

- In welche Richtung könnte das, was sich zurzeit abspielt oder abzeichnet, mittelfristig führen?
- Was ist absehbar – was nicht?
- Welches sind mögliche Szenarien für heute, in 2, 3 oder 5 Jahren – und wie müsste ich im Falle jedes einzelnen Szenarios im Hinblick auf Know-how, Produkte beziehungsweise Dienstleistungen, Geschäftsprozesse, Struktur, Marketing und Qualifikationen positioniert sein, um Erfolg haben zu können?
- Wo sehe ich wesentliche Chancen?
- Wo sehe ich erhebliche Gefahren und Risiken?

Wir können die Zukunft nicht vorhersagen. Aber wir sind in der Lage, bestimmte Aspekte mitzugestalten und vor allem – durch die Beschäftigung mit möglichen Zukünften können wir uns mental so darauf einstellen, dass wir schnell reagieren können, egal was wirklich kommt. Die folgenden Abbildungen helfen Ihnen entsprechende Szenarien zu entwickeln.

Abbildung 21: Szenario 1

Szenario 1
Was könnte sich ereignen?
Wie müsste mein Unternehmen aufgestellt sein, um in diesem Fall mit Aussicht auf Erfolg mitspielen zu können (Know-how-Produkte beziehungsweise Dienstleistungen, Geschäftsprozesse, Struktur, Marketing und Qualifikationen)?
Wesentliche Chancen und Risiken:

Abbildung 22: Szenario 2/3

Szenario 2/3
Was könnte sich ereignen?
Wie müsste mein Unternehmen aufgestellt sein, um in diesem Fall mit Aussicht auf Erfolg mitspielen zu können (Know-how-Produkte beziehungsweise Dienstleistungen, Geschäftsprozesse, Struktur, Marketing und Qualifikationen)?
Wesentliche Chancen und Risiken:

3. Kernkompetenzen

Im härter werdenden Zeitwettbewerb kann es ruinös sein, sich auf Gebiete zu begeben, in denen man kein fundiertes Know-how besitzt. Entscheidend für den Erfolg ist, sich so zu profilieren, dass man sich aus der Menge der anderen hervorhebt, dass man unverwechselbar ist. Das Erfolgsgeheimnis besteht deshalb häufig darin, sich auf das zu konzentrieren, was man wirklich kann, und dieses Know-how konsequent auszubauen. Dazu muss man sich erst einmal der vorhandenen Stärken bewusst werden. Das Produkt oder die Dienstleistungen sind das eine. Die Einzigartigkeit kann aber auch auf einem anderen Feld liegen, zum Beispiel im Design der Geschäftsprozesse, in den Formen der Marktbearbeitung und im Marktauftritt. Die Leitfragen sind hier:

- Wer sind in Zukunft meine Kunden?
- Welches sind deren Bedürfnisse?
- Wird das, was ich gut kann, in Zukunft noch gebraucht?
- Wer sind die potenziellen Mitbewerber – und was können sie?
- Welchen spezifischen Kundennutzen könnte ich in Zukunft stiften?
- Wo hätte ich die Chance, vorhandenes Know-how mit einem vernünftigen Aufwand wesentlich zu erweitern?
- Wo hätte ich die Chance, besser zu werden als alle anderen?

- Welche derzeitigen oder absehbaren Entwicklungen im Umfeld könnte ich dabei nutzen?
- Welche offenkundigen Schwächen werden mein Profil beeinträchtigen?

Abbildung 23: Kernkompetenzen

Zukünftiges Produkt- und Leistungsportfolio Stärken-/Schwächenprofil			
Zukünftige Kunden und ihre Bedürfnisse	Mein Produkt- und Leistungsangebot z/a*	Potenzielle Mitbewerber und ihre besonderen Fähigkeiten	Chancen und Möglichkeiten, mein Know-how auszubauen
Offenkundige Schwächen		**Auswirkungen**	

* z: zukunftssicher, a: anpassungsbedürftig

4. Die Art meiner Organisation

Die Leitfragen lauten:
- Ist die Art und Weise, wie ich heute organisiert bin und wie ich meine Produkte und Leistungen erstelle und vermarkte unter den Gesichtspunkten von neuen Technologien, Entwicklungen im Markt und beim Wettbewerb, Qualitätsansprüchen der Kunden, Zeit und Kosten der bestmögliche Weg?

- Wenn ja:
  Wie könnte ich meine vorhandenen Stärken weiter ausbauen und erkannte Defizite abbauen?

- Wenn nein:
  Was habe ich für Optionen? In welche Richtung müsste ich mich umorientieren? Welche Schritte sind dazu notwendig? Und: Wann müsste ich damit beginnen, um den Zug nicht zu verpassen?

Abbildung 24: Meine persönliche Organisation

Wesentliche Aspekte meiner Organisation	Ausbau von Stärken/ Abbau von Defiziten: Wie?	Ideen zur Umorientierung	Wann?

5. Was macht mich (auch) in Zukunft unverwechselbar?

Die Zukunftsuntersuchung kann nur mit der zentralen Leitfrage schließen: Worin könnte in Zukunft meine USP (unique selling proposition) im Vergleich zum Wettbewerb bestehen? Setzen Sie sich dabei nicht unter den Druck, Sie müssten ganz Supertolles und Herausragendes leisten, um so etwas verfassen zu können. Darum geht es nicht. Auch wenn Sie kein Überflieger sind, wenn Sie lediglich ein völlig normaler durchschnittlicher Mensch sind: Auch im Rahmen Ihrer Durchschnittlichkeit sind Sie einzigartig und unverwechselbar. Es kann genauso gut die Art sein, wie Sie Dinge machen, wie Sie mit sich und anderen umgehen oder mit welchen Themen Sie sich beschäftigen.

Abbildung 25: Meine USP

Meine USP

C. Konsequenzen und Neu-Positionierung

Folgende Handlungsmuster können die Existenz eines Unternehmens gefährden:

1. Einfach so weitermachen wie bisher.
2. Das tun, was man immer schon gemacht hat, nur konsequenter.
3. Ausschließlich tun, was man schon kann.
4. Nachmachen, was alle anderen, mit denen man sich vergleicht, auch machen.

Grundfrage: Allein oder in Kooperation?

Die Geschäftstätigkeit ist in den meisten Branchen so anspruchsvoll geworden, dass kaum jemand mehr darum herum kommt, in der einen oder anderen Form mit anderen zu kooperieren. Immer mehr Unternehmen organisieren sich als Netzwerk mit anderen mehr oder weniger selbstständigen Unternehmen unter dem Dach einer gemeinsamen Marke im Rahmen einer strategischen Allianz oder einer übergreifenden Prozesskette. Die Fähigkeit, funktionsfähige Netzwerke zu bilden und partnerschaftlich mit anderen zu kooperieren, wird zunehmend selbst zu einer Kernkompetenz. Die Leitfragen sind hier:

- Wer kann etwas, was ich unbedingt benötige, besser als ich?
- Wie kann ich Zugang zu diesem Wissen erhalten?
- Welchen Aufwand an Zeit und Geld würde es bedeuten, die entsprechende Kompetenz bei mir selbst aufzubauen?

Handlungsresümee und Zielvereinbarung

Abbildung 26: Zielvereinbarungen

Anlass und Ziel (Warum und wozu?)	Maßnahmen (Was?)	Wer, wann, wie?	Controlling der Wirksamkeit

Lassen Sie das Ergebnis der Ist-Aufnahme und der Zukunftsuntersuchung nochmals Revue passieren. Wenn Sie wirklich wollen, dass etwas geschieht, dann machen Sie jetzt eine Zielvereinbarung mit sich selbst (Abbildung 26).

Die Selbst GmbH als lernende Organisation

Eine einzelne Aktion kann viel dazu beitragen, einem Unternehmen einen neuen Schub zu geben. Noch besser wäre, Sie hätten quasi eine Automatik eingebaut, die Sie zwingen würde, in regelmäßigen Abständen einen Check vorzunehmen, der insgesamt gewährleisten würde, dass Sie die relevanten Entwicklungen in Ihrem unternehmerischen Umfeld rechtzeitig zur Kenntnis nehmen und auf Konsequenzen in Ihrem Unternehmen hin abprüfen müssten. Dazu wäre es notwendig, ein maßgeschneidertes Sensor- und Feedbacksystem zu installieren. Zweierlei wäre dazu hilfreich: Erstens, der gezielte Kontakt mit ausgewählten Kunden und Kollegen aus Ihrem Netzwerk und zweitens, die regelmäßige Auswertung einschlägiger Informationen.

Abbildung 27: Feedback

Mein Sensor- und Feedbacksystem	
Sensor-/Feedbackpartner Sonstige Informationsinstrumente	Wie und wann?

KAPITEL 5

Im Geflecht von Beeinflussungen –
Opfer und Täter

>Du glaubst zu schieben
und wirst doch geschoben«
J.W. GOETHE

Wir alle leben in einem sozialen Umfeld. Das heißt, wir sind umgeben von Menschen und Institutionen, die versuchen, uns zu beeinflussen und die andererseits darauf warten oder auch nicht verhindern können, von uns beeinflusst zu werden. Das hat zwei drastische Konsequenzen: Erstens, was immer wir tun und auch alles, was wir nicht tun, hat Auswirkungen auf andere. Diese Auswirkungen können gering oder stark sein, offen oder verdeckt, unmittelbar oder eher indirekt, zeitnah oder viel später. Zweitens, unser eigenes Handeln, ebenso wie unsere Enthaltungen sind häufig Ergebnis oder zumindest beeinflusst von anderen. Auch diese passiven Einwirkungen können unterschiedlicher Natur sein: offen oder verdeckt, bewusst oder unbewusst, mittelbar oder direkt. Wer selbstverantwortlich handeln will, muss sich einen Überblick verschaffen über dieses Geflecht, manchmal eher Dickicht von aktiven und passiven Beeinflussungen. Nur ein solcher Überblick kann uns helfen, unserer Verantwortung gerecht zu werden und genauer zu überlegen, welchen aktiven Einfluss wir wirklich wahrnehmen wollen und wovon wir besser die Finger lassen, ebenso welchem passiven Einfluss wir uns aussetzen sollten – und welchem eben nicht.

Das aktive Einflussfeld

Schon mit unserer bloßen Existenz nehmen wir Einfluss auf andere: Wir wecken zum Beispiel Erwartungen, Hoffnungen oder Befürchtungen; wir bestätigen diese durch unser Verhalten oder eben nicht; wir sind Ursache von Freude, Leid oder auch Enttäuschungen. Einiges davon kriegen wir mit, anderes bleibt uns verborgen. Einiges, was man uns zuschreibt, können wir akzeptieren, bei anderem fühlen wir uns falsch verstanden und verweigern quasi die Annahme. Wir sind gefangen in einem Geschehen, dessen Spielregeln wir nicht einseitig bestimmen können. Und schon gar nicht haben wir die Freiheit auszusteigen. Wenn dem so ist, scheint es allemal besser, sich über seine Rolle in diesem Prozedere Klarheit zu verschaffen, statt die Augen zu schließen und sich die Realität innerlich so zurechtzulegen, wie sie einem ins Konzept passt.

Erster Schritt: Sich einen Überblick verschaffen

Verschaffen Sie sich einen Überblick über die Einflüsse, die Sie derzeit auf andere ausüben – entweder in einem allgemeinen Schaubild (Abbildung 28) oder in Form einer Auflistung (Abbildung 29).

Abbildung 28: Aktives Einflussfeld 1

*
selbst

Abbildung 29: Einflussnahmen –1–

Derzeitige Einflussnahmen	Adressat	Ziel der Ein- flussnahme		

Zweiter Schritt: Bewerten

Bewerten Sie Ihre Einflussnahmen daraufhin, ob und inwieweit sie der Erreichung der Ziele dienen, die Sie damit verfolgen. Soweit dies nicht der Fall ist,
überlegen Sie, wie Sie den Grad der Zielerreichung verbessern könnten.

Abbildung 30: Einflussnahmen –2–

Derzeitige Ein-flussnahmen	Adressat	Ziel der Ein-flussnahme	Bewertung im Hinblick auf Zielerreichung + +/- -	Konsequenzen aus der Bewertung

Dritter Schritt: Potenzielle, bislang nicht wahrgenommene Einflussnahmen

Abbildung 31: Einflussnahmen –3–

Mögliche Ein-flussnahmen	Adressat	Ziel der Einflussnahme	Weshalb bis-her nicht?	Potenzielle Attraktivität?

Manche mögen der Meinung sein: »Wer nichts tut, macht nichts falsch.« Ich
schließe mich dieser Meinung keineswegs an. Wer für sich die Verantwortung

übernimmt, ist auch dafür verantwortlich, mit seinem Wissen, Können und möglichem Einfluss gewissenhaft umzugehen. Machen Sie deshalb eine Aufstellung der möglichen Einflussnahmen – privat, beruflich, politisch, gesellschaftlich –, die Sie bisher nicht aktiv wahrnehmen, und überlegen Sie, was es für Sie attraktiv machen könnte, zu handeln (Abbildung 31).

Vierter Schritt: Zukunftsgerichteter Gesamtüberblick

Stellen Sie in einem weiteren Schaubild dar, welche Einflüsse Sie derzeit ausüben und weiterhin wahrnehmen werden – und welche neuen hinzukommen sollten.

Abbildung 32: Aktives Einflussfeld 2

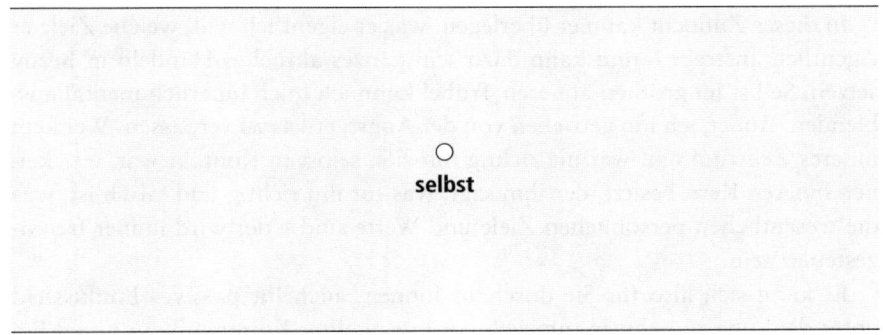

Das passive Einflussfeld

Die Geschichte der katholischen Kirche ist eine Geschichte sehr unterschiedlicher Versuche, sich dem übergreifenden Ziel zu nähern, Gott wohlgefällig zu sein. Die einen taten und tun alles, um sich durch aktives Handeln im Bereich der tätigen Nächstenliebe hervorzutun, manchmal bis zur Selbstaufopferung. Der französische Arbeiterpriester Abbé Pierre oder die rumänische Ordensschwester Mutter Theresa sind Beispiele, die weit über die Grenzen ihres Landes hinaus bekannt sind. Millionen Menschen tun das Gleiche ohne vom Scheinwerferlicht der Öffentlichkeit angestrahlt zu werden. Andere gehen einen völlig anderen Weg. Weil das Umfeld in den wenigsten Fällen dazu verleitet, sich Gott gegenüber wohlgefällig zu verhalten, versuchen sie, sich radikal von den so genannten weltlichen Einflüssen fern zu halten. Sie sondern, ja sie schotten sich geradezu ab, sie unterwerfen sich einem strikten Kontaktverbot

– keine Zeitungen, kein Fernsehen, keine persönlichen Kontakte – und selbst untereinander sind sie äußerst restriktiv. Es darf nur ganz selten miteinander gesprochen werden. Alles, was vom persönlichen Kontakt mit Gott ablenken oder diesen negativ beeinflussen könnte, ist rigoros untersagt. Was in Kriegszeiten oder in Diktaturen in Form von Isolationsfolter als eines der grausamsten Werkzeuge eingesetzt wird, ist hier das Mittel der Wahl, um sich voll auf das einzige und wahre Ziel zu konzentrieren, das man freiwillig selbst gewählt hat.

Nun muss man ja nicht gleich einen strengen Schweigeorden gründen, um sich allen Einflüssen zu entziehen. Aber: Wir sind von einem pausenlosen Trommelfeuer von potenziellen Einflussfaktoren umgeben. Ob und inwieweit wir uns diesem ausliefern – dabei können wir immer noch ein Wörtchen mitreden. Jeder kann sich eine Oase der Ruhe schaffen, um zu sich selbst zu kommen.

In dieser Zuflucht kann er überlegen, was er eigentlich will, welche Ziele er eigentlich anstrebt – und kann dazu sein ganzes aktuelles Handeln in Bezug setzen. Selbst im größten äußeren Trubel kann ich mich innerlich mental ausblenden. Außer, ich bin getrieben von der Angst, etwas zu verpassen. Wer kein inneres Zentrum hat, wer nie richtig mit sich selbst in Kontakt war, wer keinen inneren Kern besitzt, der ihm sagt, was für ihn richtig und falsch ist, was die wesentlichen persönlichen Ziele und Werte sind – der wird immer fremdgesteuert sein.

Es kann sich also für Sie durchaus lohnen, auch Ihr passives Einflussfeld unter die Lupe zu nehmen, um sich vor ungewollter Kommunikation und Beeinflussung zu schützen. Wer aber soll den richtigen Weg sagen können, wenn er selbst das Ziel nicht festgelegt hat, wo er hin will? Viele wollen etwas von uns: Wir sollen etwas Bestimmtes denken, glauben oder auch kaufen. Einige haben daran ein materielles Interesse, andere benötigen uns im so genannten Zeitalter der Kommunikation – was aber richtigerweise lediglich Daten- und Informationsschwemme heißen müsste – lediglich als Objekt und Adressat, um ihren Markt in Form von Einschaltquoten oder Durchdringungsgrad auszuweiten und sich dadurch in Szene zu setzen. Wer sich diesem ungeprüft und ohne Filter aussetzt, handelt unternehmerisch dumm. Der gute Unternehmer, also auch die Selbst GmbH, verfolgt in erster Linie die eigenen Ziele. Die Ziele der anderen verfolgt er nur, insoweit sie zur Erreichung der eigenen Ziele beitragen, diese minimal nicht gefährdet oder aber wenn diese aus übergeordneten gesellschaftlichen Gründen nicht außer Acht gelassen werden können.

KAPITEL 6

Werte als Verhaltenskoordinaten: ein persönliches Navigationssystem bestimmen

»Wer nicht weiß, wohin er will,
muss sich nicht wundern,
wenn er ganz woanders ankommt.«
Spruch aus der Zeit der Bildungsreform

Navigationssysteme im Auto und anderswo

Sollte jemand, der vor circa fünfzig Jahren verstorben ist, heute von den Toten auferstehen, wäre er in vielfacher Hinsicht verblüfft. Unter anderem, wenn er erleben würde, wie modern ausgestattete Fahrzeuge nahezu auf den Meter genau durch satellitengestützte Navigationssysteme an ihr Ziel geführt werden. Was bei größeren Flugzeugen schon länger üblich ist, wird in nicht allzu ferner Zeit auch bei Autos Realität werden: die automatische Steuerung. Klar definierte Koordinaten und äußerst empfindliche und zugleich leistungsfähige Sender und Sensoren ermöglichen dieses Wunderwerk der Technik. Der Mensch ist in diesem System im Endeffekt der eigentliche potenzielle Störfaktor: Er gibt nur noch die notwendigen Steuerungsdaten ein und soll sich dann heraushalten. Das System steuert sich selbst. Eigentlich waren wir, was das Verhalten angeht, schon in früheren Jahrhunderten nicht weit davon entfernt. Es war zwar nicht die Technik, die gesteuert hat, sondern große weltanschauliche Institutionen. Es gab klare Koordinaten, nämlich die dogmatische Glaubenslehre, und ein ebenso hoch leistungsfähiges Sensorsystem: das Gewissen. Das Sendersystem war mehrfach abgesichert: kirchlicher Religionsunterricht; schulische, gesellschaftliche und familiäre Erziehung in eben diesem Geist – und zur Aktualisierung ausreichend Predigten und Andachten in unterschiedlichsten Formen und in nicht geringem Ausmaß. Im Prinzip war das System genauso lückenlos wie heutige Navigationssysteme. Was tut ein Pilot, wenn ein Navigationssystem ausfällt? Er steuert wieder selbst. Um seine Flugpraxis und die Fähigkeit, in Notsituationen das Steuer selbst in die Hand zu nehmen nicht zu verlieren, muss ein Pilot übrigens in regelmäßigen Abständen das Flugzeug selbst steuern, auch wenn die automatischen Steuerungssysteme völlig in Ordnung sind. Was tut ein Mensch, wenn die quasi automatischen Steuerungssysteme für Verhalten ausfallen? Steuert er sich dann auch selbst? Verhält er sich gleich professionell wie ein Pilot? Nicht unbedingt. Nicht selten genießt er die gewonnene Freiheit und macht einfach, was er will. Von Friedrich dem Großen stammt der Satz: »Jeder soll nach seiner Fasson selig werden«, im Klartext: Jeder soll sich seine eigene Religion machen. Nun soll das nicht unbedingt eine Empfehlung sein. Aber zu einem möchte ich hier schon einladen: In Zeiten des so genannten Werteverfalls, was im Prinzip nichts anderes bedeutet, als dass die Allgemeingültigkeit bestimmter bislang vorherrschender Wertesysteme infrage gestellt ist, ist allemal eine eigene Positionierung fällig. Selbst, wenn sich jemand voll und uneingeschränkt einem institutionalisierten Wertesystem anschließen wollte, wäre eine prinzipielle Entscheidung allemal von Vorteil – immer vorausgesetzt, wir gehen von der Selbstverantwortung aus für alles, was man tut oder nicht tut, und wie man dies tut, und auch im Hinblick auf die Auswirkungen, die dieses Handeln und Unterlassen oder Verzögern auf andere in unserem Umfeld hat. Im Grunde genommen geht es darum, sich seines Gewissens zu versichern, wenn man nicht gewissenlos sein will.

Ein persönliches Koordinatensystem als Verhaltensgitter

Erster Schritt: Auflisten

Erstellen Sie eine Auflistung all jener Werte oder Kriterien, die für Ihr Verhalten relevant sind (Abbildung 33). Sie können sich durchaus von Werten anregen lassen, die Sie von anderen Personen oder Institutionen übernommen haben. Im Endeffekt ist es ntscheidend, dass es wirklich Ihre persönlichen Werte sind, nach denen Sie Ihr Verhalten tatsächlich ausrichten – und an denen Sie sich auch messen und messen lassen. Deshalb ist es von Bedeutung, dass Sie die einzelnen Begriffe in Ihrer eigenen Sprache ausdrücken.

Die folgenden Stichworte können als Anregung dienen, sind aber keineswegs ausschließlich, noch ist ihre Reihenfolge von Bedeutung: Umwelt, Sorge um den einzelnen Menschen als Mensch an und für sich, Sorge um den Menschen als Mitarbeiter oder Kollegen, Kundenorientierung (ganz generell und differenziert nach definierter Wichtigkeit des Kunden), Ergebnisorientierung, Leistungsorientierung (generell oder differenziert nach Art der Aufgabe oder des eigenen Nutzens), Gehorsam und Anpassung an Hierarchien und ihre Verhaltenserwartungen, Selbstverantwortung, eigenes Unternehmertum (auch als Angestellter), Kosten, Ausrichtung an Konkurrenz, Wettbewerb und Markt, Qualität, Toleranz (Dingen und Personen gegenüber, die andersartig und fremd sind), Kooperationsbereitschaft (generell oder situationsspezifisch), Kontakt- und Kommunikationsfreude, vernetzt denken und handeln, Berücksichtigung gesellschaftlicher und politischer Zusammenhänge – von lokal bis global, Gesundheit; angenehmes stressfreies Leben, Familie, Partnerschaft, Freunde (in und außerhalb der Arbeit), Sinn in der Arbeit, Sinn des eigenen Lebens, Geld und persönlicher Besitz, »öffentliche« Anerkennung, Dienstleistung, Ehrgeiz, Muße, Kunst (differenziert nach Arten).

Abbildung 33: Persönliches Koordinatensystem –1–

Persönliche Koordinaten sammeln		
Kriterien/Werte		

Zweiter Schritt: Reihenfolge der prinzipiellen Bedeutung

Abbildung 34: Persönliches Koordinatensystem –2–

Persönliche Koordinaten bewerten		
Kriterien/Werte	Gewichtung +++/++/+ und Reihenfolge der prinzipiellen Bedeutung 1–10	

Gewichten Sie Ihre handlungsleitenden Koordinaten nach einem Ihnen passenden System, zum Beispiel +++/++/+, und bilden Sie abschließend eine Reihenfolge der grundsätzlichen Benotung (1= das Allerwichtigste). Tragen Sie dies in ein Schema nach Abbildung 34 ein.

Dritter Schritt: Sichtbar und messbar machen

Überlegen Sie nun, woran Sie eigentlich feststellen können, dass Sie einem bestimmten Wert folgen und wie Sie messen können, wie weit Sie bisher gekommen sind.

Abbildung 35: Persönliches Koordinatensystem –3–

Persönliche Koordinaten – Umsetzung messen		
Kriterien/Werte	Reihenfolge der prinzipiellen Bedeutung 1–10	Wo sichtbar und wie messbar?

Vierter Schritt: Persönlicher Slogan?

Der ehemalige Rennfahrer Niki Lauda gründete eine eigene Fluggesellschaft. Einer seiner Werte war *Service*. Überall in seinem Unternehmen, auch auf und in den Flugzeugen, begegnet man dem Motto: »service is our success«. Persönliche Leidenschaft des Gründers, Erwartungen der Kunden, formulierte Werte und sichtbares Handeln der Belegschaft kommen hier zusammen.

Abbildung 36: Persönlicher Slogan

Mein persönlicher Slogan:

Die Schattenseite, oder: Deponie für die Un-Werte

»Wo viel Licht, da ist auch viel Schatten«, sagt der Volksmund. Offizielle Ko-
ordinatensysteme liegen auf der Sonnenseite. Sie gehören zu den Dingen, die
man ohne weiteres vorzeigen kann – was man manchmal gerne tut. Es ist
spannend, wenn Sie sich trauen würden, auch die Koordinaten aufzuzeigen,
denen Sie folgen, wenn Sie aus Ihrem »anständigen« Bereich ausbrechen.
Diese Seite sollte man kennen, damit man weiß, wohin man in Notfällen seine
Zuflucht nehmen, oder wo man sich von der anstrengenden Verwirklichung
all der hehren Werte erholen kann – und vor allem dazu stehen, dass man es
ja tatsächlich auch tut. Man muss es ja nicht veröffentlichen.

Abbildung 37: Persönliches Koordinatensystem –4–

Persönliche Koordinaten – die Schattenseite				
Schatten-Koordinaten	Auswirkungen im Handeln	Anlass, Funktion, Nutzen	Reihenfolge der Wichtigkeit 1–10	Kosten und Nebenwirkungen

Und sagen Sie nicht, Sie hätten keine Schattenseite. Niemand würde Ihnen das
glauben.

KAPITEL 7

Das Leben bestimmen:
ein eigenes Drehbuch schreiben

Freiheit oder Vorherbestimmung, Erziehung oder die Macht der Gene, Selbstverantwortung oder Fremdbestimmung – unendliche Grundsatzdiskussionen. Ich habe mich für folgende Annahme entschieden: Der Mensch ist in seinem Fühlen, Denken und Handeln zwar vielen direkten und indirekten, spürbaren und verdeckten Einflüssen ausgesetzt, aber er ist durchaus in der Lage, mehr oder weniger mitzusteuern. Um diese Möglichkeit auszunutzen, bedarf es einer Voraussetzung: Je besser man das eigene Einflussfeld kennt, umso größer sind die Möglichkeiten, diesen Einflüssen gegebenenfalls auszuweichen, sie zu vermindern oder auch zu verstärken – und seine eigenen Wünsche mit einfließen zu lassen.

Frühe Erziehungsbotschaften, Zuschreibungen und Prophezeiungen

Ich bin davon überzeugt, dass jeder Mensch neben den Genen – sprich seiner »natürlichen« Veranlagung – von frühen Erziehungsbotschaften gesteuert wird. Bei dem ein oder anderen kann es auch der Fall sein, dass er sich zwischen verschiedenen Angeboten entscheiden musste. Die Autoren solcher Drehbücher müssen nicht unbedingt die Eltern sein. Sie sind im Kreis derjenigen Personen zu suchen, an die man sich in seiner Kindheit emotional gebunden fühlte, oder an die man sich emotional geklammert hat, um zu überleben. Als Kind sind wir ein so genannter Nesthocker. Wir sind unfähig, allein zurechtzukommen. Wir sind völlig abhängig, benötigen körperliche und emotionale Zuwendung und sind somit erpressbar. Viele geben ihre Zuwendung nur unter bestimmten Bedingungen, die sie uns immer wieder vor Augen führen. In aller Regel besteht die geforderte Gegenleistung darin, ein anständiges und braves Kind zu sein und im späteren Leben etwas aus sich zu machen – und zwar das, was die Spender uns einreden beziehungsweise prophezeien.

Die Minimalform dieser Bedingungen ist, dass wir uns als Kind bei nahezu allen Zuwendungen erzieherische Begleitkommentare anhören müssen. Selbst wenn wir uns im Trotz dagegen auflehnen, gehört haben wir sie allemal. Und wenn wir sie gehört haben, haben wir sie auch auf unserer inneren Festplatte gespeichert. Unter Umständen wissen wir gar nicht, was sich alles auf dieser Festplatte befindet. Und ein automatisches Programm zum Auffinden und Löschen dieser Einflüsterungen ist bis heute noch nicht erfunden. So können wir uns nur selbst auf die Suche machen, um die Botschaften zu entdecken, die Urheber zu identifizieren und versuchen, das Beste daraus zu machen. Diesmal allerdings das Beste für uns, was nicht mit dem identisch sein muss, was unsere alten Einflüsterer im Sinn hatten. Denn was immer sie uns mitgaben – es war immer in erster Linie gut für *sie*.

Fragmente eines Drehbuches

Erster Schritt: Prägende Szenen

Durchforsten Sie Ihr Gedächtnis nach frühen Erlebnissen und Szenen, die für Ihre heutige Haltung eventuell prägend sind.

Abbildung 38: Drehbuch –1–

Prägende Szenen/Erlebnisse		

Zweiter Schritt: Autoren und Botschaften

Versuchen Sie sich nun in Erinnerung zu rufen, wer die bestimmenden Akteure in der jeweiligen Szene waren – und welche Botschaften mit der Szene verbunden und bei Ihnen hängen geblieben sind.

Abbildung 39: Drehbuch –2–

Prägende Szenen/Erlebnisse	Bestimmende Akteure	Botschaften

Dritter Schritt: Fragmente eines Drehbuches

Verdichten Sie nun die gesammelten Botschaften und bewerten Sie diese daraufhin, ob und inwieweit sie heute noch Ihre Einstellung und Ihr Handeln wesentlich beeinflussen – als innere Stimme des Gewissens, Mahnung, allgemeine Handlungsmaxime oder als verlockende Bestätigung.

Abbildung 40: Drehbuch –3–

Verdichtete frühe Botschaften	Nachhaltige Auswirkungen auf Einstellung und Verhalten

Nach welchem Drehbuch leben Sie?

Formulieren Sie kurz und prägnant aus dem bisher gewonnenen Material eine Story in Form eines Drehbuches, wie es für Sie verfasst sein könnte. Geben Sie dem Werk einen Titel und benennen Sie die Autoren, die hauptsächlich mitgewirkt haben.

Abbildung 41: Mein fremdbestimmtes Drehbuch

Autor(en):
Titel:
Story:

Rollenwechsel: Vom Darsteller zum souveränen Drehbuchautor

Bislang stand im Vordergrund: Nach welchen Botschaften und Drehbuchverfassern richten Sie sich in Ihrer Einstellung und in Ihrem Verhalten maßgeblich aus? Wer sind die Personen, die sich wie ein Virus in Ihr Lebensprogramm eingeschlichen haben, und die mehr oder weniger verdeckt Ihr Denken, Fühlen und Verhalten steuern? Was sind die wesentlichen Steuerungsbefehle, sprich Botschaften? Vielleicht sind Sie ja bei Ihrer Suche fündig geworden.

Jetzt wird der Schwerpunkt verlagert. Irgendwann ist jeder einmal dran, für sich selbst die Verantwortung zu übernehmen. Im Prinzip gibt es zwei Möglichkeiten: Wir können das, was und wie es bisher lief, nachträglich anerkennen und für uns als gut deklarieren. Wir wechseln zwar in den Führerstand, verändern aber weder Fahrtrichtung noch Fahrstil. Die andere Möglichkeit: Mit der Übernahme der Steuerung wechseln wir auch die Richtung und/oder den Stil. Ähnlich, wie in einem Familienunternehmen: Wenn die nächste Generation ans Ruder kommt, ist immer gleichzeitig auch eine Entscheidung fällig: Weitermachen wie bisher? Leichte Korrektur, aber die prinzipielle Ausrichtung bleibt? Grundsätzlich neu ausrichten?

Ausgrabungen – Suche nach weiteren Zuschreibungen und Ankündigungen

In der Ausrichtung unseres Lebenskonzeptes sind wir nicht unabhängig. Dazu sind die frühen Botschaften zu tief in uns eingraviert. Um diese Verankerung sicherzustellen, tun wir gut daran, auch Neuausrichtungen sozusagen mit »altem Material« zu erstellen, beziehungsweise abzusichern. Gehen Sie also nochmals zurück zu den frühen Erinnerungen – Szenen und Personen, die Zukunftsaussagen über Sie gemacht haben, die Ihnen bestimmte Eigenschaften zugeschrieben oder abgesprochen haben, oder aus deren Hinweisen und Beobachtung Sie sich selbst einen Reim gemacht haben im Hinblick auf das, was aus Ihnen einmal werden soll oder werden könnte. Nehmen Sie das Ihnen zugängliche Material nochmals genau unter dem Gesichtspunkt unter die Lupe: Wenn ich grundsätzliche Veränderungen vornehmen oder mein vorhandenes Lebenskonzept erheblich verändern will, was von dem alten Material könnte ich zur Absicherung nutzen, und was könnte mir als Störfaktor in die Quere kommen?

Abbildung 42: Drehbuch-Mitwirkende

Alternative Aussagen, Zuschreibungen, Interpretationen	Autoren/ Einflüsterer	Weshalb bislang unterdrückt?	Chancen bzw. Gefährdungen

Alternative Drehbücher

Werten Sie das in der zweiten Sichtung entdeckte Material aus. Schauen Sie, was es hergibt, um daraus ein oder zwei alternative Drehbuch-Entwürfe zu machen. Folgendes gilt es dabei zu beachten:

- Zukunft mit Herkunft verknüpfen: Jeder ist in irgendeiner Form eine »puppet on the string«;
- Träume zulassen, aber gleichzeitig auch Ansätze von Kompetenz oder Veranlagung beachten, um diese zu realisieren;
- Sich bewusst abgrenzen, partout das Gegenteil von dem tun wollen, was andere für einen vorgesehen oder vorausgesagt haben, ist keineswegs ein Zeichen von Souveränität. Es ist vielmehr ein klarer Ausweis von Abhängigkeit. In der psychologischen Fachsprache bezeichnet man diese Form übrigens als Gegen-Abhängigkeit.
- Man muss ja nicht immer gleich aufs Ganze gehen. Man kann das eine anfangen zu tun, muss aber nicht immer gleich das andere lassen.

Abbildung 43: Drehbuch – Alternative 1

Drehbuch Alternative 1
Autor: Selbst
Titel:
Story:

Abbildung 44: Drehbuch – Alternative 2

Drehbuch Alternative 2
Autor: Selbst
Titel:
Story:

Und zum Abschluss beschreiben Sie bitte die ganz andere Alternative – ohne Rücksicht auf Herkunft, ohne Rücksicht auf Zuschreibungen vonseiten anderer, ohne Rücksicht auf die eigene aktuelle Selbstzuschreibung, ohne Rücksicht auf vorhandene Kompetenz und Marktwert: Das Leben – ein Traum.

Abbildung 45: Drehbuch – Wild Card

Wild Card
Autor: Selbst
Titel:
Story:

KAPITEL 8

Der Umgang mit mir –
eine Betriebsanleitung der besonderen Art

Jedes halbwegs komplexe Gerät wird mit einer Betriebsanleitung geliefert. Meist besteht diese Anleitung aus folgenden Teilen: Technische Daten, Hinweise zur erstmaligen Inbetriebnahme, Tipps für die richtige Bedienung des Gerätes und Verhaltensmaßnahmen, wenn Störungen auftreten. Genauso ist jedem Medikament ein Beipackzettel beigelegt. Auch hier finden sich unterschiedliche Informationen: Angaben über die inhaltliche Zusammensetzung der Wirkstoffe, Auflistung der versprochenen Wirkung, Hinweise, wie man das Medikament einnehmen soll, damit es wirken kann – und abschließend oft eine ellenlange Liste von möglichen, so genannten Nebenwirkungen. Warum lassen wir uns davon nicht anregen? Der Mensch ist ein hoch komplexes System. Und vor allem ist er eine ganz schöne Herausforderung und Zumutung für seine Mitmenschen, die möglicherweise sogar auf ihn angewiesen sind. Also, warum nicht eine Gebrauchsanleitung erstellen? Zumindest für gute Freunde, damit sie nicht an uns verzweifeln. Die technischen Daten können wir uns sparen, wir sind ja nicht auf dem Heiratsmarkt. Konzentrieren wir uns auf vier Dinge: Erstens, wie muss man uns bedienen, das heißt mit uns umgehen, damit wir im Normalfall das tun, was man von uns erwarten kann? Zweitens, mit welchen unerwünschten Nebenwirkungen muss man bei uns rechnen – und vor allem wann, in welcher Konstellation? Drittens, welche Störungen können auftreten,und was ist dann zu tun? Viertens, einige Hinweise zur allgemeinen Pflege. Und zu guter Letzt gibt es immer noch einen Geheimtipp. Beim Computer, Videorekorder oder Anrufbeantworter, wenn nichts mehr geht, hilft oft nur eines: Stecker rausziehen. Einen solchen Tipp teilt man nur wirklich guten Freunden mit. Häufiger ist es aber in der Tat so, dass Freunde diesen Kunstgriff selbst entdeckt haben und ihn unter der Hand untereinander austauschen – vielleicht ohne dass Sie etwas davon mitbekommen.

Abbildung 46: Betriebsanleitung für mich selbst

A. Allgemeine Bedienungshinweise

-
-
-
-
-
-

(Falls Ihnen zu schnell die Ideen ausgehen oder Sie sehr unsicher sind, fragen Sie doch einmal bei Partnern und Freunden nach. Die können Ihnen sicher weiterhelfen.)

B. Unerwünschte Nebenwirkungen		
Situation/Konstellation	Nebenwirkung	Tipp zum Umgang damit oder zur Vermeidung

C. Störungen erkennen und beheben			
Störungssymptom	Mögliche Ursache(n)	Störung beheben: erster Tipp	Störung beheben: zweiter Tipp

---

D. Hinweise zur allgemeinen Pflege

-
-
-
-
-

(Auch hier wissen Partner und Freunde aus langjähriger Praxis oft bestens Bescheid, falls Sie selbst unsicher sind.)

E. Wenn alles nicht hilft: ein Tipp für den absoluten Notfall (nur für echte Freunde)

Falls Ihnen diese Übung Spaß macht, weil Sie spüren, dass sie Ihnen hilft, sich selbst im Umfeld von anderen zu betrachten: Die Übung ist ausbaufähig – und zwar in mehrfacher Hinsicht: Sie können Ihren Partner oder Ihre Partnerin oder andere Personen aus Ihrem Umfeld darum bitten, diese Fragen für Sie zu beantworten. So wie es in Unternehmen die so genannten heimlichen Spielregen gibt (Scott – Morgan), so gibt es mit hoher Sicherheit eine ungeschriebene Betriebsanleitung im Umgang mit Ihnen. Es könnte für Sie sehr spannend sein, mehrere Personen aus Ihrem Umfeld um diesen Gefallen zu bitten. Sie könnten dann feststellen, ob Sie den Menschen in Ihrem Umfeld gegenüber sich relativ ähnlich verhalten, worauf diese wahrscheinlich mit vergleichbaren Mustern reagieren – oder ob Ihr Verhalten je nach Person und dem jeweiligen Stand der Beziehung sehr unterschiedlich ist. Diese Übung ungefragt für jemand anderen aus dem Kreis derer zu machen, auf dessen Zusammenarbeit Sie angewiesen sind, ist für Sie vielleicht eine spannende Angelegenheit, aber nicht unbedingt beziehungsfördernd. Es verhält sich ähnlich wie beim Feedback: Es muss erwünscht sein, damit es eine Chance hat, akzeptiert zu werden. Von daher empfiehlt es sich, die Übung ausschließlich für sich selbst zu nutzen. Weiterhin können Sie selbstverständlich Ihre Partner bitten, Ihnen neben der aktuellen Bedienungsanleitung auch eine Liste von Verbesserungsvorschlägen zu erstellen. Jeder der mit Ihnen zusammen arbeiten darf, beziehungsweise muss, hat immer auch einige Anregungen gespeichert, die er Ihnen zur Verfügung stellen wird, wenn Sie ihn darum bitten – und keine für ihn nachteiligen Hintergedanken dabei haben.

KAPITEL 9

Ein Marketingkonzept
für die Selbst GmbH

Eigentlich war es noch nie anders, aber in dieser instabilen Zeit ist es von gesteigerter Bedeutung: Wer etwas aus sich machen will, nimmt die Dinge am besten selbst in die Hand. Denn einerseits sitzen alle, die an unserer Entwicklung mitwirken könnten, selbst auf wackligen Stühlen, haben selbst sehr viel mit sich zu tun, können also keine Garanten für längerfristige Entwicklungsplanung und Unterstützung sein, andererseits hat sich auch die Halbwertszeit der jeweiligen Entwicklungskonzepte drastisch verkürzt – und darüber hinaus passt es in Zeiten, wo das freie Unternehmertum gepriesen wird, überhaupt nicht, gerade die eigene Entwicklung in die Hände anderer zu legen.

Wenn Sie die Dinge selbst in Angriff nehmen wollen, müssen Sie zwei Aufgaben erfüllen: Erstens, sich Klarheit darüber verschaffen und sich festlegen, was Sie denn zu bieten haben – aktuell und im Hinblick auf zukünftige Entwicklungen im Markt und bei Ihren Mitbewerbern. Zweitens, Sie müssen sich selbst vermarkten. Ein Produkt mag noch so gut sein, wenn es kaum einer kennt, kann es unmöglich ein großer Renner werden.

Worum es hier nicht geht, soll auch von vornherein klargemacht werden: Sie sollen weder zum inhaltsfreien Verpackungskünstler werden, noch wird hier die Meinung vertreten, es gäbe Menschen, die überhaupt nichts anzubieten hätten. Wir gehen davon aus: Jeder hat grundsätzlich etwas zu bieten. Für das eigene Selbstwertgefühl ist es aber wichtig, sich entsprechend klar zu positionieren. Dazu müssen folgende Aspekte näher untersucht werden: Was ist Ihre derzeitige Ausgangslage, welche grundsätzlichen Möglichkeiten zur Selbstdarstellung nutzen Sie, und was passiert, wenn Sie aktiv nichts Weiteres unternehmen? Was ist Ihre Zielvorstellung, was tun Sie und was könnten Sie tun oder was sollten Sie lassen, um Ihr Ziel zu erreichen? Und was steht Ihrem Marketingkonzept im Weg – und wie werden Sie die Hindernisse beseitigen?

Die Ausgangslage und mein Anspruch

Meine Wirkung auf andere, oder: mein faktisches Image

Ob wir wollen oder nicht, wir wirken immer auch auf andere. Man kann sich nicht nicht-verhalten. Also strahlen wir immer etwas aus, also wirken wir auch in irgendeiner Weise auf andere. Insofern haben wir auch schon immer ein Image. Manche wissen darüber sehr gut Bescheid, manche tappen mehr oder weniger im Dunkeln, manche haben zwar ein klares Bild, liegen aber mit ihrem Bild völlig daneben. Es gibt nur ein Heilmittel: uns aus unserem Umfeld gezielt Feedback einholen. Eines dürfen wir dabei nicht vergessen: Feedback gibt uns das Bild wieder, das andere von uns haben. Dieses Bild ist alles andere als ein objektiver Spiegel. Wir sind in aller Regel bei weitem nicht das, was andere von uns halten. Aber das ist auch nicht entscheidend. Ausschlaggebend ist vielmehr etwas anderes: Die anderen verhalten sich uns gegenüber entsprechend dem Bild, das sie von uns haben. Also ist für uns von höchstem Interesse zu wissen oder in Erfahrung zu bringen, was andere von uns denken – und das kann bei unterschiedlichen Menschen sehr unterschiedlich sein. Tragen Sie dies mit wenigen Begriffen in Abbildung 47 ein.

Abbildung 47: Wie andere mich sehen

Das Bild, das andere von mir haben

Das Image, das ich aktiv anstrebe

Gute Firmen geben viel Geld aus für das, was sie »corporate identity« nennen. Was tun Sie dafür, um Ihre Identität zu entwickeln und darzustellen? Welches Image streben Sie an, und inwieweit entspricht Ihre heutige Erscheinungsform und das Bild, das Ihr Umfeld von Ihnen hat, diesem angestrebten Image? Machen Sie Ihre Notizen nach dem folgenden Schema.

Abbildung 48: Mein Image: Anspruch und Wirklichkeit

Image, das ich anstrebe	Investition, die ich dafür tätige	Inwieweit entspricht das angestrebte dem tatsächlichen Image?

Jeder Mensch hat Bekannte, Freunde und Feinde. Und diese haben wiederum Bekannte, denen sie möglicherweise bestimmte Dinge weitererzählen. Wer über seine Selbstvermarktung nachdenkt, muss sich deshalb über zwei Dinge Klarheit verschaffen: Erstens, an wen und durch wen will er sich und seine Botschaft transportieren – Adressaten, Wegenetz, Knotenpunkte, Haupt- und Nebenwege – und zweitens, wie frei sind diese Wege beziehungsweise wie versperrt durch gewachsene Voreingenommenheiten oder augenfälliges Desinteresse.

Erster Schritt: Sammeln

Machen Sie sich zunächst einmal eine Liste aller direkten und indirekten aktuellen Kontakte. Also: nicht nur Menschen benennen, mit denen Sie direkt persönlich in Kontakt stehen, sondern auch solche, die unter die Rubrik fallen »Ich kenne jemanden, der jemand kennt, der jemand kennt…«

Abbildung 49: Netzwerk

Netzwerk		
Direkte Kontakte	⇨	dadurch geschenkte indirekte Kontakte
	⇨	– – –
	⇨	– – –
	⇨	– – –
	⇨	– – –
	⇨	– –

Zweiter Schritt: Bewerten

Bewerten Sie die direkten und indirekten Kontakte nach zwei Kriterien

a) für mich wichtig oder
b) beschädigt

und kennzeichnen Sie diese entsprechend. Beschädigt kann hier heißen: Jemand ist von anderer Seite im Hinblick auf Sie negativ »geimpft« worden, oder er fühlt sich von Ihnen enttäuscht, weil er schon lange nichts mehr von Ihnen gehört oder etwas nicht erhalten hat, was er erwartet hatte.

Mein Kommunikationsverhalten

Wer Marketing betreiben will, muss kommunikativ sein. Wer sich vor anderen versteckt, betreibt Anti-Marketing. Überprüfen Sie, wie kommunikationsfreudig Sie sind und wie gut es Ihnen gelingt, Kontakt herzustellen. Gehen Sie hierzu die folgenden Aussagen durch.

Abbildung 50: Mein Kommunikationsverhalten

---

1. Allgemeine Kontaktfreude

Ich bin sehr aufgeschlossen, häufig sogar neugierig; ich genieße Kontakte auch mit Menschen, die mir fremd sind.	1 2 3 4 5 6	Schotte mich gerne ab; wenn andere zu mir Kontakt aufnehmen, erlebe ich das eher als Belästigung.

2. Fähigkeit, Kontakt herzustellen und tragfähige zwischenmenschliche Beziehungen aufzubauen

Gelingt mir sehr gut; Menschen gewinnen schnell Vertrauen zu mir und suchen häufig meinen Rat.	1 2 3 4 5 6	Gelingt mir nicht gut; meine Beziehungen sind häufig sehr störanfällig.

3. Fähigkeit, aufmerksam und verstehend zuzuhören

sehr ausgeprägt	1 2 3 4 5 6	sehr gering

4. Fähigkeit und Neigung, sich in die Situation und Lage von anderen zu versetzen und die Dinge auch aus ihrer Perspektive zu sehen

in hohem Maß vorhanden	1 2 3 4 5 6	kaum vorhanden; neige dazu, zu verallgemeinern

5. Klarheit im Ausdrücken von meinen Gedanken und Absichten

sehr präzise, klar und eindeutig	1 2 3 4 5 6	eher diffus; bisweilen schwierig, sich daran zu orientieren

6. Bereitschaft, eine breite und differenzierte Information – auch über Hintergründe und Zusammenhänge zu gewährleisten

informiere meistens nur ad hoc und dann nur das Notwendigste	1 2 3 4 5 6	mache ich sehr gerne

---

Persönliche Hindernisse und Hemmungen

Wir haben immer gute Gründe, uns so zu verhalten, wie wir das tun. Dahinter stecken Muster und Vorstellungen, die häufig bereits in der frühen Kindheit grundgelegt wurden. Trotzdem, wir müssen nicht für immer so bleiben, wie wir mal programmiert wurden oder uns selbst programmiert haben. Wenn wir allerdings etwas verändern wollen, wäre es von Vorteil, wenn wir wüssten, was wir aktuell eigentlich tun und was uns dazu antreibt. Wer also bislang kein erfolgreiches Selbstmarketing betrieben hat, könnte sich nach einem der folgenden Modelle ausgerichtet haben.

Grundsätzliches Minderwertigkeitsgefühl, oder: die Lust, sich selbst zu entsaften

Alles, was man selbst zu bieten hat, haben doch andere auch – nur noch viel besser, schöner, professioneller. Selbst wenn etwas mal gelingen oder der Vorgesetzte eine Anerkennung aussprechen sollte, es war purer Zufall oder ein pures Versehen. So sprechen Menschen, deren Selbstbewusstsein und deren Selbstsicherheit wenig ausgeprägt sind oder die sich prinzipiell minderwertig fühlen. Inneres Programm: Du darfst dich nicht hervorheben – andere sind besser als du! Wer auch immer dieses Verbot früher ausgesprochen hat, ob er/sie noch lebt oder schon Jahre tot ist, dies ist die Anweisung zur absoluten Selbstentsaftung. Einzige Hoffnung, zumindest für gläubige Menschen: »Die Letzten werden die Ersten sein.« Bohrender Selbstzweifel sind die Folge dieses inneren Programms, manchmal auch eine unübersehbare Neigung zur Selbstzerstörung.

Das Dornröschensyndrom, oder: die verwöhnte Prinzessin

Man wartet, bis der richtige Retter kommt, aber ein Prinz muss es schon sein. Damit es nicht allzu leicht wird, lässt man noch zusätzlich einen Dornenstrauch wachsen, der Sichtschutz bietet und gleichzeitig nicht so einfach überwunden werden kann. Man will partout entdeckt werden, anstelle sich selbst auf die Suche zu machen und das dazu notwendige Risiko einzugehen. Programm: Andere sind für dich verantwortlich. Du kannst in Ruhe abwarten. Nebenwirkung: Man gewöhnt sich daran und wird bequem. Die anderen müssen doch schließlich wissen, was man zu bieten hat und wo man zu finden ist.

Angeberei

So wie manche Menschen körperlich inkontinent sind, so gibt es welche, die fortwährend ihr eigenes Loblied singen (müssen). Sie sind Weltmeister in der Ansage toller Leistungen, die allerdings selten so erbracht werden, wie sie angekündigt wurden. Sie schmücken sich mit einem Bekanntenkreis aus wichtigen Leuten (Namedropping), die sie oft nicht einmal von der Ferne her kennen. Inneres Programm: Du musst auf dich aufmerksam machen, sonst wirst du übersehen. Dahinter verbirgt sich nicht selten eine erhebliche Unsicherheit, die man allerdings verleugnet, derer man sich häufig nicht einmal bewusst ist. Auswirkung auf das Umfeld: Die anderen hören schon gar nicht mehr hin und machen sich keinerlei Mühe, den wahren Kern aus den Übertreibungen herauszuschälen. Man schaltet auf Durchzug.

Maximen für ein professionelles Person-Marketing

Die beste Werbung ist die indirekte Werbung – eine Werbung, die gar nicht als solche auffällt, aber ihr Ziel genau erreicht: Das Verhalten des Adressaten wird gezielt und erfolgreich in die gewünschte Richtung gelenkt. Firmen geben viel Geld aus, damit ihre Leistungen oder Produkte im redaktionellen Teil von Medien lobend erwähnt und gewürdigt werden. Einige geben sehr viel Geld aus, dass ihr Name oder ihre Produkte in erfolgversprechenden Filmen oder beliebten TV-Shows gut platziert werden. Der Kunstgriff: Man muss sich nicht selbst anpreisen, sondern überlässt dies einem glaubwürdigen Vermittler. Das Ganze wirkt viel seriöser, weil scheinbar objektiver, als wenn man selbst in eigener Sache als Marktschreier tätig wird – wo einem ja immer unterstellt werden kann, es ginge nicht um die Sache, sondern nur ums Verkaufen oder um Selbstprofilierung. Ein weiterer Aspekt ist von besonderer Bedeutung: Ein durchgängiges Image erspart viele isolierte Einzelmaßnahmen der Werbung, verringert zumindest drastisch den Aufwand. Wenn ich eine Marke insgesamt für gut halte, werde ich von vornherein den einzelnen Produkten dieser Marke einen Vertrauens- oder Gütebonus geben. Für das ICH-Unternehmen heißt dies: die Person selbst zur Marke und dafür ein Marketingkonzept machen, nicht (nur) einzelne Leistungen oder Produkte vermarkten. Fazit:

- So wenig wie möglich sich selbst anpreisen, sondern kreativ nach Mitteln, Wegen und Personen suchen, um sich anpreisen zu lassen. Am wirksamsten ist die Mund-zu-Mund-Propaganda.
- Je klarer das Profil einer Ware, eines Produktes, einer Leistung, eines Unternehmens, auch des ICH-Unternehmens ist, umso einfacher ist es, ein Marketingkonzept zu entwickeln. Motto: Weniger ist mehr!
- Eine Werbung, die auffällt, weil sie schön oder pfiffig ist, kann, muss aber nicht unbedingt wirksam sein. Hier gilt: »Der Köder muss dem Fisch – und nicht dem Angler schmecken.« Die eigentliche Wirksamkeit und die Voraussetzungen dazu können nur vom Adressaten her erforscht und überprüft werden.
- Wenn alles anscheinend gut läuft, ist es immer wieder notwendig, Bestandsaufnahme zu machen, um rechtzeitig und vorausschauend Maßnahmen zur Sicherung des erreichten Standards zu ergreifen. Wer lediglich die Dinge sich selbst überlässt, kann Glück haben. Wer aber gekonnt aktiv wird, kann einiges dazu tun, um seinem Glück auf die Sprünge zu helfen. Es wird noch genügend Dinge geben, die spontan und ungeplant – und unplanbar – laufen werden.

- Die eigene Person als Dachmarke begreifen und dafür ein Marketingkonzept erstellen; dabei dürfen Sie sich nicht im Auflisten von Einzelleistungen und einer Fülle von speziellen Qualitäten verzetteln.
- Ingesamt sollten Sie darauf achten, sich weder aufzudrängen, noch unangenehm aufzufallen. Dieser Effekt wird solange nicht eintreten, wie der Adressat in den unterschiedlichen Maßnahmen (auch) den Nutzen für sich erkennt.

Zwischenbilanz

Halten Sie einen Moment inne und ziehen Sie Ihr persönliches Resümee zum einen im Hinblick auf die Erläuterungen zum Thema *persönliche Hindernisse und Hemmungen*, um herauszufinden, was bei Ihnen möglicherweise die Ursache sein könnte, weshalb Sie sich so schwer tun, sich locker auf den Marktplatz der Selbstdarstellung zu begeben, zum anderen im Hinblick darauf, wie weit Sie in Ihrem persönlichen Marketingansatz *professionellen Ansprüchen* gerecht werden. Vielleicht sind Ihnen beim Lesen noch andere relevante Aspekte in den Sinn gekommen, oder eventuell haben Sie bei sich auch noch ganz spezielle Variationen oder Kombinationen entdeckt. Abbildung 51 hilft Ihnen bei dieser Zwischenbilanz.

Abbildung 51: Selbstmarketing – persönliche Zwischenbilanz

Persönliche Zwischenbilanz
Grundsätzliche Hindernisse und Hemmungen, Selbstmarketing zu betreiben:
•
•
•
•
•
Gut gemeinte, aber unprofessionelle Ansätze in meiner Selbstvermarktung:
•
•
•
•

Konkreter Aktionsplan

Nachdem Sie sich Ihre Ausgangssituation bewusst gemacht, ihre grundsätzliche Neigung, was Kommunikation und Selbstvermarktung betrifft, erkundet, Ihre einschlägige innere Programmierung erforscht, sich mit den möglichen Mitteln und Wegen zum Selbstmarketing vertraut gemacht und schließlich Ihre Zwischenbilanz dazu gezogen haben, liegt es nun an Ihnen, eine Entscheidung zu treffen: Sie können selbstverständlich die Dinge so lassen, wie sie sind. Dafür kann es zwei Gründe geben: Entweder, Sie haben bei Ihrer Überprüfung festgestellt, es ist so weit alles in Ordnung, oder Sie wollen fest entschlossen daran festhalten, dass Sie nichts ändern können, beziehungsweise, dass es für Sie zu aufwändig wäre. Sie können sich aber auch entschließen, Ihr persönliches Vermarktungskonzept zu verändern. Falls Sie dies allerdings mit Aussichten auf Erfolg in Angriff nehmen wollen, sollten Sie professionell herangehen und sich einen konkreten Veränderungsplan in eigener Sache entwerfen und diesen Ihrem Vorgehen zugrunde legen:

USP vergegenwärtigen

Im Rahmen des Kapitels 4 sind Sie aufgefordert zu formulieren, was sie einzigartig und unverwechselbar macht. Vergegenwärtigen Sie sich hier das Ergebnis oder, falls Sie diese Übung noch nicht gemacht haben, formulieren Sie an dieser Stelle Ihre Unique Selling Proposition.

Abbildung 52: Meine USP

Meine USP

Botschaft formulieren

Ein gutes Marketingkonzept braucht eine Botschaft, die kurz und prägnant einen wesentlichen Kernaspekt der USP zum Ausdruck bringt. Diese Botschaft kann sich in einem Motto oder in einem aussagefähigen Symbol niederschlagen. Einige Beispiele aus der Industrie mögen dies verdeutlichen: »Bauknecht weiß, was Frauen wünschen« und »Das Beste oder nichts!« (Mercedes Benz). Besser kann man das, worum es dem jeweiligen Unternehmen geht, nicht zum Ausdruck bringen. Oder auch: »Nichts ist unmöglich – Toyota«. Als Beispiel für ein gutes Symbol mag das Rote Kreuz dienen.

Abbildung 53: Meine Botschaft

Meine Botschaft

Mein Motto/mein Symbol

Netzwerk ausbessern

Ihr persönliches Netzwerk dient sehr unterschiedlichen Zwecken: Sie pflegen damit Ihre ganz privaten Beziehungen zu Menschen, die Ihnen persönlich am Herzen liegen; Sie unterhalten Beziehungen zu Freunden und Bekanntschaften, mit denen Sie von Zeit zu Zeit vielleicht gemeinsam etwas unternehmen; und sie knüpfen und halten Kontakte, die für Ihre berufliche Entwicklung von Bedeutung sind. Man könnte auch von verschiedenartigen Netzwerken sprechen. Im Hinblick auf unser Thema *Selbstvermarktung* geht es hier in erster Linie um das berufliche Netzwerk. Und was für die beiden erstgenannten Netzwerktypen sonnenklar ist, gilt in gleicher Weise für das dritte: In Netzwerke muss man immer viel mehr investieren, als man herausholen kann. Wer sein Netzwerk nahezu ausschließlich dazu nutzen will, Vorteile für sich herauszuschlagen, wird nicht weit kommen. Trotzdem: Wer etwas transportieren oder unter die

Leute bringen will, benötigt ein entsprechendes Transport- und Verteilersystem. Dazu gehört selbstverständlich ein gut gepflegtes Wegenetz. Ziehen Sie hier die Konsequenzen aus dem Ergebnis Ihrer Netzwerkerkundung zu Beginn dieses Kapitels: Wo Sie wichtige Glieder des Netzwerks entdeckt haben, die im Hinblick auf Ihr Anliegen »Selbstvermarktung« beschädigt sind, leiten Sie maßgeschneiderte Reparaturmaßnahmen ein. Hat sich zum Beispiel ein Ihrer Meinung nach falsches Bild von Ihnen festgesetzt, lassen Sie sich geeignete Maßnahmen zur Gegenpropaganda einfallen. Haben Sie bei einem Partner etwas nicht geliefert, was Sie ihm versprochen hatten, holen Sie dies nach.

Abbildung 54: Netzwerkwartung

Netzwerkwartung	
Wichtige, aber beschädigte Kontakte	Reparaturmaßnahmen
⇨	
⇨	
⇨	
⇨	
⇨	

Netzwerk pflegen

Bei Partnern im Netzwerk, die Sie als wichtig bezeichnet haben, und wo Sie denken, es wäre alles soweit o. k., lassen Sie sich etwas einfallen, um sich mal wieder positiv in Erinnerung zu rufen. Sie wissen, ein Netzwerk ist dann für Sie ein gutes Netzwerk, wenn Sie mehr investieren als Sie rausholen. Sie kennen den Spruch »kleine Geschenke erhalten die Freundschaft«. Maßnahmen zur Pflege eines Netzwerkes, das an sich in Ordnung ist, können zum Beispiel sein: Sich wieder mal per Telefon oder E-Mail melden, sich »by the way« zum persönlichen Austausch treffen, durch eine Information einen speziellen Nutzen schaffen. Es geht um die Botschaft: Hallo, mich gibt es noch, ich denke an dich und an das, was dich beschäftigt.

Abbildung 55: Netzwerkpflege

Netzwerkpflege		
Wichtige Kontakte, die prinzipiell in Ordnung sind	⇨	Maßnahmen zur Pflege
	⇨	
	⇨	
	⇨	
	⇨	
	⇨	

Netzwerk erweitern

Falls Sie bei dieser Gelegenheit feststellen, dass Ihr Netzwerk insgesamt zu wenig hergibt, machen Sie sich Gedanken darüber, wie Sie es so erweitern können, dass es Ihren Vorstellungen entspricht. Nicht vergessen: Man muss häufig nicht beim Punkt Null anfangen. Man kennt immer jemanden, der jemanden kennt, der jemanden kennt ..., der unter Umständen bereit ist, die notwendige Verbindung herzustellen oder eine entsprechende Empfehlung auszusprechen.

Abbildung 56: Netzwerkausbau

Netzwerkausbau		
Neue Kontakte aufnehmen	⇨	Maßnahmen
	⇨	
	⇨	
	⇨	
	⇨	
	⇨	

Netzwerk nutzen

Wenn die Botschaft klar ist und die Wege bereitet sind, hindert Sie niemand mehr daran, das, was Sie sind und was Sie wollen, gezielt einzusetzen. Erwarten Sie keine unmittelbaren Erfolge, sondern stellen Sie sich auf einen längeren Prozess ein. Bis sich ein bestimmtes Image bildet oder ein bestehendes Image verändert, das dauert seine Zeit. Werbefachleute wissen ein Lied davon zu singen. Also, nicht verzagen! Der Aufwand lohnt sich. Es geht um etwas ganz Wichtiges, nämlich um Sie!

KAPITEL 10

Neues Verhalten festigen – die richtigen Hilfsmittel einsetzen

Ein uraltes Problem – vertraute Lösungen

Verhalten konsequent beibehalten oder unbeirrt in eine neue Richtung entwickeln geht nicht ohne Aufwand. Je stärker die natürliche Gegentendenz, umso höher die notwendige Investition. Wir haben uns mit diesem Thema ausführlich befasst. Was gibt es an konkreten Hilfen und Stützsystemen über die psychologischen Erkenntnisse hinaus? Das Problem ist alt. Es könnte sich lohnen, nach Lösungen zu schauen, die sich bereits in der Vergangenheit bewährt haben – und zu prüfen, was davon nach wie vor brauchbar ist.

Hinweise und (Er-)Mahnungen

Mündliche oder auch schriftliche Hinweise in Form von sachlichen Erläuterungen, Ermahnungen, Drohungen oder Ermunterungen hat es vermutlich schon immer gegeben. Hatte derjenige, von dem solche Hinweise kamen, formell oder auch informell etwas zu sagen oder fühlte man sich von ihm körperlich oder emotional abhängig, dann hatten solche Hinweise sicher eine relative Wirksamkeit. Andererseits war vieles sicher auch von vornherein in den Wind gesprochen.

Bewertung aus heutiger Sicht: Es wäre ein aussichtsloses Unterfangen, Menschen davon abhalten zu wollen, anderen »erzieherische Hinweise« zu geben. Ihr Wert ist allerdings äußerst begrenzt. Nicht zuletzt deshalb, weil wir in unserer heutigen Mediengesellschaft von solchen Reizen völlig überflutet werden und uns eher abkapseln oder mittlerweile auch abgestumpft sind.

Koppelung von Verhalten an Zugehörigkeit oder Ausschluss

Spezielle Einstellungen und Verhaltensmuster zu haben und zu pflegen, war wohl schon immer eine Grundbedingung, um in bestimmten Gruppen Mitglied werden oder dort eine besondere Rolle wahrnehmen zu können. Die Zugehörigkeit zu einer weltanschaulich geprägten Gemeinschaft oder zu manchem elitären Club, die Ausübung bestimmter Funktionen zum Beispiel als Beamter war immer auch gekoppelt mit bestimmten Verhaltenserwartungen. Wurde diesen nicht genügend entsprochen oder wurde sogar eklatant dagegen verstoßen, konnte dies auch den Ausschluss zur Folge haben. Äußere Zeichen der Zugehörigkeit, wie zum Beispiel Uniformen, spezielle Kleidung bei katholischen Priestern und Ordensangehörigen, aber auch spezielle Kleidervorschriften für bestimmte Funktionsträger in Firmen, wie zum Beispiel blauer Anzug mit Krawatte, Orden und Ehrenzeichen für bestimmte Funktionen oder besondere Leistungen sind gleichzeitig Ausweis der besonderen Verpflichtung und verstärken den Druck auf das Verhalten. Insgesamt eine durchaus wirksame Art, zumindest den äußeren Anschein des gewünschten Verhaltens zu fördern.

Bewertung aus heutiger Sicht: Einer Gruppe anzugehören, entspricht einem menschlichen Urbedürfnis. Die Koppelung der Mitgliedschaft an die Einhaltung definierter Verhaltensstandards ist unabdingbar. Andernfalls gäbe es kaum ein Selektionskriterium für die Zugehörigkeit. Insofern ist dies nach wie vor ein aktuelles und ein wirksames Mittel zur Verhaltensbeeinflussung. Einschränkend muss man allerdings drei Aspekte anmerken: Erstens, das Angebot von möglichen Mitgliedschaften in unterschiedlichen, aber prinzipiell ähnlichen Gemeinschaften ist groß und damit auch unübersichtlich. Zweitens, der freiheitliche Rechtsstaat erschwert erheblich die Kontrollmöglichkeiten. Drittens, der allgemeine Libertinismus führt dazu, dass mehr und mehr eigentlich strenge Zugehörigkeitsregeln ausfransen beziehungsweise die Verantwortlichen sich schwer tun, die ursprüngliche Radikalität konsequent zu vertreten, wollen sie sich nicht dem Vorwurf des Totalitären aussetzen. Dies alles mindert die frühere Wirksamkeit doch in starkem Maße.

Kontrolle und Sanktionen

»People respect what you inspect« lautet eine englische Redewendung. Manche Großstädte haben angeblich die Kriminalitätsrate drastisch gesenkt, indem sie die Polizeipräsenz deutlich gesteigert und Null-Toleranz bei Verbotsüberschreitungen eingeführt haben. Psychologisch gesehen beruht das auf dem Prinzip der frühkindlichen Form von Moral, wo eben das Ge- oder Verbot nur dann und auch nur solange gilt, wie die Autoritätsperson als potenzieller Sanktionierer präsent ist. Im toskanischen San Gimigniano gibt es ein Foltermuseum. Dort kann man neben anderen Folterinstrumenten auch das ganze Repertoire an Spezialinstrumenten besichtigen, die im Mittelalter im Gebrauch waren, um Menschen an den Pranger zu stellen, eine ganz besondere Form der Sanktionierung. Umgekehrt gilt natürlich auch: War man brav und angepasst, wurden manchmal auch unmittelbar entsprechende Zeichen der Anerkennung und Belobigung ausgeteilt. Manch älterer Leser wird sich aus seiner Schulzeit vielleicht noch an so genannte Fleißbildchen erinnern können.

Bewertung aus heutiger Sicht: Mit Ausnahme des Prangers durch körperliche Folter, die heutzutage ersetzt ist durch Medienpranger und die Fleißbildchen (wofür es heute zeitgemäßere Formen gibt) sind die Grundprinzipien nach wie vor im Gebrauch – und begrenzt wirksam. So sehr es vielleicht auch einige aufgeklärte Mitbürger innerlich schmerzt, der Mensch ist nun einmal so gestrickt, dass er nicht nur mithilfe von Selbstverantwortung und Selbststeuerung funktioniert. Und nachdem das durch frühe Erziehung eingeprägte Gewissen auch nicht mehr das ist, was es einmal war, ist die Außensteuerung umso wichtiger.

Geschichten, Bilder, Filme

Geschichten und Bilder dienten schon immer dazu, Verhalten zu bewirken, zu steuern und zu verstärken. In der Mythologie, später in klassischen Heldensagen, Märchen, Ritter- und Heiligenlegenden wurden alle Register gezogen: Große Vorbilder dienten dem Ansporn, Schreckensgestalten der Abschreckung und die kleinen scheinbar Unscheinbaren, die es dann später doch zu etwas brachten, mussten zur Tröstung herhalten für alle diejenigen, die glaubten, zu kurz gekommen zu sein. Sehr früh wurden Bilder dazu eingesetzt, entweder die Menschen zur Frömmigkeit zu erziehen, oder auch zu ermutigen, ihren niederen Trieben freien Lauf zu lassen. Mit dem Aufkommen von Filmen wurde dieses Instrument noch weiter verfeinert. Die Filme von Oswald Kolle sollten zum Beispiel ein ganzes Volk in die sexuelle Aufklärung führen und es von moralischen Verklemmungen befreien. Während das eine für den Sexualverkehr gedacht war, wurde ein anderes Instrument speziell für das Verhalten im Straßenverkehr entwickelt: *Der 7. Sinn.* Das Prinzip war und ist so simpel wie erfolgreich: Phase 1 – eine typische Unfall- oder Gefährdungssituation zeigen, die jeder kennt, die jeder fürchtet, in der man quasi virtuell einen großen Fehler mit allen negativen Konsequenzen miterlebt, fast selbst macht. Phase 2 – es wird sehr kurz und präzise erläutert, wie es eigentlich dazu kommt, dass so etwas passiert. Phase 3 – einprägsam wird die bessere Alternative mit ihren ganzen Vorteilen vorgeführt. Der Spot wird abgeschlossen mit einem kurzen Merksatz. Das Ganze dauert nicht mehr als drei Minuten. Insgesamt geht es immer darum, den Menschen emotional aufzurütteln, ihm in dieser aufgerüttelten Situation einen Verhaltens-Schock zu verabreichen und angemessenere Verhaltensmodelle einzuflößen – in der Hoffnung, dass er diese nicht nicht-berücksichtigen kann.

Bewertung aus heutiger Sicht: Die zugrunde liegenden Prinzipien gelten heute in gleicher Weise. Insofern sind diese Mittel nach wie vor voll im Gebrauch und auch zu empfehlen.

Rituale und Beschwörungen

Handlungen, die auf längere Zeit unverändert wiederholt werden, werden zu Gewohnheiten, und diese nach längerer Zeit zu Regeln – geschrieben oder ungeschrieben. So etwas nennt man Rituale. Rituale gibt es überall: Im privaten Bereich zum Beispiel in der Art, wie jemand die Zeitung liest, im Betrieb zum Beispiel in der Art, wie jemand jeden Morgen seinen Arbeitsplatz in Besitz nimmt, und im gesellschaftlichen Bereich zum Beispiel in der Art, wie Tarifverhandlungen geführt werden. Solche Rituale haben schon in sich eine beruhigende Wirkung. Durch die Regelhaftigkeit wird sozusagen Normalität angezeigt, obwohl der eigentliche Sinn oft längst nicht mehr nachvollziehbar ist. Allein schon diese nicht mehr hinterfragte Regelmäßigkeit stabilisiert Verhalten. Weil *man* es tut beziehungsweise alle es zu tun haben, weil es immer schon in dieser Form gemacht wurde, muss *ich* mir in dieser konkreten Situation darüber keine besonderen Gedanken mehr machen. Ein quasi magisches Konzept wenden häufig Kinder an, wenn sie sich vor bestimmten Ereignissen fürchten. Sie versuchen zum Beispiel in einer bestimmten Schrittfolge ein Straßenpflaster zu überqueren: Klappt es, dann sind die Aussichten gut, misslingt es, dann stehen die Aussichten schlecht. Bei Zwangsneurotikern kann man ähnliche Rituale beobachten. In den Religionen gibt es eine Fülle von Ritualen, um die Götter gnädig zu stimmen. Die Ausübung der Rituale stellt quasi eine Garantie dar, vor bestimmten Gefahren geschützt zu sein oder auch etwas Bestimmtes zu erreichen. Die Ausübung des Rituals ist sozusagen ein ungeschriebener Vertrag, der auf der Basis einer Verhaltensvorleistung eine erwartbare Gegenleistung in Aussicht stellt.

Bewertung aus heutiger Sicht: Je säkularisierter und entzauberter die Welt, desto stärker die Neigung, sich doch wieder in eher obskure kultähnliche Haltungen zu flüchten. Dazu muss man nicht gleich Angehöriger einer Sekte werden. Man muss nur sehen, wie viele Menschen ihr Handeln nach ihrem Horoskop ausrichten. Selbst Pferdehoroskope haben Hochkonjunktur.

Mit Speck fängt man Mäuse

Die Fleißbildchen in der Schule hatten wir es bereits. Orden und andere Ehrenzeichen für erhoffte oder bereits erbrachte besondere Leistungen wurden bereits erwähnt. Von der Identifikation mit faszinierenden Vorbildern oder Helden war die Rede. Häufig machen wir uns viel zu viele Gedanken, mit welchen Geschenken wir Menschen in ihrem Verhalten beeinflussen können. Wir vergessen das einfachste, kostengünstigste und zugleich wirksamste Mittel: emotionale Zuwendung, Anerkennung und persönliche Wertschätzung.

Bewertung aus heutiger Sicht: Positive Verstärkung ist sicher bedeutend angenehmer als Drohungen, manchmal sogar wirksamer, aber eben nicht immer. Wenn ein bestimmter Grad der Sättigung erreicht ist, steigen die Ansprüche und die Wirkung lässt insgesamt nach. Man muss dann erst einmal eine Pause einlegen, um wieder Hunger zu erzeugen. Ein zweiter Punkt wird häufig zu wenig beachtet: »Der Köder muss dem Fisch und nicht dem Angler schmecken« heißt es. Viele machen den Fehler und verallgemeinern ihre eigene Motivationsstruktur für alle anderen. Aber die Anerkennung in geeigneter Form ist nach wie vor ein hervorragendes Mittel der Verhaltenssteuerung. Noch besser ist es allerdings, wenn der Speck sozusagen verinnerlicht ist, und Menschen sich von innen heraus antreiben. Die so genannte intrinsische Motivation wird ja von vielen Psychologen hoch gelobt. Nur, im Endeffekt handelt es sich nicht selten ebenfalls um eine totale Fremdsteuerung – mit dem einzigen Unterschied, dass sie durch Erziehungspersonen so früh und so verdeckt eingebaut wurde, dass sie als solche kaum erkennbar ist. Dann doch lieber eine Fremdsteuerung, bei der man klar kalkulieren kann, ob die angebotene Honorierung in einem angemessenen Verhältnis zu der dafür geforderten Leistung steht.

Persönliche Willensbildung

Zwar heißt es im Volksmund »der Geist ist willig, aber das Fleisch ist schwach« – das muss aber nicht unbedingt so sein. Solange nicht das Gegenteil bewiesen ist, gehe ich davon aus, dass wir zwar nicht der absolute Souverän im eigenen Haus sind, um mit FREUD zu sprechen, aber einiges mitzureden haben wir schon. Wie viel, das sei mal offen gelassen. Es gibt genügend Beispiele, was Menschen zu leisten in der Lage sind, wenn sie die dafür notwendige Willenskraft aufbringen. Erinnern wir uns an DEMOSTHENES, der zum größten Redner der Antike avancierte, weil er sich in den Kopf gesetzt hatte, mit einer ungeheuren Willensanstrengung und pausenlosem Üben seinen angeborenen Sprachfehler zu bezwingen. Jeder von uns kennt die prinzipielle Möglichkeit, aber auch den Kampf mit sich selbst, den es manchmal kostet, ein Vorhaben konsequent und regelmäßig in die Tat umzusetzen – wie zum Beispiel regelmäßiger Sport, Abstellen einer eingefleischten lieb gewordenen Angewohnheit – wenn es zumindest kurz- und auch mittelfristig nicht gerade lustfördernd ist. Die Befriedigung von Bedürfnissen zu vertagen, bleibt für manchen bis ins hohe Alter eine große Herausforderung. Und trotzdem: Ich kenne keine vernünftige Alternative, wenn es darum geht, sich selbst gegen das eigene spontane Lustempfinden zu steuern.

Bewertung aus heutiger Sicht: Um ein nicht selbstverständliches Verhalten neu zu übernehmen, oder sich ein eingeschliffenes Muster abzugewöhnen, führt auch heute und wohl auch in Zukunft kein Weg am Wollen vorbei. Die besten Therapien oder sonstigen Hilfsangebote nützen nichts, wenn der Adressat sich nur als willenloses Objekt anbietet, statt in der Rolle des engagierten Akteurs die Verantwortung für den Erfolg mit zu übernehmen.

Feedback

Gleichgültig in welcher Form: die direkte Rückmeldung beziehungsweise Rückkoppelung gehört ebenfalls zum althergebrachten Repertoire, um Verhalten zu beeinflussen. Auch ohne das Wort *feedback* zu kennen, haben Menschen schon immer Anderen spontan rückgemeldet, wie sie bestimmtes Verhalten erleben, was es in ihnen dem Handelnden gegenüber auslöst und welche Konsequenzen es für die beiderseitige Beziehung hat. Vielleicht sind nicht alle Regeln – sich auf konkret beobachtbares Verhalten beschränken, nicht verallgemeinern oder interpretieren; beschreiben, nicht bewerten; unmittelbare direkte persönliche Ansprache – wirklich eingehalten worden, und vielleicht hat dieses Manko die prinzipielle Wirksamkeit von Feedback eingeschränkt. Aber im Kern entspricht Feedback der menschlichen Grundtendenz, die zwischenmenschliche Beziehung fruchtbar zu gestalten.

Bewertung aus heutiger Sicht: Feedback geben und sich gezielt Feedback einholen, ist nach wie vor ein wertvolles Instrument der Verhaltenssteuerung. Zumal uns die Erkenntnisse der letzten Jahrzehnte in die Lage versetzen, dieses Mittel sehr professionell einzusetzen und zu gestalten.

Zeitgemäße Instrumente der Verhaltens-Unterstützung

Wenn auch die alten vertrauten Systeme und Mittel der Verhaltenssteuerung im Großen und Ganzen nach wie vor erfolgreich angewandt werden, so sind in den letzten Jahren doch einige Ansätze besonders ausdifferenziert und weiter entwickelt worden.

Visualisierung

Es gibt drei Gründe, der Visualisierung einen besonderen Platz im Konzept der Verhaltenssteuerung einzuräumen: Erstens, in einer Zeit, in der wir alle mit Informationen überfüttert werden, ist es sinnvoll, wichtige Informationen auf verschiedenen Wegen gleichzeitig zu transportieren. Also nicht nur hören, sondern auch sehen und erleben. Dadurch vergrößert sich die Chance, dass die Botschaft wenigstens auf einem der drei Wege an ihr Ziel gelangt. Zweitens, wir wissen aus Verhaltensforschungen, wie stark der Einfluss von öffentlichem Druck auf Verhaltensänderung ist. Etwas an prominenter Stelle sichtbar machen, bedeutet gleichzeitig indirekt auch Druck ausüben. Drittens, wenn die Visualisierung nicht steril abgewickelt, sondern so kreativ gestaltet wird, dass ein ständiger Wechsel in der Form der Darstellung für immer neue Aufmerksamkeit sorgt, dann ist durch sie gewährleistet, dass die Information nicht in einem nur einmaligen Akt wahrgenommen und dann wieder zur Seite gelegt wird, sondern als anhaltender Impuls sich verhaltenssteuernd auswirkt.

Beispiel N° 1: Balanced Score Card (BSC) von KAPLAN und NORTON.

Eine zunehmende Anzahl von Unternehmen hat ihr Controllingsystem an der BSC ausgerichtet. Aber nicht nur als Rechenwerk für die Vorstandsetage, sondern als deutlich sichtbares Erfolgs- und Prozessbarometer für das ganze Unternehmen. Die Daten – auch als Ampelsystem in vertrauter und zugleich praktischer Form aufbereitet – sind sowohl im Computer abrufbar als auch im Unternehmen so gut öffentlich platziert, dass Mitarbeiter und Kunden sie nicht übersehen können. Und wenn jetzt noch durch geeignete Maßnahmen – indem man zum Beispiel Bistrotische vor die Informationswände stellt oder ein eingeweihter Lockvogel davor stehen bleibt und andere, die vorbeieilen wollen, in ein Gespräch verwickelt – die Mitarbeiter dazu eingeladen und verführt werden, in der direkten Umgebung der Information auch über die Daten miteinander zu diskutieren, dann ist der eigentliche Zweck der Visualisierung erreicht.

Beispiel N° 2: Plakate an der Autobahn

Autofahren ist eine gefährliche Angelegenheit. Menschen zu bewegen, so zu fahren, dass sie weder sich, noch andere gefährden, ist nach wie vor eine herausfordernde Aufgabe. Ein bedeutsames Hilfsmittel dazu sind unter anderem Plakate an der Autobahn. Sie sind so groß und auffällig, dass man sie einfach nicht übersehen kann. Nach allen Regeln der hohen Werbekunst sind sie so gestaltet, dass hauptsächlich ein Bild die eigentliche Botschaft symbolisch zum Ausdruck bringt – manchmal unterlegt mit einem kurzen Slogan als zusätzlichem Anker.

Beispiel N° 3: Autocockpit

In jedem Fahrzeug ist ein Cockpit. Die dort gezeigten Daten verfolgen einen doppelten Zweck: Einerseits geben sie wichtige Informationen, zum Beispiel über Geschwindigkeit, Motorwärme, Motordrehzahl, Öldruck, Tankinhalt, und so weiter. Aber einige Informationen haben eine zweite darüber hinausgehende Funktion: Sie sollen direkt und unmittelbar das Fahrverhalten beeinflussen. Der Drehzahlmesser ist mit seinem grünen und roten Bereich so gestaltet, dass nur ein absoluter Dummkopf länger als unbedingt nötig im roten Bereich bleibt. Wer so fahren will, dass er möglichst wenig Kraftstoff verbraucht, investiert am besten in eine kleine Zusatzausstattung: In Echtzeit rechnet ein Computer aus, wie viel Kraftstoff er aktuell gerade verbraucht oder wie viel Kilometer er bei gleicher Fahrweise wie in den letzten Minuten mit dem restlichen Kraftstoff im Tank noch fahren kann. Er wird unwillkürlich, seinen Fuß vom Gas nehmen, wenn er sieht, wie im Moment ohne jede Notwendigkeit der Verbrauch in die Höhe geschossen ist.

Symbolik

Durch symbolische Handlungen Zeichen setzen, die jedermann ohne große Interpretationshilfe deuten kann, ist die hohe Kunst des Managements – vor allem in Zeiten der Informationsüberflutung einerseits und der Notwendigkeit, Botschaften schnell und unverfälscht zu vermitteln andererseits. Zum Beispiel das Prinzip der offenen Tür: Die Türen zu den Managerbüros – so weit Manager nicht sowieso mit in einem Großraumbüro sitzen – bleiben prinzipiell offen. Und laden dadurch ein, den Kontakt zu suchen. Sich regelmäßig vor Ort an der Arbeitsbasis zeigen und dadurch demonstrieren, dass man prinzipiell jederzeit von jedermann ansprechbar ist. Generell ist symbolisches Tun weitaus wirksamer, als nur hehre Reden schwingen oder Leitbilder verfassen.

Bilder und Handlungsmuster – Hilfen zur Identifikation und zur Abschreckung

Die TV-Industrie und der Kampf um den Zuschauer haben es mit sich gebracht, dass Filmspots wie *Der 7. Sinn* und die Aufklärungsfilme von OSWALD KOLLE aus heutiger Sicht wie erste Versuche wirken. Das Fernsehen als Instrument der Meinungsbeeinflussung auch für gesellschaftliche und politische Fragen und in der Konsequenz als Mittel zur Verhaltenssteuerung arbeitet heute in dieser Hinsicht hoch professionell und teilweise auch manipulativ. Wenn es zum Beispiel darum geht, Geld aufzutreiben, um die Folgen einer Hungersnot, einer Erdbeben- oder Flutkatastrophe zu mildern, oder um die Bereitschaft zu wecken, einen Feldzug gegen den weltweiten Terror innerlich mitzutragen, werden wir einer derartigen Bild- und Filmmassage ausgesetzt, dass selbst der Distanzierteste seine Zurückhaltung kaum über längere Zeit aufrechterhalten kann. Die Kunst, Werbebotschaften so rüberzubringen, dass sie sich unmittelbar auf das Verhalten auswirken, wird immer ausgefeilter. Mittlerweile haben sich auch einige Unternehmen dieses Instrumentes bemächtigt in Form des so genannten Business TV. Dieses steckt allerdings in den meisten Firmen noch in den Kinderschuhen. Die hochstilisierten Ansprachen der obersten Unternehmensleitung erleiden das gleiche Schicksal, das schon immer den Predigten sowohl in den einfachen Dorfkirchen als auch in den Kathedralen der großen Bischofssitze widerfuhr: Man ist manchmal ergriffen vom Klang der Stimme und dem grandiosen Auftritt der Prediger – aber die Wirksamkeit ist gleich null.

Zugehörigkeit zu Netzwerken

Was früher die Seilschaften waren, sind heute Netzwerke. Das Neue an den Netzwerken ist, dass diese nicht mehr nur im informellen Bereich angesiedelt sind. Fortschrittliche Unternehmen laden vielmehr dazu ein und bieten gegebenenfalls auch Unterstützung an, ganz offiziell interdisziplinäre Netzwerke zu bilden. Die zugrunde liegende Zielsetzung heißt: Den Kunden beziehungsweise den Markt möglichst schnell und gezielt zufrieden zu stellen. Die Art, wie Unternehmen zum Teil funktionsteilig organisiert sind, steht nicht selten diesem Anliegen nach wie vor im Wege. Netzwerke helfen, die Abteilungsgrenzen schneller zu überwinden. Das Verhalten, das dadurch gefördert und gestützt wird, heißt: Out of the box. Daneben gibt es eine Fülle weiterer Netzwerke, wie zum Beispiel Clubs, Freimaurerlogen, oldboy-network, alumni von renommierten Beratungsfirmen oder Eliteuniversitäten. Dort Mitglied zu sein und dadurch die Möglichkeit zu haben, aus Beziehungen Kapital für die eigene Entwicklung zu schlagen, bedeutet gleichzeitig, sich einem definierten mehr oder weniger offiziellen Verhaltens-Kodex zu verpflichten.

(Halb-)automatische Prozesssteuerung

Die bereits erwähnten Navigationssysteme im Auto und die computergesteuerten Flug- und Landesysteme oder auch bestimmte Maschinen in der Produktion machen es teilweise schon: Die Computersoftware steuert das menschliche Verhalten. Solche Ansätze werden weiter zunehmen. Das Denken und die Notwendigkeit, in sehr komplexen Situationen die richtigen Entscheidungen zu treffen, werden entlastet – und das ist gut so, solange die Systeme störungsfrei arbeiten. Alles idiotensicher zu machen, wird wahrscheinlich nicht gelingen und wäre auch, zumindest um den Anschein menschlicher Entscheidungsfreiheit aufrechtzuerhalten, kaum wünschenswert.

Persönliches Stützsystem zur Verhaltenssteuerung

Lassen Sie sich nun von den Ausführungen anregen und überprüfen beziehungsweise optimieren Sie Ihr persönliches Stützsystem.

Erster Schritt: Bestandsaufnahme

Sie haben bisher einiges getan, um Ihr Wollen über den Status eines mentalen Vorsatzes hinaus in die Tat umzusetzen und die Beibehaltung sicherzustellen. Tragen Sie dies in die folgende Abbildung ein:

Abbildung 57: Persönliches Stützsystem zur Verhaltenssteuerung – Bestandsaufnahme

Bereits praktizierte unterstützende Maßnahmen	Erfahrungen/Bewertung im Hinblick auf zukünftige Tauglichkeit

Zweiter Schritt: Persönliche Motivationsfaktoren

Bevor Sie ein neues Stützsystem für sich erstellen, machen Sie sich bewusst, auf welche Weise Sie sich am wirksamsten motivieren. Auf was sprechen Sie besonders an? Es werden bei Ihnen solche Hilfsmittel wirken, die an Ihrer Motivationsstruktur anknüpfen und dort verankert werden können.

Abbildung 58: Persönliche Motivationsfaktoren

Meine persönlichen Motivationsfaktoren
•
•
•
•
•

Dritter Schritt: Persönliches Stützsystem

Bauen Sie sich nun aus dem vorliegenden Material und Ihren eigenen Ansprüchen und Erfahrungen Ihr persönliches Stützsystem, das Ihnen helfen soll, Ihr Verhalten in die von Ihnen gewünschte Richtung zu verändern und geändertes

Verhalten über längere Zeit beizubehalten. Bleiben Sie nicht im Stadium diffuser Vorstellungen, sondern machen Sie für das, was Sie für wünschenswert halten, einen Aktionsplan.

Abbildung 59: Stützsysteme zur Verhaltenssteuerung

Meine bevorzugten Stützsysteme		
System/Maßnahme zur Unterstützung	Welchen Zweck/Erwartung verfolge ich damit?	Konkreter Aktionsplan zur Etablierung

Vierter Schritt: Verhaltens-Cockpit

Als konkrete Beispiele für gelungene Visualisierung wurden sowohl das Modell der Balanced Scorecard als auch des Cockpits in einem Fahrzeug beschrieben. Beide Modelle haben einen Vorteil: Sie haben alle relevanten Faktoren gleichzeitig im Blick. Wenn Sie Ihre Punkte lediglich nacheinander auflisten, riskieren Sie, dass immer nur ein einzelner Aspekt im Blickpunkt der Aufmerksamkeit steht, während die anderen in Vergessenheit geraten. Bauen Sie sich nun ein für Sie maßgeschneidertes Verhaltens-Cockpit, in dem alle für Ihre *Lebensfahrt* relevanten Steuerungsgrößen auf einen Blick gut sichtbar sind, z.B. Orientirung an Zielen, strategische Ausrichtung, Verbindlichkeit, Konsequenz in der Umsetzung, soziale Verträglichkeit usw.

Tragen Sie die von Ihnen ausgewählten Steuerungsgrößen in die einzelnen Felder ein, inklusive des jeweils vorgesehenen Meßsystems. Sie können das Cockpit-Design entsprechend Ihren Bedürfnissen und Wünschen umgestalten, verkleinern oder ausweiten. Die einzelnen Elemente Ihres Cockpits sollten jeweils drei Informationen beinhalten:

- Bezeichnung des Elements,
- Kennzahl oderBandbreite der Messgröße (von ... bis...),
- aktueller Status (der Zielerreichung) gemessen am positiven und negativen Extremwert.

Abbildung 60: Verhaltens-Cockpit

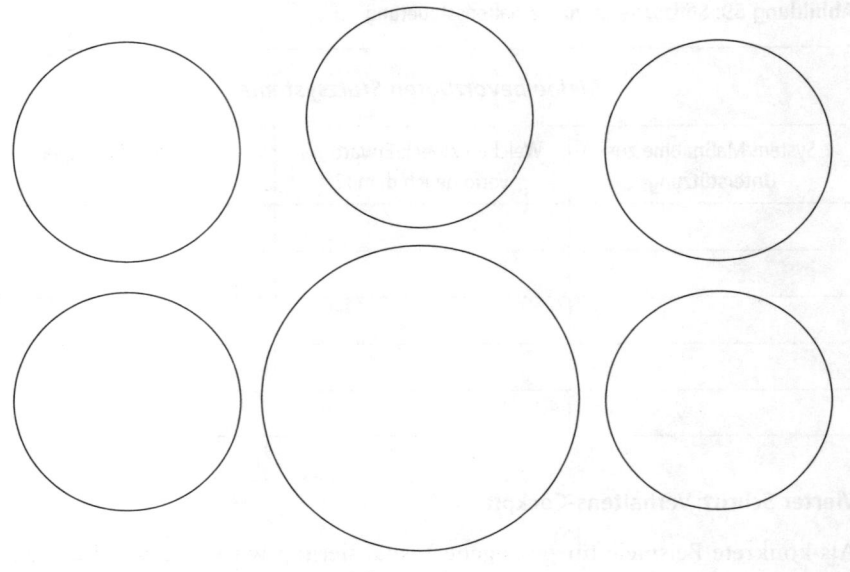

KAPITEL 11

Unerledigte Vorhaben checken: erledigen oder bleiben lassen

Der Weg zur Hölle – und die guten Vorsätze

Es ist ja nicht so, dass wir nicht immer mal wieder Pläne schmieden, gute Vorsätze fassen und das eine oder andere auch konkret anpacken würden. »Angedacht« und »ich bin dran« sind typische Beschreibungen dieses Zustandes. Schaut man sich allerdings die Entwicklung im weiteren Verlauf an, so erlebt man nicht selten eine Situation wie auf einer Baustelle, auf der nichts passiert: Es gibt keinen besonderen Druck, der Bauleiter und die Arbeiter sind längst parallel auch auf anderen Baustellen beschäftigt, und das ursprüngliche Interesse des Bauherrn ist mittlerweile auch nicht mehr das, was es einmal war. Und so hat wahrscheinlich jeder von uns eine mehr oder weniger große Anzahl von Vorhaben oder Projekten, die liegen geblieben, verschoben, verzögert, verschleppt, eingeschlafen, längst eingegangen, aber nicht beerdigt sind; die vielleicht gerade noch in den letzten Atemzügen liegen und vor sich hin röcheln. Die wahre Kunst besteht nicht darin, Dinge anzudenken und anzufangen, sondern konsequent zu Ende zu führen oder auch Vorhaben rechtzeitig offiziell zu beenden, wenn man zu anderen Erkenntnissen gekommen ist, oder wenn sich die Voraussetzungen geändert haben.

Bestandsaufnahme

Erster Schritt: Sammeln

Listen Sie zunächst alle aufgeschobenen, nicht oder nur halb erledigten Vorhaben, Ziele und Projekte auf und beschreiben Sie den aktuellen Stand:

Abbildung 61: Sammeln

Thema/Titel	Ursprünglicher Anlass und Ziel	Aktueller Status	

Zweiter Schritt: Bewerten

Überdenken Sie diese hängen gebliebenen Vorhaben und Aktivitäten im Hinblick auf die folgenden Aspekte:

- Rechtfertigen der ursprüngliche Anlass und die damals angestrebten Ziele noch den derzeitigen Stand?
- Wie können die zur Verfügung stehenden Ressourcen optimal(er) eingesetzt werden?
- Für was immer Sie sich nun entscheiden –
  - so weitermachen, wie bisher oder
  - offiziell beenden oder
  - neu aufgreifen und vorantreiben
  - mit welchen (Neben-)Wirkungen müssen Sie rechnen?

Machen Sie auf der Basis der Antworten auf diese Fragen Ihre abschließende Bewertung.

Abbildung 62: Bewerten

Thema/Titel	Ursprünglicher Anlass und Ziel	Aktueller Status	Bewertung: a b c*

* a) o.k., so wie es jetzt ist   b) offiziell beenden   c) neu aufgreifen

Dritter Schritt: Neuer Aktionsplan

Übertragen Sie nun Ihre Aktivitäten, die Sie offiziell beenden (b) und diejenigen, die Sie neu aufgreifen und vorantreiben wollen (c) auf zwei getrennte Listen (Abbildungen 63 und 64).

Treffen Sie entsprechende Vereinbarungen mit sich selbst, wie Sie konkret vorgehen werden, um das, was Sie sich vorgenommen haben, zu Ende zu führen. Es ist gerade in turbulenten Zeiten, wo auch die Ziele beweglich sind, überhaupt nicht dramatisch, Vorhaben und Aktivitäten im Hinblick auf ihre Zielsetzung, ihre Richtung oder auch Intensität zu verändern – oder sie auch ganz sein zu lassen. Fatal wird es nur, wenn das stillschweigend unter der Hand geschieht. Dies könnte nämlich eine allgemeine Haltung fördern, die besagt: Es wird alles nicht so heiß gegessen, wie es gekocht wird – und was letztendlich dazu führt, dass aus vielen anderen laufenden Aktivitäten bereits vorsorglich der Dampf herausgenommen wird.

So löblich es zunächst scheint, Vorhaben und Aktivitäten, die stecken geblieben sind, entweder »anständig« zu beerdigen oder wieder neu aufzugreifen und anzutreiben, eines ist nicht zu unterschätzen: Die Betroffenen werden sich fragen: Warum das zwischenzeitliche Hängenlassen? Warum jetzt auf einmal das Ende? Warum jetzt auf einmal wieder Dampf? Wie lange wird der Antrieb dieses Mal anhalten? Besser ist es deshalb, diese Fragen offensiv angehen und beantworten.

Abbildung 63: Vorhaben beenden

Titel/Thema	Warum beenden?	Wie beenden und wie den Exitus kommunizieren?	Mögliche unerwünschte Nebenwirkungen wie kompensieren?

Abbildung 64: Vorhaben neu aufgreifen

Titel/Thema	Warum neu aufgreifen?	Wie das bisherige Durchhängen und den Neustart begründen und kommunizieren?	Wie sicherstellen, dass der zweite Anlauf tatsächlich gelingt?

Ursachen behandeln statt nur Symptome kurieren

Eines sollten Sie sich nicht ersparen, ob zwischendurch oder als Abschluss dieser Übung: Darüber nachdenken, ob hinter Ihrer Art, die Dinge voranzutreiben oder eben schleifen oder auch ganz liegen zu lassen, nicht doch Methode steckt. Sicher: Es gibt tausend äußere Gründe, etwas zu tun oder nicht zu tun. Aber es könnte durchaus auch sein, dass Sie sich hinter diesen äußeren Gründen verstecken. Ihrem Verhalten könnten tiefere Muster zugrunde liegen, wie zum Beispiel operative Hektik, um zu zeigen, was für ein toller Manager Sie sind, oder pure Bequemlichkeit oder auch Angst vor klaren Entscheidungen, Risikoscheu und Ähnliches mehr. Nehmen Sie sich also jetzt etwas gründlicher unter die Lupe und versuchen Sie herauszufinden, inwieweit nicht nur äußere Umstände die Situation verursachen, sondern inwieweit Sie selbst mit solchen grundlegenden Verhaltensmustern dazu beitragen. Überlegen Sie, wie sich diese Muster konkret auswirken, wie zufrieden Sie in dieser Hinsicht mit sich sind und ob – und wenn ja, wie – Sie daran etwas ändern wollen. Hier gibt Ihnen die folgende Abbildung ein Schema an die Hand.

Abbildung 65: Persönliche Verhaltensmuster

Persönliche Verhaltensmuster		
Muster	Auswirkungen	Therapie?

KAPITEL 12

Die Quellen der Energie entdecken

Jede Veränderung lebt in und von einem Kräftefeld verschiedener Energien – solchen, die mitgestalten oder vorantreiben, und solchen, die bremsen oder blockieren. Als Selbst GmbH und als Manager von Veränderungen ist es gut zu wissen, wie es um den eigenen Energiehaushalt bestellt ist: Welche Art von Energie brauche ich? Wie viel Energie habe ich überhaupt zur Verfügung? Wo ist meine Energie gespeichert? Wie kann ich sie abrufen? Wo liegen die Quellen meiner Energie, aus denen ich mich im Fall des Bedarfs just in time bedienen kann?

Energie und die Rolle von Bedürfnissen

Die Frage nach der Energie ist eng verzahnt mit der Frage nach unseren Bedürfnissen: Was sind die treibenden Kräfte in uns? In welche Richtung wirken sie? Und was haben Bedürfnisse mit Tatkraft zu tun? Wir alle kennen bestimmte primäre Bedürfnisse, die uns antreiben. Dazu gehört zum Beispiel der pure Drang zu überleben, in diesem Zusammenhang auch der Wille zur Macht und Selbstbehauptung, umgekehrt die Angst vor Ohnmacht und Verlust, das Verlangen nach Sauerstoff zum Atmen, Durst, Hunger, das Bedürfnis nach Schlaf, der Wunsch nach sozialem Kontakt, wahrscheinlich auch nach Sex, vielleicht auch die Hoffnung. Vermutlich sind auch Bedürfnisse ursprünglich, wie der Drang, sich zu bewegen oder etwas zu tun, die Neugierde oder der Drang, Dinge zu erkunden, in unbekannten Situationen auf der Hut sein, um flüchten oder sich verteidigen zu können, bei Kindern vielleicht auch der Drang, ihr Umfeld zu erkunden – spielerisch und real. Darüber hinaus gibt es eine ganze Reihe so genannter sekundärer Bedürfnisse, die wir im Lauf der Erziehung »gelernt« haben, die uns andere eingetrichtert, oder die wir anderen abgeschaut haben. Dazu gehört bei den einen der Drang, sich in den Vordergrund zu schieben, und bei anderen das genau entgegengesetzte Bedürfnis,

Bühne und Scheinwerferlicht anderen zu überlassen, dazu gehören Liebe und Hass, Glaube und Bedürfnis nach Sinn. Manche dieser Bedürfnisse brauchen einen Reiz, der sie jeweils auslöst, ansonsten schlummern sie so unbemerkt vor sich hin, dass wir ihr Vorhandensein geradezu vergessen. Andere wiederum sind sehr präsent und bestimmen unser Verhalten durchgängig. Bedürfnisse sind mit angenehmen oder auch unangenehmen Gefühlen gekoppelt. Die Gefühle können bei verschiedenen Menschen sehr unterschiedlich sein: Es ist nicht zuletzt eine Sache der Erziehung, welches Gefühl sich mit einzelnen Bedürfnissen verknüpft. Drei Erkenntnisse können wir allerdings verallgemeinern: Erstens, wer nach Energiequellen sucht, kommt an den Bedürfnissen nicht vorbei. Zweitens, die Bedürfnisse streben nach Befriedigung. Und schließlich drittens, Ziel der Befriedigung von Bedürfnissen ist im weitesten Sinn Lustgewinn oder umgekehrt die Vermeidung von Unlust. Ob eine angeborene ausgeprägte Aktionslust und Tatkraft zu stärkeren Bedürfnissen führt, oder ob stärkere Bedürfnisse auch die Tatkraft entsprechend verstärken, können wir hier offen lassen.

Ein häufiges Missverständnis

Unternehmen geben zum Teil viel Geld aus, um in regelmäßigen Abständen die Zufriedenheit ihrer Mitarbeiter zu messen. Viele setzen den Grad der Zufriedenheit gleich mit dem Grad der Leistungsbereitschaft und Motivation. Ein Unternehmen der Kosmetikbranche machte in diesem Zusammenhang eine interessante Entdeckung: Man wollte die Zufriedenheit der Mitarbeiter der einzelnen Kosmetiksalons herausfinden und gleichzeitig in Erfahrung bringen, wie zufrieden die Kunden der jeweiligen Salons waren, um dann beide Ergebnisse miteinander in Beziehung zu setzen. Zugrunde lag die Hypothese: Nur zufriedene Mitarbeiter sind gute, das heißt leistungsbereite Mitarbeiter. Die Unternehmensleitung erwartete eine enge Korrelation zwischen dem Grad der Zufriedenheit der Mitarbeiter und dem der jeweiligen Kundengruppe. Man war gewillt, es sich gegebenenfalls einiges kosten zu lassen, um die Zufriedenheit der Mitarbeiter so zu steigern, dass auch die Kunden zufrieden wären – mit dem Ziel, dadurch im Endeffekt die Kundenbindung zu verstärken und die Kaufbereitschaft der Kunden zu steigern. Die Ergebnisse waren frappierend: Wo die Mitarbeiterzufriedenheit am höchsten war, war die Kundenzufriedenheit am niedrigsten. Wie lässt sich dieses Ergebnis interpretieren? Es bedarf eines gewissen Ausmaßes an Zufriedenheit mit den Rahmenbedingungen, unter denen Menschen leben und arbeiten, damit sie leistungswillig und auch leistungsfähig sind. Andererseits, wenn die Zufriedenheit ein bestimmtes Maß überschreitet, besteht die Gefahr einer Umkehr: Was bisher Antrieb war, wird zu blockierender Bequemlichkeit. Der Kunde wird dann de facto zum Störfaktor. Fazit: Zufriedenheit, isoliert betrachtet und vorangetrieben, erreicht ihr Ziel im Nirwana der Wunschlosigkeit, wo jeder Antrieb ausgeschaltet ist. Wer Zufriedenheit als Antriebsfaktor nutzen und instrumentalisieren will, muss das richtige Maß finden und darf dieses weder unternoch überschreiten.

Landkarte meiner Energien

Erster Schritt: Typische Situationen mit hoher Energieladung

Jeder von uns kann sich wahrscheinlich an Situationen erinnern, in denen er sich mit hoher Energie geladen fühlte – die Batterie ist voll, man könnte Bäume ausreißen, man hat das Gefühl, die ganze Welt umarmen zu können, alles läuft wie geschmiert (der wahre *flow* im Sinn von MIHALY CSIKSZENTMIHALYI) – und ebenso an gegenteilige Situationen: Die Batterie ist leer, man hängt völlig erschöpft, saft- und kraftlos in den Seilen und hat nur noch einen Wunsch: abtauchen, einfach im Boden verschwinden. Rufen Sie sich einige solcher Situationen ins Gedächtnis:

Abbildung 66: Energiegeladene Situationen –1–

Energiegeladene Situationen			
Situations-beschreibung			

Abbildung 67: Energieleere Situationen –1–

Energieleere Situationen			
Situations- beschreibung			

Zweiter Schritt: Analysieren und bewerten

Betreiben Sie Ursachenforschung: Finden Sie die verursachenden Elemente heraus und bewerten Sie, ob es sich um ein einmaliges Ereignis handelt, oder ob diese Situation wieder auftreten beziehungsweise wieder herbeigeführt werden könnte.

Abbildung 68: Energiegeladene Situationen –2–

Energiegeladene Situationen			
Situations- beschreibung	Energiefördernde Faktoren, Personen, Konstellationen	Auswirkungen und endgültiges Ergebnis	Einmalig oder im Prinzip wiederholbar?

Abbildung 69: Energieleere Situationen –2–

Energieleere Situationen			
Situations-beschreibung	Energieabsaugende Faktoren, Personen, Konstellationen	Auswirkungen und endgültiges Ergebnis	Einmalig oder im Prinzip wiederholbar?

Dritter Schritt: Generalisieren – die inneren Energiequellen lokalisieren

Es gibt die Vorzeigemotive und Antriebe, die wir vor anderen – manchmal sogar vor uns selbst – lieber verbergen. Gleichermaßen gibt es Energiefelder, über die wir gerne reden und solche, die wir lieber verschweigen oder verdrängen. Nach Siegmund Freud ist der Mensch von Geburt an »polymorph pervers« und wahrscheinlich geht niemand gerne offen mit seinen Perversitäten hausieren. Trotzdem, ein Großteil unserer Antriebsenergien kommt aus der

Abbildung 70: Energiequellen

Energiequellen			
Quelle	Allgemeiner und konkreter Nutzen	Vorzeigbar oder verdeckt?	Pflegebedürftig und ausbaufähig? Wie?

Unterwelt. Es gibt sogar eine spezielle therapeutische Schule, die genau auf diesen Gedankengängen aufbaut. Scheuen Sie sich also bitte nicht, Ihrer Unterwelt einen längeren Besuch abzustatten. Quellen können erschlossen sein. Quellen können aber auch verdeckt und nur anhand kaum sichtbarer Anzeichen zu erkennen oder auch nur zu erahnen sein. Quellen können sprudeln, können aber auch teilweise oder ganz verstopft sein. In der Fachsprache würde man von Latenz sprechen. Es geht bei diesem Schritt darum, die generellen Quellen zu erkunden, ihren Zustand zu überprüfen – und gegebenenfalls dafür Sorge tragen, sie so zugänglich zu machen oder zu pflegen, dass bei Bedarf schnell aus ihnen geschöpft werden kann. Machen Sie sich hier Notizen nach dem Schema von Abbildung 70.

Vierter Schritt: Energievernichter und Entsafter lokalisieren und kanalisieren

Wo es Antreiber gibt, gibt es auch Faktoren, Konstellationen und Personen, die Energie fressen, vernichten, bremsen, die lahm legen und entsaften. Wir werden wohl nie in der Lage sein, alles Hemmende zu entfernen. Es gehört zu uns, es ist Teil von uns. Es sind zum Teil uralte, tief eingekerbte Botschaften und Zuschreibungen, die uns im Käfig oder am Gängelband halten. »Das wirst du nie ... aus dir wird sicher kein ... mach dir nichts vor ...« Wir haben uns im Kapitel über das persönliche Drehbuch damit befasst. Dies alles ist zwar Teil von uns, aber nicht unbedingt alles, nicht alles in der aktuellen Form – und vor allem nicht so, dass wir ihm blind ausgeliefert wären. Als verantwortliche Selbst GmbH sollten wir uns zumindest einen Überblick darüber

Abbildung 71: Energievernichter

Energievernichter, -bremsen und Entsafter			
Quellen und Ursachen	Auswirkungen	Vorzeigbar oder verdeckt?	Überwindbar, kanalisierbar, steuerbar, kompensierbar? Wie?

verschaffen, was unter welchen Umständen in dieser hemmenden Kategorie auftreten könnte und wie wir uns in die Lage versetzen, es einigermaßen zu kanalisieren, zu steuern, zu überwinden oder zu kompensieren. Für diesen Überblick können Sie Abbildung 71 nutzen.

Fünfter Schritt: Aus der Perspektive der anderen

Energie ist kein Geschehen, das nur innerhalb des einzelnen Menschen abläuft. Energie fließt zwischen Menschen hin und her, kann auf andere überspringen, kann gezielt übertragen und ebenso gezielt vernichtet werden. Andere Menschen beeinflussen uns, und wir beeinflussen andere Menschen – positiv und negativ. Manchmal sind wir für andere regelrechte Entsafter, vielleicht ohne es zu wollen oder zu merken und könnten sie genau so gut stattdessen mit unserer Energie infizieren. Deshalb abschließend die Frage und Aufgabe: Was tun Sie – und was könnten Sie tun, um den Erwartungen und Hoffnungen anderer gerecht zu werden?

Abbildung 72: Energiespender

Energiespender für andere			
Adressaten Zielpersonen	Erwartungen, Hoffnungen	Bewertung a b c d e f*	Konsequenz/ Aktionsplan

* a) weder vorhanden, noch vorgesehen b) zwar nicht vorhanden, aber prinzipiell vorgesehen
c) schwach ausgeprägt vorhanden   d) gut ausgeprägt
e) hervorragend   f) nicht nur nicht vorhanden, sondern zusätzlich negativ

KAPITEL 13

Glück und Lebensmitte – Hilfen zu einem persönlichen Weg

Die Mitte des Lebens?
»Das Leben ist das, was abläuft,
während du es planst.«
(Autor unbekannt)

Im Prinzip gibt es zwei Möglichkeiten, die Mitte des Lebens zu definieren: als exakter mittlerer Punkt, Zwischenstation einer Gesamtstrecke mit einem klaren Anfangs- und Endpunkt oder als durchgängige qualitative Erlebnis- und Gestaltungsdimension. Viele Menschen wählen die erste Variante. Sie setzen sich ein Endziel, bis zu dem sie bestimmte Voraussetzungen geschafft haben wollen, um dann richtig leben zu können, was immer sie unter richtig verstehen. Bis zur Mitte wird voll gepowert, ab der Mitte gönnt man sich zwar schon mal ab und zu etwas, aber eher als Kostprobe. Das eigentliche Genießen kommt erst nach Erreichen des Ziels. Wie bei einer Bergbesteigung dient die Mitte dazu, um sich im Rückblick auf den bisher gegangenen Weg und den aktuell erreichten Zwischenstand Mut zu machen, auch das noch bevorstehende Teilstück erfolgreich zu meistern. Und genau hier liegt das Dilemma: Wer die Mitte des Lebens als lokalisierbaren Abschnitt auf einer Zeitlinie begreift, weiß nicht und kann nie wissen, wann dieser Zeitpunkt ist. Die drum herum wissen im Nachhinein, wann die Mitte war. Die meisten von uns wissen nicht, wann sie das Zeitliche segnen. Viele denken nicht oder nicht gern darüber nach.

Doch es hilft alles nichts: Der Tod ist ein Faktum. Und nicht selten kommt er völlig überraschend. Wir brauchen uns nur mal in unserem engeren oder weiteren Umfeld umschauen. Für die einen, könnte man vielleicht sagen, ist es durchaus an der Zeit: Sie sind alt, sie haben ihr Leben gelebt, haben das, was sie tun oder erleben wollten, einigermaßen erreicht. Für andere mag der Tod eine Erlösung sein, einschließlich für die Angehörigen. Für wieder andere ist der Tod ein absoluter Schicksalsschlag. Das Leben lag noch vollständig oder zu einem großen Teil vor ihnen. Die meisten Menschen planen ihr Leben so, als ob sie unsterblich wären. Sie setzen sich ein fernes Endziel, entwickeln Strategien zur Umsetzung, legen sich mächtig ins Zeug, um durch eine Reihe von aktiven Maßnahmen schrittweise nach und nach zu erreichen, was sie im Endeffekt als Gesamtergebnis erstreben. Sie treiben und sind getrieben von diesen Plänen und Aktionen, nicht selten im Stress. Im Plan ist nicht vorgesehen, dass dieser Prozess jäh und unverhofft abgebrochen werden könnte. Der Abriss würde als Störung oder als Zerstörung angesehen. Es gäbe prinzipiell eine ganz andere Möglichkeit, Mitte zu definieren: Mitte nicht als Punkt auf einer zeitlichen Linie, sondern als nicht zeitgebundene Qualität, als Erlebnis und Ort. Mitte würde bedeuten: Jedem Moment des Lebens eine Mitte geben, einen Kern und Mittelpunkt, der Sinn stiftet und das Leben lebenswert macht, diese Mitte halten, das Leben bewusst danach leben und gestalten.

Wer die Wahl hat, hat die Qual?

Sie können zwischen beiden Modellen wählen. Viel wahrscheinlicher ist es allerdings: Sie haben sich de facto oder »es wurde« für Sie schon längst entschieden.

Abbildung 73: Meine persönliche Mitte

Mein Verständnis von Mitte – eine Selbsterkundung
Wonach richte ich mich in meinem Verhalten, Leben und Erleben aus – nach einem Endziel mit der Mitte als Halbzeit oder nach einer inneren Mitte als durchgängige Verortung?
Wie kam diese Ausrichtung überhaupt zustande: bewusst von mir gewählt – hat sich spontan so ergeben, könnte leicht geändert werden – ist Teil eines inneren Drehbuchs, an das ich mich gebunden fühle?

Wie geht es mir mit meiner Ausrichtung?

Soll es so bleiben, wie es ist, oder will ich etwas ändern? Wenn ja, was und auf welche Weise?

Was ist Glück – Haben oder Sein?

> »Er hat im Leben viel Glück gehabt und
> ist doch niemals glücklich gewesen.«
> Franz Dingelstedt
> (Selbstverfasste Grabinschrift)

Glücklich kann man sein, Glück kann man auch haben – eine nicht unwesentliche Unterscheidung. Glück lässt sich einerseits begreifen als Zustand uneingeschränkter innerer Zufriedenheit, als innere Leichtigkeit, Unbeschwertheit und Beschwingtheit. Der Höhepunkt des Glücksgefühls könnte einer Empfindung gleichkommen, wie sie Mihaly Csikszentmihalyi als *Flow* beschrieben hat. Diese Art von Glück ist ziemlich unabhängig von äußeren Rahmenbedingungen, unabhängig auch von Alter, Reichtum oder Schönheit. Es geht um eine innere Empfindung. Glücklich kann auch sein, wer leidet oder hässlich oder arm ist. Glücklich ist, wer einen Sinn gefunden hat in dem, was ist. Diese Art von Glück kann man nicht verlieren. Man kann es ausstrahlen, ohne dass es schwächer wird. Man kann andere damit anstecken, man kann es mit anderen teilen, ohne dass es geringer wird. Der Volksmund spricht aber auch von »Glück haben«. In diesem Fall geht es darum, etwas zu erreichen, was man zwar ersehnt hat, was aber völlig unwahrscheinliches schien oder darum, einem drohenden Unglück zu entrinnen. Das eine *ist* man, das andere *hat* man. Wenn jemand sein Glück sucht, so wäre als erstes eine Entscheidung fällig, welche dieser beiden Arten von Glück denn nun gemeint ist: Haben oder Sein? Und dann gäbe es noch eine ganze Reihe weiterer Fragen zu beantworten: Wie definiere ich eigentlich Glück: Verdientes Ergebnis harter Arbeit oder einfach ein Geschenk? Ist Glück Selbstbestimmung? Kreativität? Erfolg? Gesundheit? Oder bedeutet Glück einfach von allem losgelöst sein? Angenehmes Leben? Ist Glück genetisch bedingt – gibt es so etwas wie Glückshormone – oder kann jeder zu jeder Zeit Glück empfinden? Ist Glück eine rein private Angelegenheit, oder zählen auch gemeinsame Formen von Glück – in einer Partnerschaft, in und mit einer Familie, in einer größeren Gruppe, in einem Unternehmen – dazu? Wie würden sich dann die Betroffenen miteinander über die Kriterien verständigen? Und, gibt es Gradmesser, die Aufschluss geben, ab wann und wie stark ich mich glücklich schätzen und fühlen darf? Will, beziehungsweise darf ich mir überhaupt erlauben, glücklich zu sein, solange andere unglücklich sind? Ist Glück in Zeiten der Not nur möglich, wenn ich entsprechend selektiv wahrnehme, indem ich das, was mein Glück beeinträchtigen könnte, einfach nicht zur Kenntnis oder nicht ernst nehme? Ist Glück nur möglich, wenn ich mich nach innen flüchte, mich drinnen ein- und die Türen und Fenster nach draußen verschließe? Ist etwas dran am Spruch von HANS KRAILSHEIMER: »Die meisten Menschen sind, um glücklich zu sein, entweder nicht gescheit oder nicht dumm genug«?

Auf alle diese Fragen gibt es keine eindeutige Antwort. Jede Auslegung ist im Prinzip willkürlich und kann von anderer Seite aus anderer Perspektive kritisch hinterfragt werden. Vielleicht muss es auch keine Antwort nach dem Prinzip des *Entweder-oder* geben, sondern könnte eine aus der Kategorie des *Sowohl-als-auch* sein: Einerseits ist es möglich, selbst im größten Trubel und unter stärkstem äußeren Druck sich mental auszublenden und nach innen auszurichten. Als extremes Beispiel mögen religiöse Fanatiker dienen: Bis in unsere heutigen Tage hinein suchen und finden sie ihr Glück sogar in Folterqualen und im Märtyrertod. Andererseits gibt es immer auch äußere Umstände, die entweder so stark berühren, dass man sie nicht außer Acht lassen kann, vielleicht auch nicht will – zum Beispiel eine persönliche Katastrophe, die Bedrohung oder der Verlust eines nahen Angehörigen oder Freundes – oder es gibt feindliche Umstände, die es geraten sein lassen, sich nicht auf die Reise nach innen zu begeben, sondern das Umfeld aufmerksam zu beobachten und auf der Hut zu sein. Was bleibt, ist die persönliche Verantwortung, eine grundlegende Entscheidung für eine der beiden Grundvarianten oder auch für eine Mixtur aus den beiden zu treffen. Vielleicht besteht die Kunst darin, sich auf unterschiedliche Situationen mit unterschiedlichen Beteiligten und unterschiedlichen Interessen jeweils unterschiedlich einzustellen, eine Balance herzustellen zwischen innen und außen, zwischen dem Recht auf mein eigenes Glück, auch um den Preis von mentaler Ausgrenzung und der sozialen Klugheit, das Drumherum zu berücksichtigen und andere angemessen zu beteiligen. Eine Balance, die ich nur selbst verantworten will, und die ich auf niemand anderen abschiebe – auch nicht auf eine höhere Macht.

Lebensmitte und Glück – Versuch einer Integration

Vermutlich liegen die beiden Ansätze gar nicht weit auseinander und sind zudem miteinander vernetzt. Beide verfolgen nämlich das gleiche Ziel, bedingen und unterstützen sich gegenseitig: In möglichst vielen Phasen und Augenblicken die persönliche Mitte anpeilen, sich an dieser Mitte ausrichten, so wie man ein Boot im Sturm ausbalanciert, um es nicht kentern zu lassen, schafft die besten Voraussetzungen, Glück zu erzeugen.

Andernfalls gäbe es nur ein fremdbestimmtes Glück: Wer kein inneres Zentrum, keinen inneren Kern hat, mit dem er in Kontakt treten und sich daran ausrichten kann, wer keine innere Instanz hat, mit deren Hilfe er selbst abwägen und Entscheidungen treffen kann im Hinblick darauf, welche Ziele er verfolgen, welche Werte er dabei beachten – und wovon er sich abgrenzen will, wird auch nicht darüber entscheiden können, wann er sich Glück gönnen darf und wann nicht.

Die spezielle Art von Glück, von der wir hier sprechen, nämlich die eigenverantwortliche Selbstinszenierung von Glück unter angemessener Berücksichtigung der Bedürfnisse der anderen, benötigt den Regisseur und Produzenten in eigener Sache, der sich auf seine persönliche Mitte hin steuert und ausbalanciert, der gleichzeitig weiß, dass er die Verantwortung dafür trägt, ob er das Stück, das Leben heißt, so gestaltet, dass Glück oder dass Unglück produziert wird.

Oder anders formuliert: Das Grundmaterial mag gleich bleiben, aber die Sinngebung ist jeweils anders und damit ändert sich auch die Erlebnisqualität. Ein Schicksalsschlag kann als Katastrophe oder eben als Chance zur persönlichen Reifung angesehen und entsprechend neu etikettiert werden, ein überraschender Reichtum als persönlicher Glücksfall oder als soziale Verpflichtung. Es steht jedem frei, sich WATZLAWICKS *Anleitung zum Unglücklichsein* als Pflichtlektüre zu verordnen, oder sich vom Leitsatz steuern zu lassen »Jeder ist seines Glückes Schmied« – zumindest diesen nicht von vornherein als zu banal abzuqualifizieren.

Nur die Übung macht den Meister

»Willst du immer weiter schweifen?
Sieh, das Gute liegt so nah.
Lerne nur das Glück ergreifen:
Denn das Glück ist immer da.«
GOETHE

»Das Glück ist eine dumme Kuh:
Es läuft dem dümmsten Ochsen zu.«
(Volksmund)

Ein Tag voller Missgeschick?

Beispiel N° 1:

Sie haben verschlafen, die Bahn ist weg, mit dem eigenen Auto ist bereits der Lebenspartner unterwegs, Sie müssen ein Taxi nehmen. Je nach Veranlagung, die Schuld bei sich selbst oder bei anderen zu suchen, ärgern Sie sich während der ganzen Fahrt entweder über sich selbst (wie Sie so blöd waren, den Wecker zu überhören) oder über Ihren Wecker (der nicht laut genug geweckt hat), über Ihren Partner (der ja auch hätte etwas tun können, damit Sie nicht verschlafen) – und selbstverständlich über die hohen Taxipreise. Oder Sie machen etwas völlig anderes: Sie beschließen, die Situation so zu nehmen, wie sie nun einmal ist und die Fahrt im Taxi zu genießen. Sie wollten sich schon immer mal chauffieren lassen und die vorbeiziehende Landschaft genießen, sich nicht auf den Verkehr konzentrieren müssen – und, falls Sie jemand darauf anspricht, werden Sie sagen: Ich wollte mir diesen Luxus einfach mal erlauben und habe es von Herzen genossen.

Beispiel N° 2:

Sie erwarten liebe oder auch nur wichtige Gäste, die Sie zu Hause bewirten wollen. Kurz vor ihrem Eintreffen stellen Sie fest: Das Essen kann man nicht als gelungen bezeichnen und der Wein, den Sie dazu kredenzen wollten, hat nicht mehr die Duftnote, die Sie in Erinnerung haben. Sie werden den Abend überstehen, Ihnen werden sicher einige Ausreden einfallen, den Gästen die leichten Mängel zu erklären und sie um Verständnis zu bitten. Aber der Abend ist für Sie gelaufen. Ihre Stimmung ist dahin. Oder Sie programmieren sich völlig um: Eigentlich wollten Sie schon länger mal ein hoch gelobtes neues Lokal ausprobieren oder auch eines Ihrer Lieblingslokale mal wieder aufsuchen. Sie reservieren einen Tisch – und, damit auch Sie etwas trinken können, leisten Sie sich ein Taxi. Sie beschließen, es wird ein teurer, aber unvergesslicher Abend. Und so wird es sein. Ganz zum Abschluss erst, wenn alles bestens gelaufen ist, werden Sie die ganze Geschichte zum Besten geben.

Beispiel N° 3:

Sie wollten bei Ihrem Chef eine Gehaltserhöhung durchsetzen. Es hat nicht geklappt. Er hat sich zwar gewunden und vielmals entschuldigt, aber im Endeffekt ist nichts dabei herausgekommen. Sie können jetzt enttäuscht oder auch sauer sein, auf ihren Chef oder auf die Firma, weil Sie denen die Gehaltserhöhung nicht wert sind – oder auch auf sich selbst, weil Sie überhaupt darum gebeten haben und jetzt der Blamierte sind. Jeder würde Ihre Reaktion verstehen. Oder wie wäre es mit Folgendem: Sie nehmen zunächst einmal den Ausdruck »Ent-Täuschung« wörtlich und stellen fest: Es gibt für Sie eine Täuschung weniger. Sie wissen jetzt, wie Sie dran sind. Sie sind zudem um eine Erfahrung reicher, wie man vorgehen oder eben nicht vorgehen sollte, wenn es um Gehaltserhöhungen geht. Und zudem können Sie auf zwei Möglichkeiten spekulieren: Entweder sind Sie Ihrem Chef wirklich etwas wert, und es gibt andere Gründe, die mit Ihnen und Ihrer Leistung gar nichts zu tun haben, dass Ihr Chef Ihrem Ansuchen nicht entsprechen konnte. In diesem Fall hat er wahrscheinlich ein schlechtes Gewissen Ihnen gegenüber und glaubt vielleicht, Ihnen einen Gefallen schuldig zu sein. Oder aber er findet Ihren Anspruch tatsächlich nicht gerechtfertigt, und damit hätten Sie jetzt die einmalige Möglichkeit, von ihm die genaueren Gründe zu erfragen. In beiden Fällen könnten Sie etwas tun, was im Endeffekt für Sie von Nutzen wäre: entweder eine Gegenleistung herausschlagen oder erfahren, was der Chef wirklich von Ihnen hält.

Eigentlich geht es immer um das gleiche Prinzip: Wenn etwas schlecht läuft, können wir traurig, ärgerlich, enttäuscht oder auch völlig frustriert sein – und diesen unseren negativen Gefühlen nachhängen, uns in sie hineinbohren, sie an unsere Umwelt ausstrahlen und sie damit infizieren. Oder wir schauen uns die Situation von ihren anderen Seiten an und finden heraus, ob nicht auch gewisse Vorteile damit verbunden sind, die wir zunächst überhaupt nicht gesehen haben. Oder, ob es nicht auch noch viel schlimmer hätte kommen können. Die Botschaft heißt nicht: Immer optimistisch sein und seine Umwelt unentwegt mit fast verkrampftem Lächeln anstrahlen. Es gehört zur Natur des Menschen, Gefühle des Ärgers, der Trauer oder tiefer Enttäuschung zu haben. Es ist ein Zeichen seelischer Gesundheit und Stabilität, solche negativen Gefühle zulassen zu können. Die Frage ist, wie lange wir dies tun und ob wir es schaffen, den möglichen Ausgleich herzustellen.

Wenn alles vorüber ist, ist keineswegs alles vorbei

Wählen Sie einen x-beliebigen, ganz normalen Tag, gehen Sie ihn im Nachhinein nochmals Stunde für Stunde, Minute für Minute mental durch und malen Sie sich aus, wie die einzelnen Abschnitte und Momente hätten ablaufen oder wie Sie diese hätten erleben können, wenn Sie sich nach der Mitte ausgerichtet und versucht hätten, selbstverantwortlicher Regisseur Ihres Glücks zu sein. Verfolgen Sie dabei zwei Ziele: Erstens, verpasste Gelegenheiten identifizieren, um sich für zukünftige ähnliche Situationen zu sensibilisieren. Zweitens, vielleicht das ein oder andere im Rückblick durch nachträgliche Entdeckung oder Umprogrammierung retten.

Abbildung 74: War das ein glücklicher Tag?

Ein Tag und seine nachträgliche Zentrierung um die persönliche Mitte und auf die Erzeugung von Glück			
Was ist abgelaufen oder auf was habe ich mich de facto konzentriert?	Welche Erlebnis- und Gefühlswelt war mit den einzelnen Phasen verbunden?	Wie hätte es anders laufen oder auf was hätte ich mich alternativ ausrichten können?	Mögliche alternative Erlebnis- und Gefühlswelt?

Zukunftsausrichtung – ein mentaler Probelauf

Besser noch, als die Vergangenheit nachträglich neu zu erleben versuchen, könnte es sein, wenn Sie sich gezielt auf das innerlich ausrichten, was Ihnen bevorsteht. Wählen Sie einen Tag, für den bereits einige Teile geplant sind, wo Sie wissen, was Sie erwartet oder was andere von Ihnen erwarten. Überlegen Sie, was Sie selbst tun können, um sich in den einzelnen Phasen so auszurichten, dass Sie jeden Augenblick voll präsent auf die Mitte hin erleben und gestalten – und Ihr Glück im Auge haben.

Abbildung 75: Wird das ein glücklicher Tag?

Ein Tag und seine vorausschauende Ausrichtung auf die persönliche Mitte und auf Glück		
Was wird oder soll jeweils stattfinden?	Wie würde ich »normalerweise« den jeweiligen Teil erleben oder gestalten?	Was wäre eine um die Mitte und auf Glück zentrierte Alternative, und wie könnte ich dieses bewirken?

Warum nicht immer so?!

Das eine ist, sich auf eine ganz spezielle Situation oder auf einen konkreten Zeitabschnitt gezielt ausrichten, wie ein Sportler auf ein bevorstehendes Rennen oder ein Sänger auf seinen großen Auftritt. Etwas anderes ist es, sich ganz generell darauf einzustellen, das Leben insgesamt – zumindest möglichst viele Augenblicke – bewusst zu (er-)leben. Das eine schließt das andere nicht aus. Aber eines ist klar: Wenn uns diese Ausrichtung nicht schon von vornherein in die Wiege gelegt wurde, geht der Weg in aller Regel vom Speziellen zum Allgemeinen. Wir müssen am konkreten Beispiel üben, wahrscheinlich viel und ausdauernd üben, bis diese Ausrichtung zur allgemeinen Normalität wird. Wir können uns aber auf diesem Weg zur Verallgemeinerung unterstützen, indem wir uns durch geeignete Merksätze oder andere Erinnerungshilfen »zwingen«, diese Ausrichtung stets im Sinn zu haben.

Abbildung 76: Programmierhilfen

Persönliche Programmierhilfen zur Ausrichtung auf die persönliche Mitte und auf die Erzeugung von Glück

(Merksätze, Bilder, Motto, Beispiele…)

-
-
-
-
-
-

Innere Blockaden, Hemmnisse oder gegenläufige Programmierungen, die im Weg stehen:

-
-
-
-
-
-

KAPITEL 14

Total unter Druck –
Wege sich zu befreien

»Es gibt mehr Leute, die kapitulieren,
als solche, die scheitern.«
HENRY FORD

Symptome

In ihrem Umfeld sprach man von ihr mit Hochachtung. Sie hatte es geschafft. Nicht durch besondere Intelligenz, nicht durch besonders gute Beziehungen, nicht durch überragende Schönheit, sondern durch jahrelangen unermüdlichen Einsatz hatte sie sich die Anerkennung ihrer Vorgesetzten und ihrer Kollegen erworben. Sie hatte sich nie vor irgendeiner Aufgabe gedrückt, galt als zupackend und generell als hilfsbereit – und so wurde ihr die Leitung einer großen Abteilung anvertraut. In dieser Funktion war sie von nun auch Mitglied der Unternehmensleitung. Sie war stolz auf diese Entwicklung und stellte sich gerne der neuen Herausforderung. In der neuen Funktion hatte sie weitgehend Aufgaben, die übergreifender Natur waren. So war sie unter anderem zuständig für die Qualitätssicherung, für das Management der Kundenbeschwerden, für das Erscheinungsbild nach außen, für die Personalentwicklung und für die Unternehmenskultur. Ihr Vorgänger in dieser Funktion war ein Mitglied der Familie gewesen und hatte von daher spezielle Möglichkeiten, über informelle Wege manches zu erreichen, was auf dem offiziellen Weg nicht möglich war. Ihre alte Funktion war zwar besetzt, aber zunächst nur kommissarisch, weil der richtige Nachfolger noch nicht gefunden war. Zu allem Überfluss kam das Unternehmen in eine regelrechte Konjunkturkrise, die allem Anschein nach grundsätzlicher Natur war. Die Eigentümer übten auf die Unternehmensleitung Druck aus, sich den Herausforderungen zu stellen, das Unternehmen strategisch neu zu positionieren und gleichzeitig radikal die Kosten zu senken, um das Überleben zu sichern und aus dieser Krise gestärkt hervorzugehen.

Und so kam eines zum anderen: In die neue Aufgabe musste sie sich beispielsweise erst einmal einarbeiten. Die bisherige Unternehmenskultur war in den Augen der Mitarbeiter wegen der radikalen Kosteneinsparungen und des damit verbundenen Abbaus von Mitarbeitern nur noch ein wertloses Dokument aus schönen alten Zeiten. Wegen ihres guten Zugangs zu den Mitarbeitern wurde sie von diesen, aber auch von den Managementkollegen aus der Unternehmensleitung als Puffer genutzt, um schlechte Nachrichten zu vermitteln, beziehungsweise den Unmut der Mitarbeiter zu besänftigen. Sie wurde mit ihrem Vorgänger verglichen, der durch seine familiären Verbindungen so manches außer der Reihe hatte erreichen können, was ihr als Familienfremde völlig unmöglich war. Da die Kosteneinsparungen sich auch auf die Leistungen niederschlugen, nahmen die Kundenbeschwerden zu. Die Mitarbeiter aus dem alten Bereich kamen immer noch zu ihr als Nothelferin, wenn die kommissarische Leitung mal wieder zu versagen schien. Ökonomie und Wirtschaftlichkeit, Zufriedenheit und Motivation der Mitarbeiter, Dienstleistungsmentalität und Kundenorientierung, Rücksichtnahme auf die persönlichen Belange von Mitarbeitern und die Notwendigkeit von harten Personalschnitten – alles verwickelte und verknotete sich in einen Knäuel von externen und internen Ansprüchen, der für sie nicht mehr aufzulösen war. Was ihr am Anfang als eine tolle unternehmerische Herausforderung schien, der sie sich durchaus gewachsen glaubte, war mittlerweile zu einem Albtraum geworden. Zu den externen und internen Ansprüchen kam noch ihr eigener Anspruch, allen und allem gerecht zu werden – und dabei möglichst niemandem weh zu tun. Der Druck wurde immer stärker. Sie konnte sich kaum noch auf etwas konzentrieren, war unendlich müde, hatte massive Schlafprobleme, fing an, jegliches Zutrauen zu sich selbst zu verlieren, fand keine Zeit mehr, irgendetwas für sich selbst zu unternehmen, drohte, von ihrem Job regelrecht aufgefressen zu werden, wurde in den Augen ihrer Kollegen zunehmend launisch und wirkte insgesamt emotional instabil. Sie fühlte sich wie in einen Schraubstock gepresst. Ein Einzelfall? Mitnichten. In Zeiten zunehmender Ressourcenverknappung und gleichzeitig weiter ansteigender Leistungsverdichtung absolut keine Seltenheit. Was tun, außer leiden und gegebenenfalls klagen?

Therapiekonzept

Erster Schritt: Bestandsaufnahme

Verschaffen Sie sich zunächst in einem Schaubild einen Überblick über alle Ansprüche, die an Sie gerichtet sind – inklusive Ihrer eigenen:

Abbildung 77: Ansprüche an das Selbst

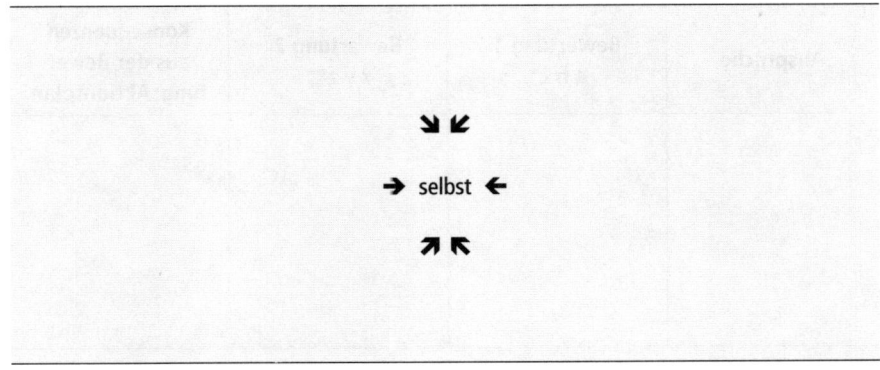

Zweiter Schritt: Gewichten

Überlegen Sie nun, welche Ansprüche bei Ihnen in erster Linie den unguten Druck auslösen, der Ihre Spontaneität und generelle Handlungsfähigkeit beeinträchtigt und markieren Sie diese entsprechend (💣).

Abbildung 78: Selbst – Gewichten

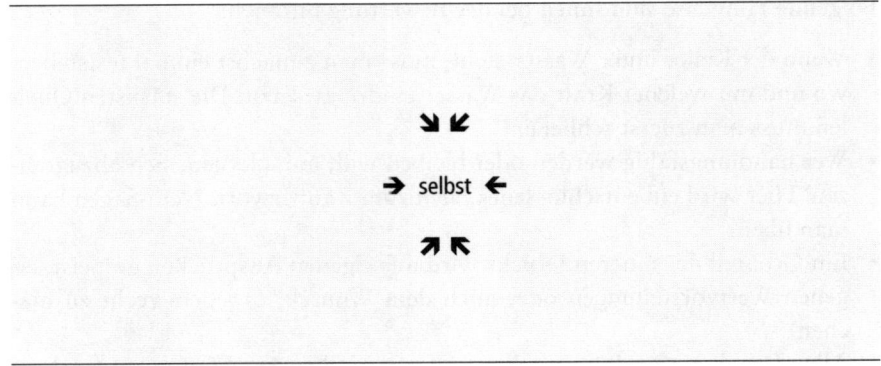

Dritter Schritt: Bewerten und Selbsttherapie à la Münchhausen

Gehen Sie die einzelnen Ansprüche nacheinander durch, bewerten Sie diese nach den vorgegebenen Kriterien – und ziehen Sie konkrete Konsequenzen aus Ihrer Bewertung.

Abbildung 79: Ansprüche an das Selbst – Bewertungs- und Aktionsplan

Ansprüche	Bewertung 1 a b c*	Bewertung 2 x y z**	Konsequenzen aus der Bewertung: Aktionsplan

*   a) von meiner Funktion her voll berechtigt
     b) mir von anderen ganz oder teilweise unberechtigterweise übertragen
     c) von mir selbst »freiwillig« übernommen
** x) kann ich an seinen eigentlichen Adressaten zurücklenken
     y) kann ich minimieren, indem ich meinen inneren Maßstab verändere
     z) lässt sich durch Prioritätensetzung im Moment vernachlässigen

Hinweise

Folgende Hinweise sind Ihnen bei der Bewertung hilfreich:

- Wenn der Keller unter Wasser steht, muss man zunächst einmal feststellen, wo und mit welcher Kraft das Wasser eindringt. Fazit: Die stärksten Quellen muss man zuerst schließen!
- Wer handlungsfähig werden oder bleiben will, muss lernen, sich abzugrenzen. Hier wird ein entschlossenes *Nein* zum Zauberwort. Nein-Sagen kann man üben.
- Ein Großteil des inneren Drucks wird aus eigenen Ansprüchen gespeist, eigenen Wertvorstellungen oder auch dem Wunsch, es jedem recht zu machen.
- Allen Druck bis zur körperlichen und psychischen Erschöpfung auf sich zu nehmen, nützt weder einem selbst noch der Sache.
- Manchen Menschen geht es nur gut, wenn es ihnen schlecht geht. Wer nach diesem Drehbuch sein Leben gestaltet, wird die Belastung magisch auf sich ziehen.

KAPITEL 15

Lebensplanung:
sich einer Generalüberprüfung unterziehen

»Der Weg zur Hölle ist mit guten Vorsätzen gepflastert«, sagt der Volksmund – und er hat Recht. Jedermann weiß, dass die Dinge sich in aller Regel nicht von selbst erledigen, vor allem, wenn sie mit Anstrengung und Unlust verbunden sind, schon gar nicht wenn wir sie nicht gerne tun: Wir verschieben, verwässern, verzögern, verharmlosen, wir versuchen, drum herum zu kommen. Unangenehmes sofort, konsequent und vollständig erledigen? Fehlanzeige! Viele bemühen sich immer wieder, und zahlreiche Ratgeber stehen diesem Bemühen zur Seite: Bücher, Videos, Seminare, Berater und vieles mehr.

Wir ergänzen das vorhandene Instrumentarium um ein weiteres Hilfsmittel. Bei den bisherigen Aufgaben haben wir uns auf bestimmte Schwerpunkte konzentriert. In der nun folgenden Übung verbinden wir verschiedene Elemente miteinander. Auf drei Aspekte haben wir dabei insgesamt geachtet: Erstens, wer sich ändern will, muss zunächst ein Bewusstsein dafür entwickeln, warum er sich überhaupt ändern soll. Zweitens, es muss klar werden, wohin die Reise geht und wo sie enden soll. Drittens, wer seine Vorhaben nur im stillen Kämmerlein entwickelt und ganz für sich alleine behält, dem wollen wir nicht in jedem Fall die Hoffnung auf Erfolg nehmen. Eines allerdings hat sich immer wieder gezeigt: Wer von seinen Absichten nicht nur innerlich überzeugt ist, sondern diese auch noch öffentlich mitteilt – speziell im Kreis von Menschen, an deren Akzeptanz ihm gelegen ist – der erhöht seine Erfolgsaussichten beträchtlich.

Insofern dient diese Übung mit ihren unterschiedlichen Themen und den jeweiligen Leitfragen dazu, sich erstens am Stück mit sich selbst auseinander zu setzen, sich bewusst zu machen, worauf man in der Planung und Gestaltung des eigenen Lebens achten soll, sich zweitens Gedanken darüber zu machen, was so weiterlaufen soll wie bisher und was man gegebenenfalls ändern will – und schließlich drittens in Bezug auf das, was man ändern will, klare Vereinbarungen mit sich selbst zu treffen. Das Umfeld wird dort einbezogen, wo Informationen, Hinweise und Feedback von anderen zusätzliche wichtige

Perspektiven einbringen und generell dazu beitragen können, dass Vorhaben nicht Vorhaben bleiben, sondern in die Tat umgesetzt werden.

Basis jeder persönlichen Entwicklung ist das Selbstmanagement. Dabei geht es darum, die Verantwortung für die Gestaltung seines privaten und beruflichen Lebens in die eigene Hand zu nehmen und nicht alles dem Geschehen zu überlassen. Anhand der folgenden Leitfragen werden Sie erkennen, wie weit Ihnen das bisher gelungen ist.

A. DER PERSÖNLICHE VERHALTENS-KODEX: ANSPRUCH UND WIRKLICHKEIT

Jeder Mensch hat eine Reihe von eigenen Werten und Überzeugungen, die sein persönliches und berufliches Handeln bestimmen, zumindest beeinflussen. Dazu gehören überlieferte Handlungsmaximen aus der Erziehung, aber auch eigene Schöpfungen. Nicht immer aber entspricht das tatsächliche IST dem definierten SOLL.

Das SOLL

Schreiben Sie zunächst ganz spontan Vision, Ideen, Werte, Ziele und Grundsätze auf, die für das private und berufliche Leben handlungsleitend sind. Kennzeichnen Sie in einem zweiten Durchgang die einzelnen Aspekte nach dem Grad ihrer Wichtigkeit (a, b, c). Bilden Sie zum Abschluss von den fünf wichtigsten eine Rangreihe von 1 bis 5:

Abbildung 80: Soll-Vorstellungen

Vision, Ideen, Werte, Ziele, Grundsätze	Bewertung a b c*	Rangreihe 1 – 5

* a) sehr wichtig b) wichtig c) weniger wichtig

Das IST

Schreiben Sie spontan auf, mit welchen Maßnahmen Sie diese Vorstellungen in die Tat umsetzen. Kennzeichnen Sie in einem zweiten Durchgang Ihre Aktionen nach dem Grad der Bedeutung, den Sie diesen beimessen (a, b, c). Bilden Sie zum Abschluss eine Rangreihe der wichtigsten fünf Maßnahmen:

Abbildung 81: Konkrete Maßnahmen

Konkrete Maßnahmen und Vorhaben	Bewertung a b c*	Rangreihe 1 – 5

* a) sehr wichtig b) wichtig c) weniger wichtig

Abgleich zwischen SOLL und IST

Vergleichen Sie die Sollwerte mit Ihren Maßnahmen im Hinblick darauf, wie weit sie in Beziehung stehen beziehungsweise voneinander abgeleitet sind. Kennzeichnen Sie Zusammenhänge und Widersprüche.

Abbildung 82: Soll-Ist-Vergleich

Soll-Ist-Vergleich	
Vision, Ideen, Werte, Ziele, Grundsätze	Konkrete Maßnahmen und Vorhaben
⇨	⇦
⇨	⇦
⇨	⇦
⇨	⇦
⇨	⇦

B. MEINE KRAFTQUELLE UND MEIN INNERES TRIEBWERK

Menschen haben unterschiedliche Antriebe, bewusste und unbewusste, vorzeigbare und solche, die man lieber versteckt hält, selbstgesteuerte und fremdbestimmte, wirksame und weniger wirksame. Entscheidend ist, sich selbst auf die Spur zu kommen, um gegebenenfalls stärker Einfluss nehmen zu können. Schreiben Sie diese Antriebe auf.

Abbildung 83: Meine positiven Antriebe

Ehrenwerte Antriebe, die ich gerne vorzeige
•
•
•
•
•

Abbildung 84: Meine negativen Antriebe

Antriebe, die ich gerne versteckt halte
•
•
•
•
•

C. DIE GRUNDANNAHMEN – UND DIE KONSEQUENZEN

Jeder Mensch hat grundsätzliche innere Annahmen oder Standpunkte zu allem, was für sein privates und berufliches Handeln relevant ist. Er hat eine persönliche Theorie, nach der er sein Denken und Handeln ausrichtet. Solche Annahmen können sehr unterschiedlich sein – enger oder weiter, von anderen übernommen oder selbst geprägt, starr oder flexibel.

Im Folgenden sind einige ausgewählt, die auf dem Hintergrund der Themen, um die es in diesem Buch geht, von besonderer Bedeutung sind. Schreiben Sie spontan auf, was Ihnen bei den einzelnen Begriffen in den Sinn kommt.

Überlegen Sie anschließend, woher Ihre Theorie stammt, ob sie überhaupt noch zeitgemäß sein kann, inwieweit Sie diese für Ihr Handeln als hilfreich erleben, und welche Alternative Sie gegebenenfalls parat hätten.

Abbildung 85: Lebensgestaltung

• **Lebensgestaltung – und die Rolle von Arbeit**			
Aktuelle inhaltliche Ausprägung	Herkunft?	Zeitgemäß?	Hilfreich?

Zeitgemäße Alternative?

Abbildung 86: Führung

• Führung			
Aktuelle inhaltliche Ausprägung	Herkunft?	Zeitgemäß?	Hilfreich?

Zeitgemäße Alternative?

Abbildung 87: Organisation

• Organisation			
Aktuelle inhaltliche Ausprägung	Herkunft?	Zeitgemäß?	Hilfreich?

Zeitgemäße Alternative?

Abbildung 88: Zukunft

• **Zukunft**			
Aktuelle inhaltliche Ausprägung	Herkunft?	Zeitgemäß?	Hilfreich?

Zeitgemäße Alternative?

Abbildung 89: Planung

• **Planung**			
Aktuelle inhaltliche Ausprägung	Herkunft?	Zeitgemäß?	Hilfreich?

Zeitgemäße Alternative?

Abbildung 90: Ansprüche an die Arbeitsgestaltung

• Ansprüche an die Arbeitsgestaltung			
Aktuelle inhaltliche Ausprägung	Herkunft?	Zeitgemäß?	Hilfreich?

Zeitgemäße Alternative?

Abbildung 91: Verantwortung

• Verantwortung – für sich selbst und für andere			
Aktuelle inhaltliche Ausprägung	Herkunft?	Zeitgemäß?	Hilfreich?

Zeitgemäße Alternative?

Abbildung 92: Identität

• Identität – Selbst- oder Fremdbestimmung			
Aktuelle inhaltliche Ausprägung	Herkunft?	Zeitgemäß?	Hilfreich?

Zeitgemäße Alternative?

D. ZEITERFASSUNG UND BEWERTUNG

»Reich ist, wer Zeit hat!«
(aus einem Seminarprospekt)

»Mehr Zeit, mehr Erfolg«
(aus einem weiteren Seminarprospekt)

»Wir haben alle die gleiche Zeit.«
(aus den Reden des Papalagi)

1. Sammeln

Machen Sie für den Zeitraum von ein bis zwei »normalen« Wochen mithilfe einer Stoppuhr eine exakte Rund-um-die-Uhr-Beobachtung. Achten Sie darauf, jede Tätigkeit unmittelbar zu Beginn und direkt nach Beendigung in ein Formular einzutragen. Dies gilt insbesondere für überraschende Störungen. Wenn Sie die Buchführung verschieben, werden Sie massive Probleme haben, sich im Nachhinein exakt zu erinnern.

Füllen Sie für diesen ersten Schritt die ersten drei Spalten nach dem Schema von Abbildung 93 aus.

Abbildung 93: Rund-um-die-Uhr-Beobachtung –1–

Tätigkeit	Uhrzeit Beginn/Ende	Gesamtzahl Minuten		

2. Ordnen

Wenn der Zeitraum der exakten Beobachtung abgeschlossen ist, bringen Sie Ordnung in die Fülle der einzelnen Tätigkeiten und Geschehnisse. Lesen Sie dazu Ihre gesammelten Aufzeichnungen durch und finden Sie übergreifende Kategorien, denen Sie die einzelnen Tätigkeiten und Ereignisse zuordnen können. Diese Ordnungskategorien müssen allgemein, aber auch konkret genug sein, wie Schlafen, Essen, Rumhängen, nichts tun, Sport treiben, Lesen, TV/Video/DVD schauen, Musik hören, Haus- und Erziehungsarbeit, Hobbys pflegen, gezieltes Entspannen oder Tagträumen, Aktionen, die der eigenen kulturellen und persönlichen Weiterentwicklung dienen, Telefonate – privat oder dienstlich, E-Mails verfassen oder bearbeiten, Kundenbesuche vorbereiten und nachbereiten, Kundengespräche durchführen, Teilnahme an Fortbildungsmaßnahmen, selbst organisierte fachliche Fortbildung, (Arbeits-) Kontakte mit Kollegen und so weiter. Welche Kategorien für Sie relevant

Abbildung 94: Rund-um-die-Uhr-Beobachtung –2–

Tätigkeit	Uhrzeit Beginn/Ende	Gesamtzahl Minuten	Kategorie	

sind, müssen Sie selbst herausfinden. Nutzen Sie bitte das Schema von Abbildung 94.

3. Bewerten nach Selbst- oder Fremdbestimmung

Bewerten Sie nun die kategorisierten Tätigkeiten nach den beiden Kriterien

- eher selbstgesteuert oder
- eher fremdgesteuert

Tragen Sie dies in Ihre Notizen ein.

Abbildung 95: Rund-um-die-Uhr-Beobachtung –3–

Tätigkeit	Uhrzeit Beginn/Ende	Gesamtzahl Minuten	Kategorie	Bewertung: selbst-/ fremdgesteuert

4. Auswertung nach prozentualer Verteilung von Selbst- und Fremdbestimmung

Benutzen Sie für die beiden folgenden Schritte ein neues Blatt. Im Vordergrund des Nachdenkens steht nun nicht mehr die einzelne Tätigkeit oder das einzelne Geschehen, sondern die übergreifende Kategorie.

Fassen Sie dazu alle Tätigkeiten beziehungsweise Geschehen, die jeweils zu einer Kategorie gehören, zusammen und übertragen Sie die Ergebnisse in dieses zweite Formular.

Dieses Formular gestalten Sie analog zu Abbildung 96. Im Anschluss daran ermitteln Sie bitte die prozentuale Verteilung.

Abbildung 96: Tätigkeitskategorien

Tätigkeits-kategorien	Minuten insgesamt	%-Anteil von der Gesamtzeit			

5. Analyse

Sie haben sich im ersten Schritt mit Ihrem persönlichen Verhaltens-Kodex beschäftigt. Nehmen Sie sich das Ergebnis Ihrer Überlegungen nochmals vor im Hinblick darauf, welche Visionen, Ideen, Werte, Ziele und Grundsätze Sie verfolgen und listen Sie die wichtigsten Ziele in der Reihenfolge Ihrer Bedeutung in der dafür vorgesehenen Spalte auf. Nutzen Sie hierzu das Schema von Abbildung 97. Stellen Sie nun Ihre Aktivitäten den priorisierten Zielen gegenüber anhand der nach der Abbildung folgenden Reflexionsfragen:

Abbildung 97: Tätigkeiten im Abgleich mit den Zielen

Tätigkeits-kategorien	Minuten insgesamt	%-Anteil von der Gesamtzeit	Priorisierte Ziele (1 2 3 4 5)	Bewertung im Hinblick auf die Ziele +/-	Änderungs-vorhaben und gene-relle Zufrie-denheit

- Was trägt unmittelbar zur Erreichung der Ziele bei (+)?
- Was ist im Hinblick auf die angestrebten Prioritäten zumindest unschädlich (+/-)?
- Was behindert die Erreichung der angestrebten Ziele (-)?
- Was wollte ich schon längst einmal ändern – und was hat mich bisher davon abgehalten?
- Wie zufrieden bin ich mit dem, was ich tue, gemessen an dem, was ich eigentlich will?

E. MEIN NETZWERK

Jeder ist mit einer ganzen Reihe von Menschen in Kontakt, die seine persönliche und berufliche Entwicklung geprägt haben oder noch beeinflussen. Solche Kontakte können intensiv oder weniger intensiv sein, längst vergangen oder brandaktuell, wichtig oder nicht von Belang, direkt oder indirekt.

Erster Schritt: Sammeln der potenziellen Kontakte

Machen Sie sich eine Liste aller direkten und indirekten aktuellen und prinzipiell möglichen Kontakte. Also: Benennen Sie nicht nur Menschen, mit denen Sie persönlich in Kontakt stehen oder treten könnten, sondern auch solche, die unter die Rubrik fallen »Ich kenne jemanden, der jemand kennt, der jemand kennt ...«.

Abbildung 98: Potenzielle Kontakte

-
-
-
-
-

Zweiter Schritt: Das aktuell realisierte Netzwerk darstellen

Platzieren Sie alle Kontakte um sich herum. Das Ausmaß der Nähe zu Ihnen soll in etwa den Grad der Bedeutung zum Ausdruck bringen.

Abbildung 99: Aktuell realisiertes Netzwerk

Mein aktuell realisiertes Netzwerk
O
selbst

Dritter Schritt: Das aktuelle Netzwerk bewerten

Stellen Sie die Frage: Wie weit entspricht dieses Netzwerk ihren Möglichkeiten und eigentlichen Vorstellungen?

Markieren Sie ungepflegte oder gestörte Verbindungen ebenso wie besonders wichtige und gut funktionierende Beziehungen, entdecken und kennzeichnen Sie unausgeschöpfte Potenziale von Kontakten, die Sie ohne großen Aufwand aufnehmen, ausbauen oder vertiefen könnten, und Kontakte, die es aus unterschiedlichen Gründen nicht wert sind, weiter gepflegt zu werden.

Vierter Schritt: Wunschnetzwerk

Erstellen Sie ein Netzwerk, wie es auf der Basis Ihrer Kontakte möglich und aufgrund Ihrer Situation und Vorhaben wünschenswert wäre.

Abbildung 100: Wunschnetzwerk

Mein Wunschnetzwerk

O
selbst

Fünfter Schritt: Aktionsprogramm

Machen Sie sich einen maßgeschneiderten Aktionsplan, in dem Sie festhalten, was Sie in Bezug auf wen konkret unternehmen wollen, um aus Ihren Wünschen Realität werden zu lassen – und machen Sie sich klar, welches Ziel Sie dabei anstreben, und woran Sie den Grad der Zielerreichung messen werden.

Abbildung 101: Aktionsprogramm *Netzwerkausbau und -pflege*

Aktionsprogramm zur Flurbereinigung und Pflege meines Netzwerkes			
Netzwerkpartner	Was werde ich tun?	Wann?	Ziel und Messgröße

F. Mein Leben in einem Symbol

Unerschöpflich sind die Symbole, Bilder oder Gleichnisse, mit denen wir unser Leben und wie wir es gestalten, kurz und knapp darstellen könnten: gezielter Weg, Entdeckungsreise, Warten, Reinigungsprozess, Aufstieg, Freude, Genuss, Leidensgeschichte, Eroberung, Getriebensein oder sich treiben lassen, sich ausgeliefert fühlen, Geschenk, Suche, vorherbestimmtes Schicksal, offenes Experiment, Expedition in ein unbekanntes Land, Fluss, Aufgabe, Pflicht, Kampf und vieles mehr.

Lassen Sie sich ein Symbol, ein Gleichnis oder ein Bild einfallen, das Ihr bisheriges Lebenskonzept am besten zum Ausdruck bringt. Schreiben Sie dazu eine kleine Geschichte, verfertigen Sie einen Slogan, malen Sie ein Bild oder erstellen Sie eine kurze Sammlung mit den entscheidenden Stichworten.

Überlegen Sie anschließend, wie gut das von Ihnen gewählte Symbol das beinhaltet, was Sie anstreben und was Ihnen noch bevorstehen könnte.

Abbildung 102: Persönliches Lebenssymbol

Persönliches Lebenssymbol

G. AUSREDEN

Wir schaffen nie alles, was wir uns vornehmen – und wenn wir uns noch so anstrengen.

Nicht jedem fällt es leicht, ehrlich zu bilanzieren, warum er ein Ziel nicht oder nicht in der vorgesehenen Zeit erreicht hat, sondern unter Umständen nur mit deutlich höherem Aufwand als geplant oder vereinbart. Ausreden entlasten und gehören deshalb in dosierter Form durchaus zum unentbehrlichen Instrumentarium, Beziehungen sozialverträglich zu gestalten.

Wer immer nur jedem zu jeder Zeit nichts als die volle Wahrheit sagt, kann je nachdem für alle Beteiligten mehr Schaden als Nutzen stiften – und strapaziert auf jeden Fall das menschliche Miteinander, das auch von Nachsicht geprägt sein sollte wegen der generellen menschlichen Unzulänglichkeit. Und so hat jeder einen bestimmten Schatz von Ausreden, aus dem er sich in solchen Fällen bedient. Manche davon hat er quasi mit der Muttermilch eingesaugt, einige sich im Lauf des Lebens von anderen abgeschaut, die ein oder andere vielleicht auch selbst erfunden. Auch dieses Reservoir gilt es, bei dieser Gelegenheit zu überprüfen.

Ab und zu könnten Sie ja Ihre Umwelt mit einigen neuen Kreationen überraschen – originell und dem Zeitgeist entsprechend. Skizzieren Sie Ihre Ausreden nach dem Muster in Abbildung 103.

Abbildung 103: Ausreden

Ausreden – Inventar und Neuschöpfungen	
Ausreden im aktuellen Gebrauch	**Bewertung**
Neue Versuchsmodelle	**Probelauf:** **wo und wann?**

H. PRODUKTBESCHREIBUNG

Fertigen Sie eine Produktbeschreibung beziehungsweise einen Werbeprospekt über sich, Ihre Leistungen und was Sie sonst noch sind oder zu bieten haben. Darin sollte zum Ausdruck kommen, was Sie besonders gut können, was Sie einzigartig und mit anderen unverwechselbar macht und an welchen Maßstäben (bench marks) Sie sich messen (lassen).

Durchforsten Sie alle relevanten Bereiche, wie zum Beispiel Wissen, Einstellungen und Haltungen, Fertigkeiten, Wirkung nach außen und Image, Zielgruppe und deren Bedarf und Erwartungen Ihnen und Ihrem Angebot gegenüber, Ihre Position im Quervergleich zum Wettbewerb. Beschreiben Sie Ihr unverwechselbares Angebot.

Abbildung 104: Mein unverwechselbares Angebot

***Ich* als einzigartige und unverwechselbare Produktpalette**

I. Was soll in Erinnerung bleiben, oder: Ein persönlicher Nachruf

Reden, die in der Friedhofskapelle oder am Grab gehalten werden, folgen aus Gründen der Pietät in aller Regel dem alten römischen Grundsatz »de mortuis nihil nisi bene« (über die Toten nur Gutes). In der öffentlichen Meinung ist das schon etwas anders. In den Medien wird häufig ein doch eher ausgewogenes Bild des Dahingeschiedenen gezeichnet. Und darum geht es hier: Was sollte von Ihnen bleiben, wenn Sie einmal nicht mehr sein werden? Wie und was sollten diejenigen, die Sie gekannt haben und an deren Wertschätzung Ihnen gelegen ist, über Sie denken und sprechen? Verfassen Sie einen Nachruf auf sich selbst, den Sie nach Ihrem Ableben gerne zum Abdruck freigeben würden oder schreiben Sie einen Brief an Menschen, die Sie wirklich mögen mit der Botschaft, die Sie gerne hinterlassen möchten.

Abbildung 105: Mein persönlicher Nachruf oder Brief

Persönlicher Nachruf oder Brief

J. ES GIBT NICHTS GUTES, AUSSER MAN TUT ES!

1. Was werde ich in den nächsten Monaten und Jahren gezielt ausbauen oder neu entwickeln – und wie und mit welchen Maßnahmen werde ich dies bewerkstelligen?

Abbildung 106: Neue Vorhaben

Neue Vorhaben und Wei-terentwicklungen	Wie?	(Bis) Wann?

2. Was werde ich deshalb (wann?) aufhören oder ändern? Benennen Sie alle Vorhaben konkret.

Abbildung 107: Änderungen

Was verändern oder unterlassen	Wie?	Wann?

3. Maßnahmen zur Absicherung

»Der Geist ist zwar willig, aber das Fleisch ist schwach«, heißt es schon in der Bibel. Daran hat sich bis heute nichts geändert. Also: Wie werden Sie sicherstellen oder deutlich die Wahrscheinlichkeit erhöhen, dass Sie alles tun werden, um die gesteckten Ziele zu erreichen? Sie erinnern sich: Mit Speck fängt man Mäuse. Wo liegt Ihr ganz spezieller Speck? Denn Attraktionen wirken allemal besser als Drohungen.

Abbildung 108: Absicherungsmaßnahmen

-
-
-
-
-

Und auf jeden Fall, falls es nicht in Ihren Maßnahmen enthalten ist: machen Sie einen schriftlichen Vertrag mit sich selbst – kurz und prägnant.

Halten Sie diesen immer griffbereit – entweder in Ihrem Kalender oder auf einem Blatt Papier. Nehmen Sie sich diese Vereinbarungen mindestens einmal pro Woche vor und betreiben Sie Gewissenserforschung.

Abbildung 109: Kurzer Vertrag mit mir selbst

Vertrag mit mir selbst

Anregungen zum Vorgehen bei dieser Übung

Die Übung dient der persönlichen Reflexion. Jeder einzelne Schritt sollte deshalb im stillen Kämmerlein gemacht werden. Die Rund-um-die-Uhr-Beobachtung kann ohnehin nur jeder für sich selbst erstellen, es sei denn, er hätte einen persönlichen Butler, der ihn rund um die Uhr betreute.

Wir alle wissen um die grundsätzliche Tendenz, »fünf gerade sein zu lassen« und die Dinge zu beschönigen, die uns nicht ins Konzept passen. Nicht umsonst sagen die Engländer: »It takes two to see one.« Deshalb spricht alles dafür, sich für diese Übung einen verlässlichen kritischen Partner zu suchen oder eine entsprechende Gruppe zusammenzustellen. Die Auswahlkriterien für die Mitglieder einer solchen Gruppe beziehungsweise für einen Partner lauten: Wechselseitige Akzeptanz und die Bereitschaft, sich gegenseitig zu beraten und beraten zu lassen.

Wie viel Zeit jeweils der Einzelne für sich benötigt und an welchen Stellen und wie intensiv die Gruppe beziehungsweise der Partner in Anspruch genommen wird, muss man von Fall zu Fall spontan entscheiden. Die Gruppe beziehungsweise der Partner hat folgende Funktionen:

– Öffentlichkeit herstellen, damit die Einzelüberlegungen auf den Punkt gebracht werden müssen – und nicht mehr oder weniger diffus innerlich nur »angedacht« werden,
– Anregungen bieten (aus der Fülle der Erfahrungen und Erkenntnisse der/des anderen) und
– Feedback geben, soweit Erfahrungen und Eindrücke aus vorherigen Kontakten und/oder aus der Art und Weise vorhanden sind, wie die Fragen beantwortet wurden;

Sich selbst und andere verändern –
eine Zusammenfassung

Dem einen mag es zur Orientierung dienen, für den anderen mag es eine entbehrliche Wiederholung sein: Zum Abschluss wird hier das Wesentliche auf einen Blick zusammengefasst, ohne Arabesken und Girlanden. Dieser Text ist für eilige Leser gedacht oder für solche, die sich gerne vergewissern, in der Fülle der Details nicht die Substanz verloren zu haben oder auch für diejenigen, die sich gerne zuerst einen Überblick verschaffen, bevor sie sich in Details vertiefen.

Grundlegende Annahmen

- *Wer überleben will, muss sich anpassen*
  Wenn Umwelten sich ändern, können die Verhaltensmuster nicht ohne weiteres so bleiben, wie sie sind. Sie müssen sich den neuen Anforderungen anpassen. Das war schon immer so und hat im Endergebnis zu einem natürlichen Ausleseprozess geführt. Darum ging es in früher Urzeit, und darum geht es heute: das eigene körperliche und emotionale Überleben sichern um den Preis der Anpassung. Wer sich rechtzeitig anpasste, hat überlebt – wer nicht, ist von der Bildfläche verschwunden. Dies gilt für alle Arten, ob Pflanzen, Tiere oder Menschen – und für alle Zeiten.

- *Der Mensch – ein soziales Wesen*
  Die Zugehörigkeit zu einer Gruppe entspricht einem allgemeinen menschlichen Grundbedürfnis. Um sich diese zu verschaffen, ist man bereit, einen hohen Preis zu zahlen. Die Währung ist Anpassung bis zur Selbstunterwerfung.

- *Sozialer Egoismus*
  Flexibilität, Selbst GmbH und Out-of-the-Box-Denken zielen auf den selbstverantwortlichen Menschen ab. Damit ist immer wieder das Ego im Spiel. Um seine Interessen durchzusetzen ist das Ego immer auf andere an-

gewiesen. Deswegen gilt für kluge Egoisten eine grundlegende Maxime: Wer seinem Egoismus eine Chance geben will, muss in angemessener Form auch die Bedürfnisse der anderen berücksichtigen.

- *Erwachsene lernen anders als Kinder*
  Wenn es darum geht, neue Verhaltensmuster zu übernehmen, haben Kinder ein offeneres Gelände vor sich als Erwachsene. Bei Erwachsenen ist das Gelände immer schon bebaut mit einschlägigen Erfahrungen, Annahmen, Vermutungen und entsprechenden Verhaltensbereitschaften. Lernen beinhaltet deshalb für Erwachsene immer auch *verlernen*. Bevor neu gebaut werden kann, muss sozusagen das Bestehende abgerissen und manchmal sogar zusätzlich der kontaminierte Boden saniert werden. Beim kindlichen Lernen spielen drei Faktoren eine ganz entscheidende Rolle: Neugieriges Erkunden, Nachahmen und Verstärkung durch emotionale Bestätigung. Beim Lernen von Erwachsenen sind dagegen kognitive Einsicht, eingeschliffene Verhaltensroutinen und Verhaltenssicherheit sowie Veränderungsabwehr entscheidende Faktoren. Die Konsequenz lautet: Die Ausgangssituation bei Erwachsenen ist nie offen oder neutral. Sie ist immer schon mit etwas belegt – mit inneren Haltungen, Verhaltensmustern, Fertigkeiten und Neigungen. Dieses muss in aller Regel entfernt, gelöscht, verlernt, auf jeden Fall ins Kalkül gezogen werden.

- *Welche Rolle spielen die Gene?*
  Nichts Genaues weiß man darüber. Aber es gibt Plausibilitäten. Erstens: Jeder Mensch hat von Geburt an bestimmte Grundanlagen, die sein späteres Verhalten in gewissem Ausmaß vorherbestimmen. Der Volksmund nennt diese Grundausstattung *Charakter*. Zweitens: Etwas direkt gegen die Veranlagung zu lernen und zu trainieren, ist zwar möglich, bedarf aber eines unverhältnismäßig hohen Aufwandes – und der erreichte Ergebnisstand bleibt auf Dauer pflegebedürftig. Drittens: Grundprogrammierungen sind wahrscheinlich nicht änderbar. Sie werden immer wieder durchscheinen und das Verhalten maßgeblich beeinflussen.

- *Die Rolle von Vorbildern und das Prinzip des Nachahmens*
  Von Erwachsenen zu verlangen, sie sollten sich nach Vorbildern ausrichten und diese nachahmen, kommt in eine gefährliche Nähe zur Aufforderung, die eigene Urteilsbildung auszuschalten. Wer als Erwachsener ohne Verstand und Intuition sich an noch so tolle Vorbilder anhängt und diese nachahmt, handelt prinzipiell unverantwortlich. Er zieht sich in die kindliche Zone zurück, die von Abhängigkeit und Entmündigung geprägt ist.

- *Der Nutzen von Leitbildern*
  Leitbilder beschreiben hehre Welten und sind voll von edlen Ansprüchen. Diejenigen, die ein solches Wertegerüst und solche Glaubenssätze formulieren (lassen), wissen sehr genau um die prinzipielle Unerreichbarkeit. Sie stülpen aber dieses Gerüst wie eine Zwangsjacke den beteiligten Menschen über – in der Hoffnung, diese würden, sich ihrer Unvollkommenheit und Mangelhaftigkeit bewusst, mit immer vorhandenem schlechten Gewissen, diesem Phantom nachrennen. Solche Prinzipien sind in erster Linie dazu da, das Volk gefügig zu machen. *Die Oben* richten sich nur in seltenen Fällen danach.

- *Selbstverantwortung oder Knetmasse für andere*
  Es ist zwar vieles vorgeprägt und durch andere Faktoren beeinflusst. Aber das heißt nicht: Man kann nichts tun und nichts verändern. Zunächst liegt es an jedem selbst, wie er die vorhandenen Spielräume füllt. Selbstverantwortung innerhalb eines fremdbestimmten Rahmens ist möglich. Und: Auch ein Rahmen kann überwunden werden. Jeglicher Verzicht auf Selbstverantwortung wird ersetzt durch Fremdsteuerung. Wer für seinen eigenen Nutzen nicht sorgt, ist Material für die Interessen von anderen. Unwissenheit schützt vor Strafe nicht, fehlender Durchblick nicht vor den Konsequenzen. Es gibt kein Verhaltens-Niemandsland. Prinzipiell zu Veränderungen bereit ist nur, wer für seine Existenz und die Art seiner Existenz die volle Verantwortung übernimmt – unabhängig von anderen Faktoren. Meine Maxime lautet daher: Menschen zu einem Rollenwechsel verlocken: Vom unschuldigen Opfer der Verhältnisse zum verantwortlichen Täter!

- *Die fünf Schritte der Verhaltensänderung von Erwachsenen*:
  Wissen und *Verstehen* ⇨ *Akzeptieren* und *Wollen* ⇨ *Können* und *an das eigene Können glauben* ⇨ *Sollen* und *Dürfen* ⇨ *Tun* und *Beibehalten*
  Jeder Schritt muss eigens und auf eine spezielle Art und Weise angegangen werden. Es gibt keinen Automatismus, der die Schritte von alleine nacheinander ablaufen ließe.

- *Jede Wahrnehmung ist subjektiv – und das hat Folgen für die Wahrheit*
  Wir bevorzugen, was uns gefällt. Wir blenden aus, was uns nicht genehm ist. HEINZ VON FÖRSTER sagt: *Wahrheit ist die Erfindung eines Lügners*. Der Kampf um *die* Wahrheit ist obsolet. Die Alternative: Auf der Basis intensiver Kommunikation einigen wir uns auf temporäre Perspektiven, so lange bis wir etwas Besseres entdecken.

- *Die Notwendigkeit von Ambiguitätstoleranz*
Wir haben es mit Menschen zu tun, bei denen wir nie genau wissen, nach welchem mentalen Modell sie die jeweilige Situation konstruieren und ihr Verhalten ausrichten. Verhalten ist voller Brüche, scheinbarer Ungereimtheiten und Diskontinuitäten. Und dieser Widerstreit spielt sich nicht nur zwischen verschiedenen Menschen, Gruppen und Unternehmen ab, sondern auch innerhalb der Personen selbst – je nach Befindlichkeit und Situation.

- *Die Quellen der Antriebsenergie für Veränderung*
Der Mensch ist ein Energiesparer. Zwei Kräfte wirken auf ihn ein, die ihn dazu bringen können, Dinge zu tun, die er normalerweise nie tun würde: Lust und Angst. Die Dosierung spielt eine entscheidende Rolle.

- *Das ICH ist nicht Herr im eigenen Haus*
Die Konsequenz aus dieser Feststellung lautet: wer sich und andere nachhaltig ändern will, muss auch das Unbewusste, das Verdrängte, den quasi dunklen Teil mit ins Kalkül ziehen.

Die Kunst der Gestaltung: Konkrete Hinweise

Wenn man das Ziel verfolgt, sich selbst oder andere zu verändern, gibt es Dinge, die man tun, und solche, die man besser lassen sollte. Manches bezieht sich eher auf die Steuerung des eigenen Verhaltens, manches eher auf Versuche, andere in ihrem Verhalten zu beeinflussen, das meiste gilt für beides.

Abbildung 110: Verhaltensänderung – Voraussetzungen und Hinweise

Tipps	sich selbst ändern	andere ändern
Problembewusstsein (sense of urgency) als Bedingung für Veränderungsbereitschaft – Zunächst müssen Menschen verstehen, warum Verhaltensänderung ein zentrales Thema ist, warum sie sich selbst und andere aus der Ruhe bringen oder bringen lassen sollen. – ohne Angst keine emotionale Erschütterung; – ohne emotionale Erschütterung keine Veränderungsenergie;	x	x

Tipps	sich selbst ändern	andere ändern
Die innere Kosten-Nutzen-Rechnung beachten Auslösender Zündfunke: Egoismus und Opportunismus; es geht immer (auch) um den eigenen Nutzen; es geht immer um den Vergleich mit anderen; es geht immer darum, einen Entsorgungsplatz für die Angst um die eigene Existenz zu finden; es geht immer darum, kein Außenseiter zu sein, sondern dazu zu gehören; es geht immer darum, sich schnell an die Rudelführer anzupassen oder sich selbst die Macht zu nehmen oder diese zu erhalten, um andere zu bestimmen; Gut ist nur, was (auch) gut ist für mich. Jede persönliche Handlung, jede Investition, auch im zwischenmenschlichen Bereich, wird spontan einer internen Rechnungslegung der besonderen Art unterzogen, um zu prüfen, wie weit sie sich lohnt.	x	x
Das **Perpetuum mobile** ist noch immer nicht erfunden. Wir müssen immer (noch) nach inneren und äußeren Antrieben suchen.	x	x
Es geht nicht nur um **Anpassung,** sondern auch darum, sich durch ein eigenes **Profil** und eine eigene **Identität** unverwechselbar zu machen. Aber jeder weiß, wie vorsichtig er wird, wenn er dabei in Grenzbereiche kommt, wo er Gefahr läuft, sich nicht nur ab-, sondern völlig auszusondern. In solchen Fällen gewinnt nicht selten die Anpassung.	x	x
Auch wenn alle die gleichen **Schlagworte** gebrauchen, heißt das noch lange nicht, dass alle dasselbe meinen. Die Lösung lautet: Die zugrunde liegenden **mentalen Modelle** offen legen, um sich zu verstehen und zu verständigen.	x	x
Verändern kann sich jeder nur selbst Wir können zwar Druck machen, physisch oder psychisch. Aber: Erstens: Die Wirkung hält nur so lange an, wie der Druck ausgeübt wird. Zweitens, Druck erzeugt Gegendruck – und sucht nach einem Ventil. Ziel kann nicht sein: Ich verändere andere Menschen – sondern: Ich habe den Anspruch, dass andere sich verändern. Ein kleiner Unterschied mit großen Folgen. Im ersten Fall bin ich der Handelnde und damit auch der Verantwortliche, der andere ist das Objekt. Im zweiten Fall gibt es kein Objekt, sondern nur zwei Handelnde. Beide haben Verantwortung für das, was sie tun oder eben nicht tun.	x	x
Vormachen – gutes Beispiel geben		x
Herausfordern		x

Tipps	sich selbst ändern	andere ändern
Rückmeldung geben		x
Unser eigenes Interesse, warum wir etwas wollen, deutlich machen. Sich dem anderen gegenüber klar positionieren.		x
Positives anerkennen und verstärken	x	x
Ermutigen durch Zwischenschritte Hoffnung erfahrbar machen (Stolpe)	x	x
Verlocken und verführen	x	x
Beziehung ohne Bedingungen Persönliche Fehler und Defizite nicht mit Liebes- und Beziehungsentzug bestrafen, ist vielleicht die stärkste Herausforderung.		x
Voraussetzungen schaffen Man mag häufig Menschen nicht direkt beeinflussen können – den Kontext allerdings schon.		x
Die Dramaturgie des Auftauens und die Rolle von Emotionen Schritt N° 1: **Aus dem Gleichgewicht bringen** – Dies ist ein hoch emotionaler Prozess. Ohne innere Bewegung und Erschütterungen wird sich in der Grundeinstellung nicht viel verändern. Schritt N° 2: **Energie und *ownership* der Betroffenen** – Stärken Sie das Bewusstsein so, dass sie das vorherrschende innere Gleichgewicht in der Organisation kippen lassen – und von einem allgemeinen Problembewusstsein (es muss etwas geschehen) in eine gezielte Aufbruchstimmung (packen wir's an) umwandeln. Schritt N° 3: **Hoffnungen gezielt ausrichten** – Fokussieren auf konkrete Handlungsfelder Schritt N° 4: **Ideen konkretisieren und ausprobieren** – Hoffnungen erfahrbar machen (Die Schritte 5 und 6 werden auf der nächsten Seite wiedergegeben.)		x

Tipps	sich selbst ändern	andere ändern
Schritt N° 5: Das Neue selbstverständlich machen und durch Stützsysteme verankern – Passende mentale Modelle finden: Kognitive Abbilder nennen Sportler das, wonach sie sich ausrichten, wenn sie den Skiabfahrtslauf oder ein schwieriges Rennen mental vorab zur Probe fahren. Es gibt ein inneres Bild von dem, was man in Verhalten umsetzen will. – Faktor Gruppe: Die Gruppe als Verstärker einsetzen und in ausreichendem Maß Öffentlichkeit, also Bühne bieten; – Unterstützende Rahmenbedingungen: Durch persönliches Coaching, Netzwerke, maßgeschneiderte Bezahlungs- und Anreizsysteme und vieles mehr werden neue Verhaltensweisen gestützt. **Schritt N° 6: Dauerhafte Unruhe sicherstellen** – Feedbacksysteme etablieren und nutzen, damit nicht alles wieder einfriert.		
Ganzheitlich herangehen Sowohl *Strategie – Personen/Bedürfnisse/Qualifikationen – Geschäftsprozesse – Struktur – Kultur* als auch • innere Einstellung, • Wissen, • Fertigkeiten, • emotionale Befindlichkeit und • unterstützende und hindernde Faktoren im Arbeitsumfeld beachten.	x	x
Konsequenz im Denken und im Umsetzen	x	x
Attraktiv machen und Ausflüchte erschweren	x	x
Going Public – eine Erfolgsstory verfassen	x	x
Die Menschen dort abholen, wo sie sind Menschen sind unterschiedlich und haben deshalb unterschiedliche individuelle Ausgangspunkte, was ihre Erwartungen, Ziele, Fertigkeiten, Einstellungen und Befindlichkeiten betrifft.		x
Ausgeprägter Praxis-Bezug (Sonst besteht die Gefahr, dass zwar theoretisch gelernt, das Gelernte aber nicht in die Praxis übertragen wird.)	x	x

Tipps	sich selbst ändern	andere ändern
Die Umwelt und ihre Anforderungen im Blick (Sonst besteht die Gefahr, dass man nur um sich selbst kreist.)	x	x
Zeitgemäße Instrumente der Verhaltens-Unterstützung • Visualisierung, • Symbolik, • Bilder und Handlungsmuster – Hilfen zur Identifikation und zur Abschreckung, • Zugehörigkeit zu Netzwerken und • (Halb-)automatische Prozesssteuerung;	x	x

Abbildung 111: Verhaltensänderung – Klippen und Fallen

Klippen und Fallen	sich selbst ändern	andere ändern
Wer an die Notwendigkeit von Veränderung denkt, meint meistens die anderen …	x	x
Von sich auf andere schließen		x
Verallgemeinern		x
Splitter-Balken-Projektion		x
Fürsorge bis zur Entmündigung		x
Klagen mit dem Wunsch nach Verändern-Wollen gleichsetzen		x
Den Menschen reduzieren auf sichtbares Verhalten und auf messbare Leistungen	x	x

Der Mensch ist mehr als sein Verhalten

Die Frage nach dem eigentlichen Wesen des Menschen, nach einer unverbrüchlichen Substanz und einer unsterblichen Seele hat Heerscharen von Philosophen und Theologen sowie andere suchende Geister über Jahrhunderte hinweg beschäftigt. Aus dieser Diskussion werde ich mich heraushalten. Aber von einem gehe ich aus: Der Mensch kann nicht auf sein Verhalten reduziert werden. Er hat vieles – Stimmungen, Wünsche, Hoffnungen, Enttäuschungen, Vorstellungen, Erlebnisse – und er ist vieles, zum Beispiel Beistand und Bedrohung, Potenzial und Enttäuschung, Freund und Feind, was in seinem direkten Verhalten nicht unmittelbar und nicht ohne weiteres zum Ausdruck kommt. *Den Menschen mit seinem Verhalten gleichsetzen* bedeutet, ihn für die eigenen Zwecke zu instrumentalisieren. Das geschieht im privaten wie auch im beruflichen Bereich. Im Privaten sind es häufig bestimmte Rollen mit den daran geknüpften Verhaltenserwartungen die einengen, manchmal nutzen, aber häufig auch ausgenutzt werden. Ob Lover, Vater, Mutter, Kind, großer oder kleiner Bruder, große oder kleine Schwester, Oma, Tante, Familienoberhaupt oder Freund – es gibt immer auch andere Aspekte, die durch diese Zuschreibung in keiner Weise abgedeckt sind.

Im privaten Bereich sind wir an Rollenerwartungen bereits so gewöhnt, dass sie uns in den meisten Fällen schon gar nicht mehr auffallen. Deutlicher und bewusster sind uns solche Instrumentalisierungsversuche im beruflichen Bereich: Die Ansprüche werden an diejenige Rolle gerichtet, an der sich die Bezahlung orientiert. Im Betrieb ist die Rede vom Mitarbeiter, von der Führungskraft, vom Manager, vom Vorstand, vom Humankapital und von der Ressource Mitarbeiter. Aber reagiere ich als Humankapital? Fühle ich mich als Ressource? Absolut nicht! Offiziell angesprochen wird der Rollenträger, aber eigentlich angesprochen werden will der ganze Mensch. Wer Menschen auf ihre Rollen, ihre Funktionen, ihre sichtbaren und messbaren Leistungen reduziert, wird sie innerlich nicht erreichen.